rowohlt
BERLIN

Boris Reitschuster

Wladimir PUTIN

Wohin steuert er Russland?

Rowohlt · Berlin

1. Auflage Januar 2004

Satz aus Life und Univers PostScript, PageMaker,
bei Pinkuin Satz und Datentechnik, Berlin
Druck und Bindung Clausen & Bosse, Leck
Printed in Germany
ISBN 3 87134 487 7

Die Schreibweise entspricht den Regeln
der neuen Rechtschreibung.

Ein Projekt der Montasser Medienagentur

Inhalt

Vorwort

Alles hätte so harmonisch werden können. In hymnischen Tönen lobten die hochrangigen Gäste aus Berlin das neue Russland unter Wladimir Putin. Es gehe aufwärts, die Lage sei stabil und die Reformen erfolgreich. Wladimir Putin führe sein Land Richtung Westen und werde sicher als Erneuerer in die Geschichte eingehen. Vor allem aber sei die Staatskasse endlich wieder gefüllt, und es gebe künftig viel zu verdienen in Russland, versicherten die Regierungsmänner beim Hintergrundgespräch im Luxushotel Atrium-Palace.

Oktober 2003, deutsch-russischer Gipfel in Jekaterinburg.

Kurz darauf, als schon Bier und Wein die Runde machen, erklärt einer der Berliner Spitzenbeamten beiläufig, die Bundesrepublik werde innerhalb der nächsten zehn Jahre 1,5 Milliarden Euro an Moskau zahlen, als Hilfe für die Verschrottung alter russischer Atom-U-Boote hoch oben im Norden in der Barentssee. Da platzt ein böses Wort in die Runde: Warum eigentlich müsse der deutsche Steuerzahler Russland die atomare Müllabfuhr bezahlen, will einer der Journalisten wissen, wo es doch so steil aufwärts gehe im Land und die russischen Staatskassen wieder gefüllt seien?

Dem Beamten fällt beinahe das Glas aus der Hand; nach längerem Schweigen murmelt er etwas von «Strahlensicherheit». Da spielt es offenbar auch keine Rolle, dass die Norweger vor Jahren die Verwendung ihrer Hilfsgelder nicht einmal vor Ort überprüfen durften, weil die Atom-Häfen als militärisches Sperrgebiet tabu waren. Wie die Bundesregierung kontrollieren will, dass die Hilfsgelder tatsächlich in die Atommüll-Entsorgung und nicht in dunkle Kanäle fließen, können die hochrangigen Herren auch nicht erklären; stattdessen verweisen sie auf die guten persönlichen Beziehungen zwischen den Duzfreunden Gerhard Schröder und Wladimir Putin. Kontrolle ist gut, Vertrauen besser. Auch zum Tschetschenien-Konflikt haben die Männer aus der Regierung kaum ein Wort zu sagen, und schon gar kein kritisches. Die Botschaft ist klar: Nachfragen sind lästig und stören die Harmonie zwischen Präsident und Bundeskanzler.

Doch das strahlende neue Russland ist allenfalls die eine Seite der Wirklichkeit; was auf den ersten Blick verheißungsvoll erscheint, erweist sich oftmals als Trugbild. Viele Schritte, die bei oberflächlicher Betrachtung wie einzelne Fehltritte wirken, entpuppen sich in Wahrheit als gefährliche Entwicklung – etwa der Feldzug gegen die Pressefreiheit, die Beschneidung der Demokratie oder der blutige Krieg in Tschetschenien.

Seit Wladimir Putin im Kreml regiert, ist die Recherche für Journalisten schwieriger geworden. Dass prominente und hochrangige Politiker gewisse Informationen nur verraten, wenn man ihnen Anonymität zusichert, ist auch in anderen Ländern nichts Ungewöhnliches. Wenn sie sich jedoch mit unverfänglichen, aber kritischen Ansichten über den Präsidenten nicht zitieren lassen wollen, zeigt dies, dass in Moskau wieder die Vorsicht und die Angst um sich greifen: Die gleichen Leute schimpften noch Jahre zuvor ganz ohne Scheu und Furcht über Präsident Boris Jelzin.

Wie zu Sowjetzeiten verrät heute kaum noch jemand am Telefon halbwegs vertrauliche Informationen. Aus Angst, abgehört zu werden, ziehen es gut informierte Gesprächspartner zuweilen wieder vor, wichtige Dinge bei Spaziergängen an der frischen Luft zu erzählen – und vorher die Handys abzulegen. Auch bei eher arglosen Informationen aus dem Umfeld des Kreml wollen die Erzähler fast immer anonym bleiben.

Auf Informanten, die ihren Namen nicht gedruckt sehen wollen, zu verzichten würde bedeuten, sich selbst zu zensieren und ungleichen Spielregeln zu unterwerfen: Wo die offiziellen Quellen beschönigen oder schweigen, ist man auf Insider-Informationen und persönliche Kontakte angewiesen. Wo es keinen funktionierenden Rechtsstaat gibt und die Staatsanwaltschaft nie ernsthaft gegen Entscheidungsträger ermittelt, die in der Gunst des Kreml stehen, kann man wiederum auch nicht die Unschuldsvermutung im westlichen Sinne anwenden und alle Verdachtsmomente, die nicht aktenkundig sind, verschweigen. Das würde bedeuten, die Augen zu verschließen. Man ginge damit der Taktik der Herrschenden auf den Leim: Sie verbergen die Tatsachen unter einem Berg von Lügen und Kolportage, in dem wirkliche Verfehlungen von Gerüchten kaum noch zu unterscheiden sind.

Nach alter bolschewistischer Tradition wird Politik in Russland heute wieder wie im Geheimbund betrieben. Um Posten und Paragraphen ringen nicht Parteien, sondern undurchsichtige Seilschaften. Wichtige Entscheidungen fallen ohne jede Aussprache, sind oft nicht nachvollziehbar – und die Mächtigen unternehmen nicht einmal den Versuch, sie zu erklären.

Wer hier einen Überblick behalten und nicht wie zu Sowjetzeiten Kreml-Astrologie betreiben möchte, muss auf lange gereifte, vertrauensvolle Kontakte zurückgreifen können und die Hauptdarsteller auf der Moskauer Polit-Bühne im direkten Gespräch befragen – vom Präsidenten über Parteichefs und Kremlbeamte bis hin zu Oligarchen, Staatsanwälten und Geheimdienstlern. Dabei ist es oft nicht leicht, im verwirrenden Dickicht aus Spekulationen, Gerüchten und Verschwörungstheorien, die anstelle der fehlenden harten Informationen treten, zwischen abwegigen und schlüssigen Vorwürfen, zwischen dubiosen und vertrauenswürdigen Quellen zu unterscheiden. Doch man muss es zumindest versuchen.

Die Heldengeschichte des Wladimir Putin ist schon Dutzende Male geschrieben worden, zu Hause wie im Ausland; die halboffizielle Moskauer Biographie des Präsidenten ist noch unvollendet, umfasst aber schon drei Bände – der erste über Kindheit und Jugend, der zweite über den Weg zur Macht und der dritte über die

Arbeit beim KGB in Dresden; jedes Detail von Putins Leben ist erfasst, selbst seine Familiengeschichte wird bis ins Jahr 1723 zurückverfolgt.

Es geht hier nicht darum, Putins Lebensweg einmal mehr ausführlich nachzuerzählen. Wer sich zu sehr auf die Person des Präsidenten konzentriert, verliert dabei leicht die Situation im Land aus den Augen. Dennoch erweist sich Putin in vielen Bereichen als die entscheidende Figur – vor allem von seinem Verhalten hängt die Zukunft der Demokratie in Russland ab. Es ist der Anspruch dieses Buches, das Russland hinter der Schaufensterfassade zu beleuchten, Putins Rolle bei verschiedenen Entwicklungen zu beschreiben und zu bewerten, die Russlands Politik und Gesellschaft heute entscheidend prägen: etwa die Beschneidung der Pressefreiheit und der Meinungsvielfalt, die Einschränkung der demokratischen Mitbestimmung, die Auswüchse der öffentlichen Korruption oder der bedenkliche Umgang mit Minderheiten.

Wenn ich mich in diesem Buch auf die Probleme und Fehlentwicklungen konzentriere, hat das nicht etwa mit modischer Schwarzmalerei oder Geringschätzung für Russland zu tun. Im Gegenteil: Ich kenne dieses Land seit anderthalb Jahrzehnten, lebe seit zwölf Jahren mit einer russischen Frau zusammen, und Moskau wurde für mich zur zweiten Heimat. Doch gerade weil mir Russland alles andere als gleichgültig ist, weil ich die Probleme der einfachen Menschen täglich erlebe, muss ich auch über die Entwicklungen sprechen, die große Sorge hervorrufen. Wer die Augen verschließt, statt Kritik und Besorgnis offen auszusprechen, erweist Russland einen schlechten Dienst.

Wladimir Putin selbst hat vor dieser Gefahr gewarnt. Im November 2001 wünschte sich der Präsident bei einem Bürgerforum im Kreml ständige und leidenschaftliche Kritik an allen Staatsorganen – auch an ihm selbst. An diesem Anspruch muss er sich messen lassen.

DER GEGENREFORMATOR

Sturm auf dem Gipfel

Es war einer der Momente, in denen die Berater stets das Unheil wittern. Wladimir Putin spielte wieder seine liebste Rolle: Staatsmann auf der Weltbühne, als Gast beim EU-Gipfel in Belgien. Es war im November 2002, Putin hielt ganz Europa in Trab. Aus Protest gegen einen Kongress von Exil-Tschetschenen in Kopenhagen hatte sich der russische Präsident geweigert, in die dänische Hauptstadt zu reisen. Prompt verlegte die EU ihr Treffen nach Brüssel. Endlich wieder zeigte der Westen Respekt, die Moskauer Medien konnten stolz sein. Wladimir Putin, ein Großer der Weltpolitik.

Dann der Eklat: Auf der Gipfel-Pressekonferenz tritt ein französischer Journalist ans Mikrophon. Ob der russische Krieg in Tschetschenien statt gegen Terroristen nicht in Wahrheit gegen das tschetschenische Volk gerichtet sei? Ein kaum merkliches Zucken huscht über Putins Gesicht, er schürzt die Lippen, mit stechendem Blick nimmt er den Fragesteller ins Visier. Ein paar Sätze lang gibt sich der Präsident noch staatsmännisch. Russland sei die vorderste Front gegen die Islamisten, die alle Ungläubigen töten wollen, antwortet er, ohne auf die eigentliche Frage einzugehen. Plötzlich gerät er in Rage; wie eine Gewehrsalve rattern die Worte, immer schneller, abgehackter. Er solle doch nach Moskau kommen, hält der Präsident dem Journalisten vor. Nein, nicht etwa, um den Kreml zu besichtigen, sondern um sich beschneiden zu lassen: «Wenn Sie ein richtiger islamischer Radikaler werden wollen, empfehle ich, die Operation so durchzuführen, dass Ihnen nichts mehr nachwächst.»

Selbst dem russischen Dolmetscher stockt der Atem. Wie zu Zeiten von Boris Jelzin traut sich der Mann in der Übersetzerkabine nicht, den Wortlaut exakt wiederzugeben. So vernehmen die anwesenden Politiker und Journalisten über ihre Kopfhörer: «Willkommen in Moskau. Wir sind ein multireligiöses und multinationales Land, wo alles erlaubt ist und toleriert wird.» Die russischen Journalisten blicken verlegen zur Seite, Putins europäische Kollegen machen lächelnde Miene zu den bösen Worten, die sie nicht verstehen. Das kremltreue Staatsfernsehen in Moskau verschweigt den Ausfall, und nur wenige russische Zeitungen erlauben sich kritische Anmerkungen.

Das sind die Tücken der großen Bühne. Auf fremdem Platz lauert Gefahr: Anders als zu Hause im Kreml lässt sich eben nicht garantieren, dass handverlesene Journalisten zu Wort kommen mit Fragen, die vorher mit der Pressestelle abgestimmt wurden. «Sobald das Wort Tschetschenien fällt, versteinert sein Gesicht, seine Augen werden glasig, er ist sofort beleidigt, hört nicht mehr zu und wird wütend», berichtet ein bekannter russischer Politiker, der wie viele prominente Russen anonym bleiben möchte, wenn es um ein Urteil über Wladimir Putin geht. Vertraute des Präsidenten empfehlen Besuchern, im Gespräch mit ihm lieber auf kritische Fragen zum Konflikt im Kaukasus zu verzichten, sonst sei die Stimmung schnell im Keller. Vor dem Gipfel zur 300-Jahr-Feier von Sankt Petersburg im Mai 2003 setzte die russische Seite vergeblich alles daran, das Wort «Tschetschenien» ganz aus dem Schluss-Communique zu tilgen – obwohl die ursprüngliche Formulierung schon fast peinlich zahm war, wie ein hochrangiger EU-Diplomat eingestand.

Dass Putin Nerven zeigt, hat verschiedene Gründe. Zu oft hat ihm bei Treffen mit westlichen Politikern das Thema Tschetschenien die Laune verdorben, auch wenn die ausländischen Staatschefs ihre Kritik in den vergangenen Jahren immer vorsichtiger formulierten. Für die Russen selbst gilt Tschetschenien Umfragen zufolge als größter Misserfolg in Putins Regierungsbilanz. Der «Kampf gegen den Terrorismus» sei die Herzensangelegenheit des Präsidenten, heißt es aus seiner Umgebung, da höre für ihn jeder Spaß auf. Eine Einschätzung, die auch seine Gegner teilen, wenngleich aus ganz anderen Gründen. Der Präsident habe seinen Kritikern in Sachen Tschetschenien nichts Vernünftiges zu entgegnen und drücke sich um eine Diskussion, indem er ausfällig werde, glaubt der Menschenrechtler und Duma-Abgeordnete Sergej Kowaljow: «Was soll Putin denn antworten auf die Frage, ob es wirklich nur Anti-Terror-Kampf ist, wenn russische Truppen ganze Dörfer mit dem Granatwerfer beschießen?» Vieles spreche dafür, dass der Präsident solche Ausfälle kühl kalkuliere, der Wutausbruch sei Ablenkungsmanöver, ein Mittel, um keine Rechenschaft ablegen zu müssen, argwöhnt Kowaljow, der im ersten Tschetschenienkrieg in den Kellern der umkämpften Hauptstadt Grosny ausharrte. Doch neben Taktik erkennt er auch echte Leidenschaft: «Tschetschenien ist für den Präsidenten wie eine Druckblase: Wenn man draufdrückt, tut es wahnsinnig weh!»

Kein Wunder, denn der Krieg in der Kaukasus-Republik hatte ihn einst zum Helden gemacht und seinen Weg in den Kreml geebnet.

Der gute Zar Der neue Herrscher hatte mit den Reformen seines Vorgängers nicht viel im Sinn. Im Gegenteil, er muss sie für einen schweren Fehler gehalten haben. Wie kaum ein anderer hatte der Mann, der vor ihm Russland regierte, das Leben in dem rückständigen Reich modernisiert. Er hatte Selbstverwaltung gefördert, eine Militärreform in die Wege geleitet, die Justiz erneuert, die Richter unabhängiger, die Presse freier und das Bildungswesen moderner gemacht. In der Außenpolitik versuchte er die Isolierung Russlands zu überwinden. Wohl waren seine Reformen oft halbherzig, aber sie verhießen Aufbruch. Der neue Herrscher begriff: Russland konnte nur dann eine bedeutende europäische Macht bleiben, wenn es sein wirtschaftliches und soziales Gefüge grundlegend ändern würde. Die Bevölkerung begegnete dem Wandel mit Angst und Verunsicherung, doch Kunst und Wissenschaft blühten auf.

Zwar hatte der alte Herrscher einen Aufstand mit Waffengewalt niederschlagen und radikale Bewegungen blutig unterdrücken lassen. In die Geschichtsbücher aber ging er als Erneuerer ein, was ihn nicht vor einem unrühmlichen Ende bewahrte.

Vielleicht waren es ja gerade die Reformen, die zu diesem bitteren Abgang geführt hatten. So jedenfalls dachte der neue Herrscher und verließ den Reformpfad. Er fühlte sich verfolgt und bezog eine Hochsicherheits-Residenz vor den Toren der Stadt. Überraschend war er in das hohe Amt gelangt, obwohl er nur eine militärische, aber keine politische Ausbildung erhalten hatte. Die zaghaften Ansätze seines Vorgängers für eine Selbstverwaltung unterwarf er strikter Kontrolle und setzte auf die harte Hand der Zentralmacht.

Er führte eine strenge Zensur ein, russifizierte weite Teile des Landes. Die russische Sprache sollte noch mehr das Alltagsleben dominieren. Er baute auf die Allmacht der Bürokratie und hielt seine Gegner mit Polizeimethoden in Schach. Im Zentrum seiner Überzeugungen stand die orthodoxe Kirche, zur Absicherung seiner Macht setzte er auf geheime Dienste, denen er freie Hand gewährte. Er hob die Autonomie der Universitäten auf und schürte im Lande den Hass gegen eine Minderheit. «Russlands einzige Freunde sind die Flotte und die Armee», soll er seinen Kindern eingebläut haben, militärische Stärke galt ihm als Allheilmittel. In der Außenpolitik setzte er seine eigene Überzeugung wenn nötig auch gegen die öffentliche Meinung durch; dennoch konnte er Russlands schwindenden Einfluss nicht verhindern. Er war um gute Kontakte mit Deutschland bemüht. Stets wollte er ein Vorbild an Ehrlichkeit, Frömmigkeit und Rechtschaffenheit sein. Konsequent reformierte er die Wirtschaft. Er machte den Rubel hart und konvertierbar, wollte mit Arbeiterschutzgesetzen für Ruhe im Land sorgen und lockte erfolgreich ausländische Geldgeber nach Russland. Unter ihm wandelte sich das Riesenreich in raschem Tempo zum Industriestaat – auch wenn die anderen Staaten in Europa noch immer einen Vorsprung hielten.

Russland im Jahre 2004? Nein, die Rede ist von Alexander III. und seinem Vater. Dieser hatte 1855 in Petersburg den Zarenthron bestiegen, man nannte ihn den «Befreier-Zar», weil er die Leibeigenschaft der Bauern aufhob. Er fiel 1881 in Sankt Petersburg einem Bombenanschlag von Anarchisten zum Opfer, kurz bevor er ein Verfassungsprojekt ins Leben rufen konnte. Weil sein älterer Sohn gestorben war, folgte der jüngere als Alexander III. auf den Thron. Erschrocken über den Tod seines Vaters, setzte er nach der Thronbesteigung 1881 zunehmend auf Repression; die liberale Politik seines Vorgängers erschien ihm verhängnisvoll. So vollzog er eine Kehrtwende – und ging als Gegenreformator in die Geschichte ein.

Parallelen zwischen dem Thronfolger und dem heutigen Präsidenten bleiben nicht nur auf politische Überzeugungen beschränkt. Auch die antijüdische Stimmungsmache unter dem Zaren erinnert an die anti-tschetschenischen Vorurteile unter dem jetzigen Herrscher. Es ist wahr: Historische Vergleiche sind heikel, die Geschichte wiederholt sich nicht – schließlich trennen die beiden Herrscher viel mehr als nur 120 Jahre.

Und doch stehen der Zar und sein Thronfolger beispielhaft für die beiden Typen von Reformern, die die russische Geschichte geprägt haben. Auf der einen Seite die Herrscher, die Russlands eigentliche Schwäche in der Übermacht des Staates erkennen: seiner Allgegenwart, die sich bis in die privatesten Bereiche des Lebens erstreckt und Eigeninitiative und Selbstverantwortung schon im Ansatz erdrückt. So setzten die Reformer stets auf die Lockerung des bürokratischen Zwangs; sie hofften, ein schwächerer Staat, der seinen Bürgern mehr Freiräume ließe, würde am Ende die Gesellschaft stärken – und ein Gemeinwesen entstünde, das im Wettstreit der Interessen ein lebendiges Gleichgewicht schaffen könnte, statt seine Stabilität in der Erstarrung zu suchen. Zu den Reformern in der russischen Geschichte gehören Zar Alexander II., Michail Gorbatschow, mit Einschränkungen Boris Jelzin und, in bescheidenem Maße, sogar Nikita Chruschtschow.

Ganz anders die Gegenreformer, die in der Schwäche des Staates Russlands Schicksal sehen. Sie sind überzeugt, nur mit Hilfe von mehr Verwaltung, mehr Kontrolle und mehr Vollmachten der Behörden könne das Land vorangebracht werden. Die Grundübel der russischen Gesellschaft wie Korruption, Schlendrian und Rückständigkeit wollen sie auf diese Weise ausmerzen. Zu dieser Herrscher-Gattung sind nach Alexander III. auch Josef Stalin und in gewissem Sinne Juri Andropow zu rechnen. Und Wladimir Putin.

Westliche Betrachter halten üblicherweise die Reformer für Lichtgestalten und die Gegenreformer für finstere Figuren. Die

Menschen in Russland sehen das anders. Je schwächer der Staat, so lautet ihre tägliche Erfahrung, desto mehr Willkür herrscht im Land. Sie werden regelmäßig damit konfrontiert, dass ihnen die Behörden weder Recht noch Ordnung oder Sicherheit garantieren, im Gegenteil. Beamte vom Milizionär bis zum Feuerwehrmann führen sich an allen Ecken des riesigen Reiches wie kleine Tyrannen auf, handeln eigenmächtig, kassieren Bestechungsgelder. So ist etwa der Verkehrspolizist für den gemeinen Russen niemand, der für die Einhaltung der Straßenverkehrsordnung sorgt – er ist ein Wegelagerer in Uniform, der es fast ausschließlich darauf anlegt, Bakschisch zu kassieren.

Die Bürokratie im heutigen Russland treibt zuweilen bunte Blüten. Allein für die TÜV-Prüfung muss sich der russische Autobesitzer nach den offiziellen Vorschriften alle drei Jahre von einem Mediziner untersuchen lassen, der ihn wiederum nach eigenem Ermessen an fünf Fachärzte verweisen kann: einen Nervenarzt, einen Augenarzt, einen Chirurgen, einen Hals-Nasen-Ohren-Arzt und einen Psychiater. (Warum alle Frauen ohne Ausnahme zusätzlich noch beim Gynäkologen antreten müssen, Männern aber ein Zwangs-Besuch beim Urologen erspart bleibt, ist eines der ungelösten Rätsel der russischen Bürokratie.) Dabei ist vielen russischen Autofahrern diese Vorschrift, die allerhand Spielraum lässt, noch nicht einmal bekannt: Weil der TÜV wie fast alles, was mit Behörden zu tun hat, in Russland enormen Aufwand an Zeit und Nerven kostet, ziehen es viele Russen vor, mit einem Bestechungsgeld «die Frage zu lösen», wie das im Jargon heißt: etwa, indem sie 100 Dollar für eine neue TÜV-Bescheinigung bezahlen, ohne das Auto oder geschweige denn irgendeine medizinische Bescheinigung vorzuzeigen – oder indem sie jedes Mal diskret drei Euro Bakschisch zwischen ihre Papiere legen, wenn sie ohne TÜV-Talon von einem Verkehrspolizisten angehalten werden.

Den Ausländern, die nach Russland einreisen, ergeht es zuweilen ähnlich. Schon ein etwas verrutschter Eintrag auf dem Formular kann dazu führen, dass Grenzsoldaten ein Visum für ungültig erklären. In der Regel sind sie aber bereit, gegen entsprechende «Bearbeitungsgebühr» die Sache auf sich beruhen zu lassen. Ende 2002 wurden die Visavorschriften strikt verschärft. Handhabten die Behörden die halbwegs liberalen Regeln zu Jelzins Zeiten eher lässig, so klagen westliche Geschäftsleute bitter über die neue Strenge. Neue Jahresvisa erhalten Ausländer normalerweise nur noch im russischen Konsulat in ihrem Heimatland – und müssen deshalb extra ausreisen. Bei der Einreise müssen sie neuerdings eine Einreisekarte ausfüllen, deren Sinn sich in der Praxis darauf beschränkt, dass die Miliz bei ihrem Fehlen Bestechungsgelder kassieren kann – was auch dadurch erleichtert wird, dass die Formulare bei der Einreise am Flughafen zuweilen gar nicht ausliegen.

Wer als Ausländer in einer Privatwohnung untergekommen ist, etwa bei Freunden, muss eine notariell beglaubigte Bescheinigung des Wohnungsinhabers vorweisen, dass er in seiner Wohnung wohnen darf. Die strikt vorgeschriebene Registrierung bei den Behörden dauert in Moskau fünf Tage, oft auch länger. Wer nur vier Werktage in der Hauptstadt ist, muss sich zwar offiziell registrieren lassen – was praktisch aber unmöglich ist. Reisebüros empfehlen ratlosen Touristen, sich in so einem Fall einen «Entschuldigungszettel» von der einladenden Organisation ausstellen zu lassen, in dem ihnen wahrheitswidrig bestätigt wird, dass sie sich rechtzeitig um die Registrierung gekümmert haben, sie aber aus zeitlichen Gründen nicht erhielten – eines von unzähligen paradoxen Beispielen für die Auswüchse der russischen Bürokratie, die es seit der Zarenzeit bestens versteht, den Menschen das Leben zu vergällen. Interessierte sich zu Boris Jelzins Zeiten kaum ein Milizionär für den Registrierungsstempel auf dem Visum, so wird er seit einiger Zeit wieder regelmäßiger kontrolliert.

Willkommen im Russland unter Wladimir Putin.

Der Präsident hatte versprochen, Bürokratie und Korruption einzudämmen. Doch schnell musste er erkennen, wie wenig er an traditionellen Verhaltensmustern ändern konnte. Es scheint der Teufelskreislauf der russischen Bürokratie zu sein: Die Menschen halten selbst sinnvolle Regeln nicht ein. Als Reaktion verschärft der Staat die Vorschriften, bis sie nicht mehr sinnvoll und kaum noch einzuhalten sind. Man findet neue Auswege und Schlupflöcher; daraufhin verschärft der Staat wieder die Regeln, und so weiter. Die Beamten profitieren von diesem Spiel, weil für sie die Verschärfung der Vorschriften in der Regel ein Zuwachs an Bestechungsgeldern bedeutet.

Die «Stärke des Staates» ist unter solchen Bedingungen ein zweifelhafter Segen: Auf der einen Seite stehen Politikern, Behörden und Beamten beinahe beliebige Machtinstrumente zur Verfügung. Andererseits ist der «Apparat» derart korrupt und desolat, dass die Hebel der Macht stark verrostet und in vielen Fällen nicht mehr zu bewegen sind. Zu Sowjetzeiten war es gerade dieses ständige Stottern und Aussetzen des Staatsapparates, das trotz des Überwachungssystems Lücken und Nischen schuf und für Luft zum Atmen sorgte. Die zuständigen Spitzel waren schon mal betrunken, befreundeten sich mit ihren Opfern oder verschlampten schlicht ihre Berichte und sorgten so für Menschlichkeit im unmenschlichen System.

Gerade die schlechten Erfahrungen mit Behörden und Beamten sind für viele Russen der Anlass, einen starken Staat nicht etwa als Übel zu sehen, sondern als Hoffnung. Nur 13 Prozent der Russen wünschten sich nach einer Umfrage des renommierten Moskauer Meinungsforschungsinstitutes WZIOM vor der Präsidentschaftswahl im März 2000 starke demokratische Institutionen, 71 Prozent dagegen wollten einen starken Führer, 59 Prozent einen starken Staat. Der Staat ist der Zar, der Zar ist gut, und wenn die Beamten unrecht tun, so machen sie das hinter dem Rücken und gegen den Willen des Zaren, so lautet die simple Gleichung, die auch unter Wladimir Putin noch immer weit verbreitet ist. Väterchen Zar muss noch mehr Macht bekommen, um die Bösen unter seinen Handlangern besser zu kontrollieren.

Doch dieses Wunschdenken beruht oft auf nüchterner Erfahrung: Da das Gesetz kaum gilt, und schon gar nicht für alle, sehnen sich die Menschen nach einer letzten Instanz. So ist der Präsident in den Augen vieler Russen geradezu die Verkörperung des Gesetzes, der letzte Fels in der Brandung der allumfassenden Korruption und Willkür: Er soll derjenige sein, vor dem Minister, Mafiabosse und Magnaten zittern müssen. Er ist die letzte Gewalt in Person, für die Staatsdiener der «Chosjain», ein Herr, mit einer Peitsche obendrein, für die Halbwelt – in der Theorie zumindest – die letzte, unkäufliche Instanz, und für die Wirtschaftszaren Steuerpolizei, Kartellamt und Börsenaufsicht zugleich.

Die Exekutive mit einem Ministerpräsidenten, der vom Parlament jederzeit abgewählt werden kann, wäre als solche letzte Autorität und als oberster Schiedsrichter denkbar ungeeignet, ihr würde die Unabhängigkeit fehlen; es bestünde die große Gefahr, dass sie nicht ernst genommen würde oder sie gar in den Einfluss bestimmter Gruppen geriete, wie es bei Boris Jelzin der Fall war, sobald er aufgrund seiner Krankheit ein schwacher Herrscher wurde.

Dass dagegen gerade die gewaltigen Vollmachten des Staates den steten Machtmissbrauch und die Willkür fördern, glaubt in Russland nur eine Minderheit. «Für die Russen ist ein starker Staat keine Anomalie, gegen die man kämpfen müsste», schrieb Ministerpräsident Putin in einem Aufsatz im Dezember 1999: «Im Gegenteil, er ist eine Quelle und Garant von Ordnung und die wichtigste Triebkraft jeder Änderung.»

Ob unter den Zaren oder den Kommunisten, in Russland war es meist der Staat, der Neuerungen durchsetzte. Nicht weil sich Beamte und Minister als die besseren Reformer erwiesen hätten, sondern weil andere Kräfte fehlten, die genügend Einfluss hatten, um den Staat zu Änderungen und Kompromissen zu zwingen. Anders als in Westeuropa gab es in der russischen Geschichte kaum ein einflussreiches Bürgertum, kaum selbstbewusste Handwerker oder Kaufleute, die der Obrigkeit Recht abtrotzen konnten. Auch die Kirche war ganz im Gegensatz etwa zur katholischen spätestens seit Peter dem Großen nie ein Gegenspieler für die Mächtigen, sondern eher deren Anhängsel und williger Vollstrecker; der Patriarch forderte nicht, der Patriarch bat. Im Resultat war der Staat der einzige verlässliche Machtfaktor, und der einzelne Bürger konnte auf nichts anderes hoffen als auf ihn. Was der Einzelne vom Staat zu sehen bekam, nämlich korrupte, herrische, unfreundliche Beamte, war nicht dazu angetan, diese Hoffnung zu beflügeln – und so musste man sich damit trösten, dass irgendwo hinter der hässlichen Fratze die Macht auch ein freundliches Gesicht besaß: Die Legende vom guten Zaren in der fernen Hauptstadt war geboren.

Sein Schlüsselerlebnis in Sachen starker Staat muss Wladimir Putin als KGB-Offizier in Dresden gehabt haben. Sein erster Auslandseinsatz hatte den jungen Geheimdienstler 1985 in die sächsische Provinz geführt, wo er ausreisewillige DDR-Bürger und Westbesucher für den KGB anwerben sollte, kein Traumjob für einen ehrgeizigen, aufstrebenden Agenten. Doch die Putins arrangierten sich mit der neuen Welt, die ihnen sauberer, gepflegter und reicher vorkam als die Sowjetunion.

Buchstäblich über Nacht wird der spätere Präsident im Wendeherbst 1989 aus seinem beschaulichen DDR-Alltag gerissen. Am 6. Dezember 1989 marschiert eine wütende Menge von Demonstranten plötzlich zur Residenz des KGB, einer Villa im Dresdner Stadtteil Loschwitz. Sie hat soeben die Stasi-Zentrale an der Elbe gestürmt, dabei möglicherweise Waffen erbeutet, und will nun beim KGB die Herausgabe geheimer Unterlagen und die Öffnung der Archive erzwingen. «Niemand rührte einen Finger, um uns zu verteidigen», erinnert sich Putin später. Die Menge ist den Sowjet-Geheimdienstlern alles andere als freundlich gesinnt, die KGB-Leute ahnen Schlimmes.

Dann geht Putin selbst hinaus, gibt sich als Dolmetscher aus und spricht zu den aufgebrachten Menschen. Es gelingt ihm kaum, sie zu beruhigen. «Ich bin bereit zu sterben», schreit er der Menge entgegen, wie sich Augenzeugen erinnern werden. Dann greift er zum Telefon, ruft bei der benachbarten Kaserne der Sowjetarmee an und bittet um Beistand. Man müsse erst Moskau konsultieren, entgegnet der dortige Kommandeur. Als nichts geschieht, fragt Putin nach. Moskau schweigt, so die lapidare Antwort.

Draußen steht die drohende Menge, sie kann das Gebäude jeden Moment stürmen, und sein Staat lässt Putin im Stich. Niemand hat den Mut, eine Entscheidung zu treffen. Ausgerechnet in dieser heiklen Lage, ausgerechnet dieser Staat, dem Putin so lange gedient hatte.

Schließlich vergehen Stunden, bis Soldaten anrücken und die Demonstranten vertreiben. Putin schreibt später, die Worte «Moskau schweigt» hätten ihn schwer getroffen: «Ich bekam den Eindruck, dass unser Land aufgehört hat zu existieren. Es wurde klar, dass die Sowjetunion erkrankt ist. An einer tödlichen, unheilbaren Krankheit mit dem Namen Lähmung. Die Lähmung der Macht.»

Nicht nur im idyllischen Dresden-Loschwitz bekam der Geheimdienstoffizier Putin die Schwäche des Sowjetstaates während der Perestroika zu spüren: Dieser Staat war es, der ihm nach seiner Rückkehr in die Heimat weder einen standesgemäßen Job noch eine anständige Wohnung bieten konnte. Die Arbeit des jungen KGB-Offiziers, der als Kind die sowjetisch-patriotischen Spionagefilme verschlungen hatte und von einem romantischen Agentenleben träumte, schien dieser Staat nicht mehr ernst zu nehmen: «Das, was wir machten, brauchte niemand. Was machte es für einen Sinn, wenn wir Berichte schrieben, Leute anwarben,

Informationen beschafften? Im Zentrum hat das alles ja doch niemand gelesen.»

Die Wende muss für den Mittdreißiger Putin ein ähnlich prägendes Ereignis gewesen sein wie einst für den Gegenreformer Alexander III. der Mordanschlag auf seinen Vater: Beide fühlten sich als Opfer der Schwäche und Machtlosigkeit des Staates, auf den sie so große Hoffnung gesetzt hatten. Jedenfalls waren beide fest entschlossen, die Macht des Staates zu stärken.

Als Geheimdienst-Offizier hat Putin die dunkle Seite des Systems weniger zu spüren bekommen als die meisten anderen Sowjetbürger. Er war selbst Teil des Überwachungsapparates. Zwar musste er innerhalb des KGB mit vielen Unsitten wie etwa der Vetternwirtschaft kämpfen. Doch unter der Allmacht und der Willkür des Staates und seiner Beamten hatte er als privilegierter Geheimdienstler weitaus weniger zu leiden als die meisten seiner zivilen Altersgenossen: Schon bei den Kontrollen von Verkehrspolizisten etwa kamen KGB-Mitarbeiter meistens glimpflicher davon. Dank spezieller Sonderzuteilungen waren sie weniger abhängig von der Allmacht der Verkäuferinnen, Laden-Direktorinnen und Warenspediteure, die begehrte Mangelgüter von der Seife über Konzertkarten bis zum Auto wie kleine Feudalherren nach eigenem Ermessen «herausgaben», wie man damals in der russischen Alltagssprache für «verkaufen» sagte.

Selbst wenn Putin die Mängel des Systems erkannt haben sollte, wie er heute beteuert, liegt es nahe, dass er das Ende der Sowjetunion kaum als Befreiung von einem totalitären System erlebte. Es war der Zusammenbruch seines Staates und damit seiner kleinen, heilen Welt. Schließlich hatte er die Jahre von Perestroika und Glasnost, als Russland von einer demokratischen Euphorie erfasst wurde und die Menschen den Wandel noch als Aufbruch und Chance sahen, in Ostdeutschland verpasst und war erst in die Heimat zurückgekehrt, als die Aufbruchstimmung allmählich der Enttäuschung über die neue Freiheit wich.

Als Präsident scheint Putin die Lektion von damals nicht zu vergessen. Der starke Staat und die «Machtvertikale», also die stramme Befehlskette, die vom Kreml bis zum letzten Dorf in Kamtschatka reicht, sind die Grundpfeiler seiner politischen Überzeugungen. Dazu die «Diktatur des Gesetzes», die weniger einen Rechtsstaat als vielmehr die Diktatur der Vorschriften zu bedeuten scheint. Der Glaube an die Allmacht des Staates scheint in Wladimir Putin, der die Freiheit nur als Chaos erlebte, tief verwurzelt: Selbst die bürgerlichen Rechte und die Demokratie soll nach seiner Ansicht ausgerechnet ein starker Staat von oben herab im Alleingang garantieren. Ein schwieriges Unterfangen, denn noch zu Sowjetzeiten scheiterten die Reformbemühungen nicht zuletzt daran, dass der Staat seinen Bürgern eigenständiges Denken und Entschlusskraft ausgerechnet per Ukas beibringen wollte – etwa mit Parolen wie «Entwickelt Eigeninitiative!».

Schon Boris Jelzin hatte gegenteiligen Bekenntnissen zum Trotz die Politik des starken Staates, des «Zaren» als Alleinherrscher, fortgesetzt. Wenn er damit scheiterte und das Chaos überhand nahm, lag das zumindest in seiner zweiten Amtsperiode keinesfalls am Versuch einer gezielten Demokratisierung, sondern daran, dass er nicht mehr Herr der Lage war. Der Verdacht liegt nahe, dass Jelzin nach seinem Konflikt mit Gorbatschow Ende der achtziger Jahre nicht zuletzt aus Machtkalkül mit den Reformern und Sowjet-Dissidenten wie Andrej Sacharow und Sergej Kowaljow zusammenarbeitete und in einem tragischen Missverständnis zu ihrem Hoffnungsträger wurde. Jelzin mag dabei durchaus Gefallen an den demokratischen Ideen der Bürgerrechtler und Antikommunisten gefunden haben – aber er hat sie sich nie zu Eigen gemacht, sie blieben ihm fremd, waren ein Instrument im politischen Kampf.

Im Oktober 1993 hatte Jelzin die Ansätze für eine Gewaltenteilung endgültig von Panzern überrollen lassen, als er die Abgeordneten des Obersten Sowjets aus Kanonen beschießen ließ. Im

Westen ist bis heute noch meist von einem «Putsch des Parlamentes gegen den Präsidenten» die Rede, wenn es um die Ereignisse von damals geht. Formal war es jedoch Jelzin, der einen Staatsstreich beging – indem er das missliebige Parlament per Erlass auflöste. Das russische Verfassungsgericht erklärte den «Ukas» des Präsidenten für verfassungswidrig. Zahlreiche Abgeordnete verschanzten sich daraufhin im Parlamentssitz, dem Weißen Haus am Ufer der Moskwa. Jelzin ließ ihnen Strom und Wasser abstellen und amüsierte sich gegenüber Vertrauten, «die Bande» – gemeint waren die Abgeordneten – werde nun an «ihren eigenen Ausscheidungen ersticken».

Im Westen verurteilte man das Parlament schnell als reaktionär und neo-kommunistisch. Dabei wurde ignoriert, dass es ausgerechnet diese Abgeordneten waren, die den abtrünnigen Jelzin 1990 als Reformer gegen den Willen der Moskauer Zentralmacht zu ihrem Vorsitzenden gewählt und ihm damit den Weg in den Kreml geebnet hatten. Es mag gute Argumente dafür geben, dass Jelzin damals in einer Art vorauseilender Notwehr einen Verfassungsnotstand beendete: Das Parlament, gewählt noch nach sowjetischem Recht zum Höhepunkt der Perestroika 1990, blockierte ständig den Kreml und hatte sich zu einer Reform-Bremse entwickelt, auch wenn es in vielem mit seiner Kritik am radikalen Umbau Recht behalten sollte.

Nachdem sie ohne Strom und Wasser im Weißen Haus von Jelzin-treuen Truppen belagert wurden, verloren die Abgeordneten die Nerven und riefen militante Neo-Kommunisten ebenso zur Hilfe wie bewaffnete Rechtsradikale. Der abtrünnige Jelzin-Vize Alexander Ruzkoi, zum amtierenden Präsidenten ernannt, rief zum Sturm auf das Moskauer Fernsehzentrum auf. Die Abgeordneten hatten sich damit selbst in eine Lage manövriert, in der alle halbwegs fortschrittlichen Kräfte sich über ihre Niederlage freuen mussten. Doch der Preis war gewaltig: Jelzin ließ mitten in Moskau aus Panzern auf die Volksvertreter schießen und hatte damit endgültig militärische Gewalt zum politischen Mittel gemacht.

Die Tragödie jener Oktobertage liegt darin, dass das Wegsehen und die Lügen des Westens, der immer nur vom Putsch gegen den Kreml sprach, von Jelzin als klares Signal verstanden wurden: Im Zweifelsfall war alles erlaubt, und demokratische Spielregeln hatten keine Bedeutung. Diese Botschaft empfing Jelzin zu einer Zeit, als er noch stark nach der Anerkennung des Westens strebte und bereit war, Ratschläge anzunehmen. Weil Jelzin im Westen als der strahlende Reformer galt, ließ er sich nach den Schüssen auf das Parlament eine neue, bis heute geltende Verfassung auf den Leib schneidern, die ihm eine Machtfülle bescherte, wie sie wohl kein anderer Präsident in einem Industriestaat je besaß.

Zwar garantiert die neue Verfassung im fortschrittlichen zweiten Abschnitt zumindest auf dem Papier die Menschenrechte. Die Vollmachten des neuen Parlaments, das in Anknüpfung an zaristische Tradition wieder Duma heißen sollte, wurden dagegen erheblich beschnitten. Der Präsident darf die Volksvertretung einfach auflösen, wenn sie der Regierung zweimal das Vertrauen verweigert oder dreimal einen von ihm vorgeschlagenen Ministerpräsidenten nicht wählt. Der Staatschef kann weiter nach Belieben per Ukas, also Präsidialerlass, regieren – was als Ausnahme gedacht war, wird zur Dauereinrichtung. Einzige Einschränkung ist, dass die Ukasse Verfassung und Gesetz nicht widersprechen dürfen. Von einer Souveränität der Regionen ist in dem neuen Grundgesetz nicht mehr die Rede.

Die neue Verfassung sollte zu einer gewaltigen Belastung werden. Denn prompt erlitten die Jelzin-nahen Reformer bei den ersten Wahlen der Duma im Dezember 1993 eine bittere Niederlage. Wahlsieger waren die rechtsradikalen Nationalliberalen um Wladimir Schirinowski und die Kommunisten. Die Jelzin-kritische Mehrheit im Parlament konnte zwar als Gesetzgeber notwendige Reformen jahrelang verzögern, besaß jedoch keine Vollmachten, um eine wirksame Kontrolle der Regierung und des Beamtenapparates auszuüben. Weil zudem weder die Justiz noch der Polizeiapparat funktionierten und auch die Presse nicht unabhängig war, herrschten ideale Bedingungen für Beamtenwillkür und Korruption.

Mag Jelzins Hang zur Alleinherrschaft bei der Durchsetzung von Reformen Anfang der neunziger Jahre noch geholfen haben, so kamen die negativen Folgen seines sowjetischen Führungsstils immer schwerer zum Tragen, je kränker er wurde: Machterhalt sollte im System Jelzin endgültig zum obersten Gebot werden.

Am Ende des Jahrzehnts hatten die meisten Russen deshalb nur noch einen einzigen Wunsch: dass die Zeit der Wirren endlich zu Ende gehen und der unberechenbare, kranke Herrscher seinen Platz im Kreml räumen möge. Die Mächtigen im Kreml erkannten die Notwendigkeit zu handeln. Was ihnen noch fehlte, war der entscheidende Einfall.

DER EINFALL

Die Familie Seit Mitte der neunziger Jahre gingen die feudalen Vollmachten des Präsidenten praktisch auf eine kleine Riege von Hofschranzen über, die engen Kontakt mit den mächtigen Wirtschaftsclans hielt. Gemeinsam machten sie den Kreml immer mehr zum Spielball ihrer Interessen. Wichtige Entscheidungen etwa in der Steuergesetzgebung oder bei den Exportquoten orientierten sich weniger an den Interessen des Staates als an denen der Wirtschaftsmagnaten.

Die neuen Oligarchen waren in ihrer großen Mehrzahl keineswegs Selfmade-Männer, die sich mit Fleiß, Ausdauer oder guten Geschäftsideen nach oben gearbeitet hätten. Um damals zu großem Vermögen zu gelangen, musste man bereit sein, «gewisse moralische Prinzipien und gesetzliche Vorschriften» zu übertreten, glaubt auch Wladimir Putin, wie er später seinem Biographen diktierte.

Die besten Stücke vom Staatseigentum erhielten in erster Linie verdiente Kader aus der alten sowjetischen Elite, der Nomenklatur, Jung-Funktionäre vom kommunistischen Jugendverband Komsomol, windige Geschäftemacher und Leute mit dunkler Vergangenheit oder Verbindungen zum organisierten Verbrechen. Hartnäckig hält sich das Gerücht, viele von ihnen hätten lediglich als Strohmänner von Partei und Geheimdienst gedient. Ohne die Unterstützung dieser allmächtigen Institutionen wäre ihr rasanter Aufstieg jedenfalls kaum möglich gewesen, denn wie fast alle Sowjetbürger hatten sie von Haus aus kein größeres Vermögen, zumindest nach westlichen Maßstäben.

In der Sowjetunion waren Kontakte weitaus wichtiger als Geld. Während für die Banknoten mit Lenin-Porträt außer den Grundlebensmitteln in den fast leeren Geschäften oft kaum etwas zu kaufen war, hatte man mit den nötigen Beziehungen Zugang zu fast allen begehrten Waren. Wenn man diese «Beziehungen» als Vermögen betrachtet, war es zu einem großen Teil die «vermögende» Schicht aus der alten Sowjetunion, die nun im neuen Russland zu unvorstellbarem Reichtum gelangte.

Die Methode war simpel: Mit den nötigen Kontakten zu den Beamten, die für die Privatisierung zuständig waren, ließen sich fast über Nacht Ölkonzerne, Autofabriken, Fernsehsender, Aluminiumkombinate und Flughäfen kaufen, meist zu einem Bruchteil des tatsächlichen Wertes. Bei der Aufteilung des gewaltigen sowjetischen Staatseigentums in den neunziger Jahren ging es nur selten mit rechten Dingen zu. Der Kreml und seine Behörden ließen in den meisten Fällen die Profiteure gewähren oder halfen aktiv mit: Den Architekten des Wandels ging es darum, möglichst schnell eine Klasse von Superreichen zu schaffen – ein Gegengewicht zu den Kommunisten und den «roten Direktoren» der Staatsbetriebe. Die neuen Reichen wussten, dass sie sich ihres Vermögens und ihrer Freiheit nur sicher sein konnten, solange Boris Jelzin und seine Getreuen an der Macht blieben – und solange niemand im Kreml kritische Fragen nach dem Ursprung ihres Reichtums stellte. Investment in Jelzin war für sie Investment ins eigene Überleben.

Einige der Neureichen hielten solch engen Kontakt zu Jelzin und seinen Angehörigen, dass im Volksmund bald von der «Semja» die Rede war, der «Familie» – wie der Jelzin-Clan fortan genannt wurde. Die Rivalität der Neureichen untereinander war groß, und sie fochten um Staatseigentum und wirtschaftliche Interessen. Dennoch mussten sie alle fürchten, dass Jelzin bald nicht mehr seine schützende Hand über sie halten konnte. So kamen sie überein, einen Nachfolger aufzubauen. Er hatte vor allem eine bestimmte Aufgabe zu erfüllen – den Oligarchen ihre Beute aus der Privatisierung und ihren Einfluss auf die Politik auch nach dem

Abgang des greisen Präsidenten zu sichern. Dies war der Auftakt zu einem Moskauer Polit-Thriller.

Nach dem Zusammenbruch des Kommunismus hatten die Menschen in Russland große Hoffnungen an die neue Demokratie geknüpft, in den Jahren unter Präsident Boris Jelzin verkam der Begriff jedoch schnell zum Schimpfwort. Wer «Demokratie» hörte, verstand Raub-Privatisierung, Chaos, Armut und Niedergang. Weil der Staat seinen Zahlungsverpflichtungen nicht mehr nachkommen konnte, hatte er die Notenpresse aktiviert und damit eine heftige Inflation ausgelöst. Viele alte Menschen, die nach russischer Tradition ein Leben lang «Grab-Geld» gespart hatten, um sich zu Lebzeiten eine anständige Bestattung zu sichern, sahen sich buchstäblich um ihr Seelenheil betrogen. Millionen Russen konnten für all ihre Ersparnisse kaum noch einen Laib Brot kaufen.

Wie die meisten seiner Geheimdienst-Kollegen fand auch Wladimir Putin schneller seinen Platz in der neuen Welt als viele Altersgenossen. Dabei war die Rückkehr vom DDR-Einsatz im Februar 1990 für den jungen Agenten eine Ernüchterung. Die alte Heimat bot zwar dank Perestroika neue Freiheiten, aber sie steckte mitten in der Wirtschaftskrise. Der Vater zweier kleiner Kinder musste sich erst wieder an den schwierigen sowjetischen Alltag gewöhnen, an die heruntergekommene Wohnung, die leeren Geschäfte. Weil beim KGB Personalüberschuss herrschte, bekam er keine Stelle in der Petersburger Geheimdienstzentrale – und musste ins «Exil» – an die örtliche Hochschule, wo er Assistent des Rektors für internationale Fragen wurde.

Auf dem neuen Posten kam die Wende: An der Uni traf er seinen ehemaligen Professor Anatoli Sobtschak wieder, der kurz zuvor Vorsitzender des Stadtparlaments geworden war. Der eher zart fühlende Demokrat mit der nachdenklichen Stimme engagierte Putin als Berater, er sollte für gute Kontakte mit Miliz und Geheimdienst sorgen. Seine Kritiker sind überzeugt, dass ihn der KGB auf Sobtschak ausgesetzt hatte. Als Sobtschak wenig später

Bürgermeister wurde, nahm er den ehrgeizigen Juristen mit ins Rathaus, später machte er ihn zu seinem Stellvertreter. Als zweiter Mann in der zweitgrößten Stadt Russlands hielt er seinem Chef den Rücken frei und knüpfte Wirtschaftskontakte mit dem Ausland.

Im ganzen Land mussten derweil Lehrer, Soldaten oder Ärzte monatelang auf ihre Gehälter warten. Trotz riesiger Warteschlangen vor den Postämtern und Sparkassen gingen auch die Rentner regelmäßig leer aus. Aus der Privatisierung war im Volksmund die «Piratisierung» geworden: Im Gegensatz zur Sowjetzeit gab es in den Geschäften zwar endlich genügend Waren, doch große Teile der Bevölkerung waren verarmt, für sie waren die Läden mehr zum Anschauen als zum Einkaufen.

Jelzin erreichte bei den Meinungsumfragen nur noch einstellige Resultate, als die Präsidentschaftswahlen im Juni 1996 näher rückten. An Neujahr wollte beim Präsidenten keine Sektlaune aufkommen, nicht nur wegen des strengen Regiments der Ärzte. «Ihr dürft Champagner trinken, ich nur Kindersekt», beschwerte sich der herzkranke Präsident bei der Silvesterfeier mit seinen Mitarbeitern, als die ihn auf sein großes, abgedunkeltes Glas ansprachen. Im Kreml herrschte Einigkeit, dass bei den Präsidentschaftswahlen zu viel auf dem Spiel stand, als dass man die Machtfrage einfach den Wählern überlassen durfte.

Man konnte sich also nicht auf die «Verwaltungs-Ressourcen» verlassen, wie die traditionellen Einflussmöglichkeiten des Kremls auf das Wahlergebnis etwas verschämt genannt werden: So kommt es noch heute vor, dass bei Abstimmungen in Russland mehr Stimmzettel in den Wahlurnen landen, als Wähler abstimmen, oder dass Prozente falsch berechnet werden. Die Gouverneure wiederum wissen, dass sie sich mit einem Wahlergebnis, das dem Kreml nicht zusagt, Nachteile für ihre Region einhandeln können, etwa in Form zusätzlicher Kontrollen oder kleinerer Schecks aus Moskau.

Doch selbst diese verbreiteten Tricks konnten allenfalls einige

Prozente für Jelzin gutmachen, aber nicht die Stimmung im Land zu seinen Gunsten wenden. Die Konservativen im Kreml, allen voran Sicherheitschef Korschakow, rieten dem Präsidenten deshalb, die Wahlen einfach abzusagen, de facto also einen Staatsstreich zu begehen. Als Vorwand hatten sie unter anderem den Tschetschenien-Krieg im Auge. Der Kreml hätte sich darauf hinausreden können, dass sich die Lage dort zuspitzte und der Ausnahmezustand verhängt werden musste.

Für die führenden Wirtschaftsclans war der Plan von Korschakow und den «Silowiki», wie die Leute aus den Sicherheits-Behörden genannt werden, eine Kriegserklärung. Ein Boris Jelzin, der sich nur noch auf den Sicherheitsapparat stützt, wäre nicht mehr auf sie angewiesen. Der launige Kremlchef hätte der Staatsanwaltschaft plötzlich freie Hand geben können, dubiose Privatisierungs-Geschäfte zu untersuchen – wozu sollte er die Medien-Tycoons bei Laune halten, wenn es ohnehin wieder eine strenge Zensur geben würde? Genauso unwohl war den Wirtschafts-Bossen bei der Vorstellung, Boris Jelzin könne ohne Wiederwahlen im Westen in Misskredit geraten; damit wären auch sie selbst nicht mehr hoffähig zwischen Washington und Brüssel. Gute Auslandskontakte waren aber wichtig fürs Geschäft, und auch den Zweitwohnsitz an der Côte d'Azur wollte kaum einer aufs Spiel setzen.

Also mussten die Geldzaren einen Weg finden, um die Wiederwahl Boris Jelzins sicherzustellen, zumal sie damit «zwei Hasen mit einem Streich erlegen» konnten, wie das russische Sprichwort lautet. Zum einen ließ sich durch die Wahl das raubkapitalistische System und somit auch der eigene Reichtum weiterhin in ein demokratisches Gewand hüllen, was vor allem im Westen hilfreich war. Zum anderen musste der Präsident seinen Gönnern fortan zu großem Dank verpflichtet sein. Die Oligarchen spendeten für den Wahlkampf Millionen von Dollar – die sie mit Jelzins früherer Hilfe leicht verdient hatten. Zudem spannten sie ihre Fernsehsender, Radiostationen und Zeitungen in die Propaganda für den Präsidenten ein. Natürlich war es mit Dankbarkeit als Gegenleistung nicht getan: Jelzin sollte sich nach dem fest einkalkulierten Wahlsieg auf Kosten der Staatskasse erkenntlich zeigen, schließlich hatte der Kreml Zugriff auf viele wertvolle Unternehmen, die sich noch im Staatsbesitz befanden und privatisiert werden konnten.

Um noch dichter an das Ohr des Präsidenten zu gelangen, spannten die Oligarchen nun die energische Jelzin-Tochter Tatjana Djatschenko ein, die im Charakter ihrem Vater ähnlich ist. Jelzin berief sie in ihren Wahlkampf-Stab. Offiziellen Angaben zufolge hatte die junge Frau zuvor in einer Bank gearbeitet, Freunde berichten, sie sei Hausfrau gewesen. Über Gespräche mit dem Vater am Küchentisch hinaus hatte sie sich nicht weiter in die Politik eingemischt. Jelzin hatte sich an Tatjanas Stelle als zweites Kind immer einen Sohn gewünscht. So lag es nahe, dass die stämmige Mathematikerin stets bemüht war, dem Vater ihre Fähigkeiten zu beweisen. Wie ein Offizier eines Strafbataillons habe Tatjana männliche Mitarbeiter Jelzins, darunter auch Putin, im Befehlston zurechtgestutzt, berichtet ein damaliger Regierungsbeamter. Im Gespräch mit den Superreichen, die ihr gegenüber offenbar sehr spendabel waren, legte Tatjana dagegen ihr Sonntagslächeln auf. Als Image-Beraterin ihres Vaters war sie zuständig unter anderem für die richtige Kleidung vor der Fernsehkamera. Tatjana fand Gefallen an ihrer neuen Rolle im Kreml, die Oligarchen buhlten um ihr Wohlwollen. Allen voran Boris Beresowski, ein ehemaliger Mathematik-Professor.

Der Mann mit dem schütteren Haar, der so schnell spricht, dass er sich ständig selbst zu überholen scheint und seine Sätze selten zu Ende bringt, hatte einst ein Computerprogramm für die staatlichen Lada-Werke geschrieben und so deren Chef kennen gelernt. Umgehend schloss er mit dem «roten Direktor» einen einträglichen Deal, wie ein Ermittler erzählt. Beresowski ließ Neuwagen auf dem Papier ins Ausland exportieren und kam so in den Genuss von Steuerbegünstigungen. In Wirklichkeit jedoch verkaufte seine Firma «Logowas» die Ladas im Inland. Beresowski soll den Staat so um Millionen Dollar betrogen haben. Der Lada-Konzern war am Rande des Ruins, Beresowski und der Konzernchef wurden reich. Beweisen ließen sich die Vorwürfe nie, allerdings wurde offenbar auch nie ernsthaft ermittelt.

Tatjana und die Oligarchen überzeugten Jelzin, dass die Wahlen mit prall gefüllten Kassen kaum noch ein Wagnis darstellten. So erteilte der Präsident seinem Chef-Leibwächter und engen Vertrauten mit ihren Umsturzplänen eine Absage. Die Wirtschaftsbosse hatten den Machtkampf gegen die «Silowiki», die Uniformträger, gewonnen.

Jelzins oberster Wahlkämpfer Anatoli Tschubais, ein rothaariger Mann mit Bubengesicht, der Jahre zuvor als Chefplaner der Privatisierung auch selbst zu Vermögen gekommen sein soll, hatte richtig erkannt, dass Jelzin nur dann eine sichere Chance auf die Wiederwahl besaß, wenn er in der Stichwahl gegen einen Kommunisten antrat: So konnte man das Gespenst des Bolschewismus an die Wand malen. Niemand würde mehr nach Jelzins Fehlern und seinen Krankheiten fragen. Für großzügige Honorare ließ Jelzins Mannschaft amerikanische Wahlkampf-Strategen einfliegen: Männer wie George Gorton, der später mithalf, Arnold Schwarzenegger zum Gouverneur von Kalifornien zu machen.

Die Strategie war erfolgreich: Jelzin kam im ersten Wahlgang im Juni 1996 auf 35,2 Prozent. Er musste in die Stichwahl gegen den staubtrockenen Kommunistenführer Gennadi Sjuganow, einen Mann, der Hände hat wie Schaufelbagger und spricht, als habe er Pressluft in der Lunge. In Funk und Presse avancierte der stets etwas traurig wirkende Kommunistenchef zum Symbol des Bösen.

Doch ebenso wichtig wie die Propaganda-Schlacht war der Kampf an der Gesundheitsfront. Ein ganzes Team von Ärzten musste den schwer angeschlagenen Jelzin wider alle medizinische Vernunft wahlkampftauglich spritzen. Wie sehr die Mediziner dem müden Staatschef zusetzten, verdeutlicht eine Episode, die ein Vertrauter des Präsidenten erzählt: Eines Tages riss Jelzin einem seiner Ärzte wutentbrannt die vorbereitete Spritze aus der Hand, jagte ihn mit den Worten «heute picke ich sie dir in den Hintern» durch die Regierungsdatscha, war aber zu langsam und zu schwach, um ihn einzuholen. Kaum hatte sich der Arzt in Sicherheit gebracht, war Jelzin plötzlich verschwunden. Erst später fand ihn einer seiner Leibwächter; er hatte sich hinter einen Billardtisch gelegt, um sich zu verstecken. «Ich wollte endlich einmal allein sein mit mir selbst», eröffnete der Präsident dem verdutzten Sicherheitsoffizier.

Geschichten wie diese nähren die von Moskauer Politikern immer wieder geäußerten Spekulationen, Vertraute hätten versucht, den Präsidenten wie einst Leonid Breschnew mit Hilfe von Medikamenten zu «steuern» und in die passende Stimmung zu spritzen. Hierfür gibt es keine Beweise. Allerdings ist nicht zu bestreiten, dass viele medizinische Entscheidungen seiner Ärzte auch politische Folgen haben konnten.

Wenige Tage vor dem entscheidenden zweiten Wahlgang im Juli 1996 erlitt Jelzin einen schweren Herzinfarkt. Seine Wahlkämpfer hielten eisern still und behandelten jede Nachricht über Jelzins Gesundheitszustand wie ein Staatsgeheimnis. Der Präsident sei heiser und übermüdet, hieß es offiziell. Die Rechnung ging auf: Boris Jelzin siegte in der Stichwahl mit 53,8 Prozent.

Putins Auftritt In Russlands «zweiter Hauptstadt», Sankt Petersburg, hatte 1996 ein Helfer in Jelzins örtlichem Wahlkampf-Team mitgearbeitet, der damals über die Grenzen der Stadt hinaus kaum bekannt war. Der sowjetisch frisierte Blonde mit dem kühlen Charme trug billige russische Anzüge der berüchtigten Marke «Bolschewitschka» und Kunstleder-Koffer wie zu Breschnews Zeiten. Er war zwar der zweite Mann in der Stadt, doch er erschien so unbedeutend, dass Besucher manchmal schnurstracks an ihm vorbei auf seinen adrett gekleideten Bürovorsteher zugingen und diesen als «Vize-Bürgermeister» begrüßten, wenn sie dem ungleichen Paar außerhalb des Amtszimmers zum ersten Mal begegneten. Schlechte Kleidung bei einem hochrangigen Politiker war in diesen Jahren weniger ein Zeichen von mangelndem Geschmack als vielmehr ein Beleg dafür, dass jemand sich nicht bereicherte oder aber bescheiden und klug genug war, seinen Wohlstand nicht offen zu zeigen. Auch was sein Sommerhaus angeht, zeigte sich der zurückhaltende Mann genügsam: Er bezog die Datscha des früheren DDR-Generalkonsuls, die nach damaligen Maßstäben für einen der mächtigsten Männer in der Stadt eher ein bescheidenes Land-Domizil war. Er verzichtete auf den Dienst-Volvo mitsamt Blaulicht, der ihm zustand, und nahm mit einem koreanischen Hyundai vorlieb.

Putins Arbeit für Jelzin war nicht sein erster Wahlkampf-Einsatz. Sechs Monate zuvor hatte er bei den Parlamentswahlen das örtliche Team der Regierungspartei «Unser Haus Russland» geleitet. Sehr dienstbereit, aber unauffällig sei er gewesen, erinnert sich einer von Putins Mitstreitern. Später wurden Vorwürfe erhoben, sein Wahlkampf sei zu lasch und zu ungeschickt ausgefallen.

Nur in einem von acht Direktwahl-Bezirken war die Partei mit einem Kandidaten vertreten. Putin ließ in der ganzen Stadt Bilder von Ministerpräsident Viktor Tschernomyrdin plakatieren. Fast an jedem Laternenpfahl prangte das bullige Gesicht des einstigen Gas-Managers mit dem Charme einer Dampfwalze und dem Mundwerk eines Alleinunterhalters, der bleibende Spuren im russischen Sprachgebrauch hinterlassen hat mit seinem legendären Ausspruch «Wir wollten nur das Beste, aber wie immer ging es daneben». Der Parteichef war so unpopulär, dass seine Allgegenwart in der Stadt die Wahlchancen nicht gerade erhöhte – eher hätte man ihn verstecken müssen. Doppelt genäht hält besser, habe er sich gesagt, und außerdem habe er einfach so viele Plakate bekommen und sie als sparsamer Russe doch nicht wegwerfen können, erklärte Putin später in einem Zeitungsinterview. Er behielt trotz aller Kritik Recht: «Unser Haus Russland» wurde in Petersburg immerhin drittstärkste Partei.

Ein anderer Wahlkampf unter Putins Leitung endete dagegen mit einer Niederlage, die zu einer entscheidenden Weichenstellung in seinem Leben werden sollte: Im Juni 1996, kurz vor der Präsidentschaftswahl, unterlag Putins großer Förderer, der Petersburger Bürgermeister Anatoli Sobtschak, in der Stichwahl seinem Herausforderer. Putin hatte gegen übermächtige Gegner kämpfen müssen: Ausgerechnet der Kreml in Gestalt des Sicherheitschefs Korschakow und seiner Vertrauten hatte massiv Stimmung gegen den Bürgermeister gemacht, weil er als Aushängeschild der jungen russischen Demokratie ein potenzieller Konkurrent für Boris Jelzin war und die beiden eine persönliche Rivalität verband. Die Einmischung ging so weit, dass Hubschrauber der Sicherheitsdienste Flugblätter gegen Sobtschak über der Stadt abwarfen.

Nach der Wahlniederlage erhielt Putin zwar ein Jobangebot vom neuen Gouverneur, doch er verhielt sich loyal zu seinem Gönner und verließ mit ihm die Stadtregierung. Der spätere Präsident hatte allzu gute Kontakte, als dass er sich wirklich ernste

Sorgen um seine Zukunft machen musste: Weggefährten aus dem Petersburger Rathaus waren in Moskau auf einflussreiche Posten gekommen, und nach russischer Tradition konnten sie einem alten Bekannten, der eine neue Arbeit suchte, eine Bitte kaum ausschlagen.

In Moskau präsentierten derweil die Wirtschaftsclans, die den Wahlkampf finanziert hatten, Boris Jelzin ihre Gegenrechnung. Sie durften sich bald bei fragwürdigen Versteigerungen milliardenschweres Staatseigentum zu teilweise lächerlich niedrigen Preisen einverleiben – für Geld, das sie zum Teil ebenfalls vom Staat geliehen hatten. Jelzin musste einen der Oligarchen zum Vize-Premier ernennen: den Chef des Interros-Konzerns Wladimir Potanin. Wladimir Putin erhielt das Angebot, als einer der zahlreichen Vize-Chefs ins Moskauer Präsidialamt zu wechseln.

Doch in letzter Minute durchkreuzte eine von Boris Jelzins unerwarteten Personalrochaden die Pläne: Überraschend übernahm Anatoli Tschubais die Leitung des Präsidialamts – der Intimus der Jelzin-Tochter Tatjana, der den Wahlkampf so erfolgreich gemanagt hatte. Das Jobangebot seines Vorgängers sei nicht mehr gültig, der versprochene Posten werde abgeschafft, teilte Tschubais dem entsetzten Putin mit. Als Trostpreis bot er seinem alten Bekannten an, die Informationsabteilung im Kreml zu leiten. Eine Aufgabe, für die sich der eher öffentlichkeitsscheue Putin gar nicht begeistern konnte, die er aber mangels Alternative auch nicht ausschlagen wollte.

Nicht gerade in bester Stimmung machte er sich im Sommer 1996 auf den Heimweg aus Moskau nach Petersburg. In letzter Sekunde, auf der Fahrt zum Flughafen, half ihm ein alter Bekannter aus der Not: Wieder einmal sollte es sich auszahlen, dass Putin, der sich selbst als «Spezialisten im Umgang mit Menschen» bezeichnet, Kollegen und Freunde nicht fallen ließ. So hatte er es auch als Vizebürgermeister von Petersburg mit seinem Vorgänger gehalten. Der war nach der «Wende» in der Stadt in Ungnade gefallen, die meisten Beamten ließen ihn selbst am Telefon abwimmeln. Putin dagegen hatte seine Tür stets für ihn offen gehalten. Die Treue sollte sich auszahlen: Der Mann war wieder aufgestiegen und gerade zum stellvertretenden Ministerpräsidenten ernannt, da half er Putin sofort bei der Jobsuche. Per Funktelefon bat er ihn, den Wagen zu wenden und zu einem Vorstellungsgespräch in die Stadt zurückzufahren: Er sollte bei Pawel Borodin vorsprechen – Chef der Vermögensverwaltung im Kreml und Gebieter über die wertvollen Schätze, von den historischen Palästen über Regierungsflugzeuge und Kreml-Limousinen bis hin zu Luxushotels und Elite-Krankenhäusern.

Putin kannte den schlitzohrigen Kreml-Hausmeister, wie Borodin genannt wurde, flüchtig aus seiner Petersburger Zeit. Borodin ernannte den Ex-KGB-Mann zu einem seiner Stellvertreter, zuständig für die juristische Abteilung und das gesamte Auslandsvermögen der Vermögensverwaltung. Die Episode von Putins Einstieg in den Kreml ist ein mustergültiges Beispiel für die Personalpolitik in Russland: Noch häufiger als im Westen gehen hochrangige Stellen an Bekannte oder werden wie in einem Kuhhandel gegen Bares oder komplizierte Tauschgeschäfte verschachert.

Schnell schaffte Putin Ordnung in Borodins Auslandsabteilung und erstellte eine vollständige Vermögensübersicht. Der Petersburger hatte nun zwar eine neue Aufgabe, doch kaum Einfluss in Moskau. Er war einer von zahllosen Kreml-Beamten, Boris Jelzin kannte er nur aus der Ferne und vom Fernseher. Putin musste sich erst an die Korridore der Macht mit all ihren Intrigen und feinen Manövern gewöhnen, die in Moskau um einiges heftiger und erbitterter geführt wurden, als er es aus seiner Petersburger Zeit gewohnt war. Auch dem Präsidenten und seinen Vertrauten war Putin im Sommer 1996 wohl kaum aufgefallen. Sie hatten andere Sorgen. Ihnen war bewusst, dass sie mit dem Wahlsieg zwar eine Schlacht, aber noch lange nicht den Krieg gewonnen hatten. Für die «Operation Nachfolge» musste das Drehbuch geschrieben werden, die Rollen konnte man später besetzen.

Die alten Probleme blieben nach der Wiederwahl Jelzins 1996 nicht nur bestehen, sie verschärften sich noch. In der Wirtschaft gab es zwar erfreuliche Anzeichen für einen Aufschwung, doch der beschränkte sich im Wesentlichen auf Moskau und war zu großen Teilen mit Schulden finanziert. Selbst an Werktagen gab es vor teuren Restaurants Warteschlangen, Reisebüros arbeiteten im Akkord, in manchen Moskauer Möbelhäusern waren exklusive Ledersofas ausverkauft, und auf Moskaus Straßen gab es die wohl höchste Konzentration von Luxuswagen in Europa: Russland lebte über seine Verhältnisse. Zwar waren die Steuersätze hoch, doch die Behörden erwiesen sich als extrem nachsichtig beim Einkassieren. Die Strenge der russischen Gesetze wurde offenbar dadurch kompensiert, dass man sie nicht unbedingt einhalten musste, wie der russische Satiriker Michail Saltykow-Schtschedrin schon im 19. Jahrhundert bemerkt hatte.

Im August 1998 war der Staat nicht mehr in der Lage, die Zinsen für seine Schulden zu bezahlen, Russland war bankrott. Vor den Banken bildeten sich große Warteschlangen, doch ein Finanzinstitut nach dem anderen erklärte sich für zahlungsunfähig. Der Rubel verlor rasant an Wert. Über Nacht hatten wieder einmal Millionen Russen ihr Erspartes und ihre Hoffnung verloren, während einige Eingeweihte mit Spekulationen ihre Vermögen vervielfachten.

Es wurde viel darüber geschrieben, dass der Jelzin-Clan und seine Vertrauten in großem Umfang selbst an dem Schulden-Karussell gedreht und mitverdient haben sollen. Dafür gibt es keine Beweise. Offensichtlich ist jedoch, dass der Jelzin-Clan über Insiderwissen verfügte. Premierminister Sergej Kirijenko, ein unerfahrener Jungunternehmer mit der Ausstrahlung eines stets gut frisierten Einserschülers, den Jelzin auf Drängen der Öl-Lobby als Regierungschef in das Weiße Haus in Moskau geschickt hatte, machte in der Krise seinem Spitznamen «Kinderüberraschung» alle Ehre: Er wisse gar nicht, wie es zu dem Zusammenbruch hätte kommen können, schließlich habe er sich strikt an die amerikanischen Wirtschafts-Lehrbücher gehalten, klagte der Statthalter der Oligarchen wenige Tage nach der Krise gegenüber einem Vertrauten.

Das Land drohte im Chaos zu versinken, und der Kapitän erschien kaum noch auf der Brücke. Den Nachrichtenagenturen war es schon eine Meldung wert, wenn Jelzin im Kreml seinen Amtsgeschäften nachging. «Nach langer und schwerer Krankheit, ohne noch einmal zu Bewusstsein zu kommen, ist unser hoch verehrtes Staatsoberhaupt, Boris Jelzin, heute Morgen um 11 Uhr im Kreml – zur Arbeit getragen worden», lautete ein gängiger Scherz in Anspielung auf die Nachrichten vom Tod der Generalsekretäre zu Sowjetzeiten.

Doch das einzige wirkliche Machtzentrum im Lande war der Kreml, der Präsident regierte das Land mit Ukassen. Kritiker sprachen bereits von einer «Ukasokratie». Dass nun das allmächtige Staatsoberhaupt fast vollständig ausfiel, hatte gravierende Folgen: Zum einen nahmen etwa die Regionalfürsten Jelzin oft nicht mehr ernst; die Beamten führten seine Ukasse oft nur noch halbherzig aus. Zum anderen wurde der Präsident durch seine Krankheit den Einflüssen seiner Umgebung ausgesetzt.

Jelzins Lieblingstocher Tatjana stieg immer mehr zur Prinzregentin empor – keine neue Erscheinung in Moskau, wo einst die Krankenschwester des siechen Leonid Breschnew entscheidenden Einfluss auf dessen Amtsgeschäfte nahm oder der Landgeistliche Rasputin zu Beginn des vergangenen Jahrhunderts über die Zaren-Gattin die Staatsgeschäfte mitlenkte. Der Weg zum Präsidenten führte über seine Tochter und ihre Freunde wie Boris Beresowski, den die westliche Presse später zum «Paten des Kreml» taufte. Oft entschied Tatjana über Karrieren – die Aufmerksamkeit der Beamtenschar im Kreml galt nicht mehr dem Präsidenten, sondern seiner Tochter.

Wer die Macht über das Staatsoberhaupt besaß, dem gehörte die Macht im Staate. Die Personen aus dem Umfeld Jelzins, die halbwegs eigenständig waren oder sich auch einmal kritisch äußerten, wie seine alten Berater aus Moskauer Intellektuellen-Kreisen, wurden entlassen. Freunde und Bekannte von Tatjana gelangten in wichtige Ämter und besetzten Schlüsselpositionen in der Wirtschaft. Ihr Schwager etwa, der Mann von Jelzins älterer Tochter Jelena, zuvor als Copilot nur zweiter Mann in einer Flugzeug-Crew, wurde Chef der halbstaatlichen Fluggesellschaft Aeroflot. Tatjanas späterer Mann Valentin Jumaschew, mit dem sie schon damals eine sehr enge Beziehung unterhielt, übernahm zeitweise die Leitung des Präsidialamtes.

Der «Familie» ging es weder um Russlands Einfluss in der Welt und seine Großmacht-Ansprüche noch um seine Stärke und sein Militär. Alles drehte sich um den eigenen Vorteil. Das war wohl auch einer der Gründe, warum der Westen stillhielt: Solange er außenpolitisch für Stabilität sorgte, konnte der Clan im Kreml das eigene Land ausrauben.

Tatjana hatte das letzte Wort, wann Jelzin in der Öffentlichkeit auftreten durfte und was er zu sagen hatte. Der einst so jähzornige Staatschef, der seinen Pressesprecher aus Zorn vom Schiff in die Wolga werfen ließ und seinen Vorgänger Gorbatschow schikanierte, wo es nur ging, sei damals völlig unter den Einfluss seiner Tochter geraten, berichtet ein Berater. Der Kreml-Chef habe wohl gespürt, dass etwas falsch laufe, aber er hatte nicht die Kraft, sich zu wehren – zu groß war seine Abhängigkeit und seine Liebe zur jüngsten Tochter. Eine Episode, die ein Vertrauter aus jener Zeit erzählt, verdeutlicht dies: Da der Staatschef, im trauten Kreise der Familie «Deduschka» oder kurz «Ded», Opa, gerufen, nie sonderlich viel auf Bücher und Zeitungen gab, verkürzte er sich die Zeit vor dem Schlafengehen gerne mit dem Durchblättern eines Fotoalbums, in dem er zusammen mit Freunden und den Mächtigen dieser Welt verewigt war, etwa mit US-Präsident Clinton und

Bundeskanzler Kohl. Er hatte sich den Bildband wie ein Buch drucken lassen. Argwöhnisch wurde Tochter Tatjana jedoch darauf aufmerksam, dass «Deduschka» Jelzin beim nächtlichen Durchblättern immer öfter und immer länger bei jenen Bildern hängen blieb, die ihn gemeinsam mit seinem in Ungnade gefallenen Leibwachen-Chef Korschakow zeigten. «Das waren noch Zeiten, das war einer, der wenigstens trinken konnte», soll der Staatschef dabei genuschelt haben. Wohl nicht zu Unrecht hatte Korschakow einst den stolzen Spitznamen «rechtes Glas des Präsidenten» getragen, weil er wegen seiner besonderen Trinkfestigkeit mit Jelzin in Sachen Wodka mithalten konnte und deshalb regelmäßig direkt neben ihm sitzen durfte. Tatjana, die Korschakows Entlassung durchgesetzt hatte, bereiteten die nostalgischen Anwandlungen des «Deduschka» immer mehr Sorgen – sie wusste aus bitterer Erfahrung, dass er durchaus in der Lage war, spontan Mitarbeiter zu entlassen oder zu ernennen. Jelzin hing an seinen Freunden. So ließ Tatjana das Fotoalbum verschwinden. Ihre Hoffnung, dass Jelzin den Verlust nicht bemerken würde, erfüllte sich aber nicht. Der Präsident verlangte wütend nach dem Bildband. «Deduschka» klagte, er könne nicht einschlafen, und verfiel zusehends in Depression. Tatjana sah keinen anderen Ausweg, als umgehend ein neues Album in Druck zu geben, mit exakt den gleichen Bildern und der gleichen Widmung, nur eben ohne die Korschakow-Fotos. Hocherfreut soll sich Jelzin sogleich wieder auf sein «Buch» gestürzt haben. Erst nach einiger Zeit wurde er stutzig: Fehlte nicht jemand? «Nein, nie im Leben», beruhigte ihn seine Tochter: «Du verwechselst da was, Papa.»

Hatte die Clique um den Präsidenten und seine Tochter in Jelzins erster Amtszeit noch mächtige Gegenspieler wie Korschakow und die «Silowiki», so drohte nach 1996 zumindest innerhalb des Kreml keine Gefahr mehr. Wer sich mit den Geld-Zaren anlegte, hatte die besten Tage seiner Karriere hinter sich. «Es war eine der finstersten Perioden in der russischen Geschichte, die stark an die

Zeit der Wirren nach dem Tod von Iwan dem Schrecklichen erinnert», sagt ein Berater von Wladimir Putin heute. Viel diplomatischer zwar, aber dennoch deutlich übt auch der neue Präsident selbst Kritik an der Politik seines Vorgängers. Im Gespräch mit dem Verfasser bezeichnete er im September 2001 die Jelzin-Regentschaft als «zehn Jahre Wirrwarr und Halb-Chaos». Wie glaubwürdig diese Kritik ist, ob Putin nicht selbst in der Tradition Jelzins steht und von dessen Clan abhängt, ist eine der Schlüsselfragen im neuen Russland, die an späterer Stelle noch genauer zu untersuchen ist.

Putin bekleidete zwar in der Endphase von Jelzins Herrschaft immer höhere Ämter. Tatsächlich saß er aber nicht an den Schalthebeln der Macht, sondern war selbst einer dieser Hebel – ein dienstbeflissener Beamter, dem Kreml loyal ergeben. Der Petersburger hatte bereits 1997 den gewichtigen Kreml-Vermögensverwalter Pawel Borodin verlassen und war zunächst zum Leiter der mächtigen Kontrollabteilung im Präsidialamt aufgestiegen: Sie kontrollierte, ob die Anweisungen des Präsidenten ausgeführt wurden. De facto war Putin damit weitaus mächtiger als die meisten Minister. Die Präsidialverwaltung hatte sich zu einer Art «Überregierung» entwickelt, und ihre Abteilungsleiter besaßen oft mehr Kompetenzen als die jeweils zuständigen Ressortchefs im Weißen Haus, dem Regierungssitz am Moskwa-Ufer.

Selbst seinen späteren Kritikern fiel Putin damals angenehm auf. «Als er 1997 zu mir in eine Livesendung kam, war ich überrascht, wie gut er bis ins Detail informiert und wie kompetent er war, das war durchaus nicht die Regel für Kreml-Beamte in jener Zeit», erinnert sich Alexej Wenediktow, Chefredakteur des kritischen Nachrichtensenders «Echo Moskaus».

Dem Juristen Putin selbst war die Arbeit langweilig, wie er später schrieb: «Ich weiß nicht, was ich gemacht hätte, wenn alles so weitergegangen wäre. Wahrscheinlich hätte ich eine Rechtsberatungs-Firma gegründet.» Doch ehe er sich zum Wechsel entschloss, wurde Putin 1998 zum Ersten Stellvertretenden Leiter des Präsidialamtes befördert und erhielt die Oberaufsicht über die Regionen.

Wenig später übernimmt der Petersburger die Leitung des Inlands-Geheimdienstes FSB, der Nachfolge-Organisation des KGB, den Jelzin nach dem gescheiterten Putsch 1991 zerschlagen hatte. Der FSB bekennt sich durchaus mit Stolz zu seiner sowjetischen Vergangenheit – und hält bis heute im alten KGB-Sitz am berüchtigten Moskauer Lubjanka-Platz die Stellung.

Er habe sich über die Ernennung an die Geheimdienst-Spitze nicht gefreut, schreibt Putin später: «Ich wollte nicht zwei Mal in ein und dasselbe Wasser.» Wie unter Strom sei man in der Arbeit im Geheimdienst, so der Präsident: «Die Menschen dort leben unter ständiger Spannung; alle Papiere sind geheim, man darf dieses nicht, darf jenes nicht.» Seiner Frau Ljudmila hatte Putin versprochen, in keinem Fall zurück zum Geheimdienst zu wechseln. Als er sie nach der Ernennung anruft mit den Worten «Sei vorsichtiger, ich bin wieder dahin zurückgekehrt, wo ich anfing», glaubt Ljudmila deshalb, er sei ins Liegenschaftsamt des Kreml zurückgekehrt. Erst als Putin den Satz zum dritten Mal wiederholt, versteht Ljudmila. Als Frau des Geheimdienstchefs muss sie den Kontakt mit einem befreundeten Ehepaar in Deutschland aufgeben.

Kaum ist er FSB-Chef, schickt Putin viele lang gediente KGB-Leute in den Ruhestand: Der spätere Präsident sei vom Kreml an die Spitze des Geheimdienstes gesetzt worden, um dessen Korruptions-Bekämpfer zu bremsen, die klammheimlich gegen den Jelzin-Clan ermittelten, berichtet ein hochrangiger Beamter aus jener Zeit. Tatsächlich hatte die Geheimdienstzentrale am Moskauer Lubjanka-Platz die Staatsanwaltschaft zuvor mit brisantem Material gegen den Kreml versorgt. Nach Putins Umzug sei der Informationsfluss abrupt abgebrochen.

Putin hielt der Kreml-Familie schon damals bedingungslos die

Treue. Wie angeblich schon im Petersburger Rathaus, waren auch seine Aktenschränke an der Lubjanka bestens gefüllt mit «Kompromat», wie kompromittierendes Material in Russland genannt wird. Putin soll es großzügig angewandt haben: Der Petersburger galt als effektiv, hochintelligent und ausgesprochen fleißig. Er war es, der Jelzin auch im März 1999 in höchster Not beistand. Er zeigte sich nicht nur treu ergeben, sondern auch wenig zimperlich. Die Geheimdienstler hatten ein Telefonat von Generalstaatsanwalt Juri Skuratow mit Schweizer Kollegen abgehört, das im Kreml für Aufregung sorgte: Der Chefankläger hatte klammheimlich Korruptions-Ermittlungen gegen Jelzins Familie eingeleitet – ein unerhörter Vorgang in Russland, wo der oberste Strafverfolger bislang stets stramm an der Leine des Kreml marschierte.

Die Eigenständigkeit der Ankläger bedeutete eine ganz reale Gefahr für den Staatschef und die Kreml-Clique: Auf Bitten der russischen Generalstaatsanwaltschaft stellten Schweizer Behörden in der Eidgenossenschaft belastendes Material gegen den Jelzin-Clan sicher. Die «Familie» habe gut gefüllte Konten im Ausland, so lautete der Verdacht. Die beiden Töchter hätten zudem teure Einkäufe getätigt mit Kreditkarten, die ihnen von der Schweizer Firma «Mabetex» zur Verfügung gestellt wurden – von genau jenem Unternehmen, das unter anderem den millionenschweren Auftrag für die Renovierung des Kreml erhalten hatte. Nicht etwa ein Gesinnungswandel habe den zuvor so handzahmen Skuratow zu bislang nie gekanntem Ermittlungseifer bewegt, hieß es damals hinter vorgehaltener Hand: Weil er das baldige politische Ableben Jelzins vorhersah, habe der Generalstaatsanwalt wie viele andere schlicht die Seiten gewechselt und sich den Gegnern des Präsidenten angedient. In ihrer Not vertraute Jelzin-Tochter Tatjana Geheimdienstchef Putin und Präsidialamtschef Bordjuscha die heikle Mission an, den aufmüpfigen Strafverfolger auf Linie zu bringen – oder zumindest unschädlich zu machen.

Prompt fand Putin das geeignete Mittel: ein heimlich aufgenommenes Videoband, auf dem ein spärlich bekleideter Mann, der dem Generalstaatsanwalt verblüffend ähnlich sah, mit zwei Prostituierten in einer konspirativen Wohnung auf dem Doppelbett in jeder Hinsicht stark ins Schwitzen geriet. Skuratow hat Freunden gegenüber die Echtheit des Bandes eingeräumt, sich aber beklagt, dass er mit viel Wodka geschickt in die Falle gelockt worden sei.

Diskret organisierte Putin Anfang Februar 1999 ein Treffen mit dem Chefankläger und bedeutete ihm, ganz Russland werde die schlüpfrigen Szenen im Fernsehen verfolgen, wenn er die Ermittlungen gegen die Jelzin-Familie nicht einstelle. Die Wirkung blieb nicht aus: Skuratow unterzeichnete nach dem Gespräch ein Rücktrittsgesuch und ließ sich am Tage darauf ins Krankenhaus einliefern. Die Attacke hatte ihm aufs Herz geschlagen. Der Föderationsrat jedoch, Russlands Ländervertretung und damit das Gegenstück zum deutschen Bundesrat, weigerte sich, Skuratows Entlassung zu genehmigen. Die Regionalfürsten wollten offenbar eine Gegenleistung für ihre Kooperation.

Skuratow schöpfte wieder Hoffnung: Am 17. März erklärte er vor dem Föderationsrat, er wolle im Amt bleiben. Noch in der gleichen Nacht konnten Millionen Russen den Sex-Streifen mit dem Generalstaatsanwalt als Hauptdarsteller im Fernsehen verfolgen. Skuratow habe sich nicht nur Ausschweifungen erlaubt, sondern diese auch noch von der Mafia bezahlen lassen, hieß es. Der Chef-Ermittler bestritt die Vorwürfe energisch und sprach von einer Fälschung. Doch die Medien-Maschinerie des Kreml und der befreundeten Oligarchen schien einmal mehr zu funktionieren: Statt sich über die völlig offensichtliche Erpressung und Nötigung des Generalstaatsanwaltes durch den Kreml zu empören, diskutierte halb Russland, angestachelt von den Medien, ob der Strafverfolger ein Sittenstrolch oder das Opfer einer Intrige war. Die Vorwürfe gegen den Jelzin-Clan gerieten dabei fast in den Hintergrund.

Doch das war erst der halbe Erfolg. Der angeschlagene Chef-

Ermittler war immer noch im Amt. Zwar ließ ihn Jelzin gegen jedes Gesetz einfach mit Polizeigewalt aus seinem Büro aussperren. Doch Skuratows Untergebene weigerten sich hartnäckig, gegen ihren eigenen Chef zu ermitteln, obwohl inzwischen auch noch Gerüchte gestreut wurden, der Generalstaatsanwalt habe sich von Jelzins Kreml-Hausmeister Pawel Borodin unentgeltlich ein gutes Dutzend Anzüge schenken lassen – was angesichts der ungeheuren Ausmaße der Korruption unter Jelzin allerdings kaum mehr gewesen wäre als eine Bagatelle.

Wieder rettete Putin mit einem Griff in den Giftschrank die Situation: Auch für einen der Moskauer Regional-Staatsanwälte, die die Möglichkeit hatten, gegen den eigenen Chef Ermittlungen einzuleiten, fand sich eine Videokassette, die ihn bei sexuellen Kontakten besonderer Art zeigte, die in Russland noch auf weitaus weniger Verständnis stoßen als die vermeintlichen Liebesspiele des Generalstaatsanwaltes mit Prostituierten. Nach langem Zögern und fast unter Tränen opferte der gestandene Ermittler seinen Vorgesetzten, um so seinen eigenen Ruf und den seiner Familie zu retten. Der Verrat an seinem obersten Chef brachte ihm die Verachtung seiner Kollegen ein.

Nach dieser Vorarbeit Putins ging Boris Jelzin nun in die Offensive und beurlaubte den Generalstaatsanwalt. Streng genommen war dies durch kein Gesetz gedeckt, denn für die Bestätigung und die Entlassung des obersten Anklägers ist der Föderationsrat zuständig. Doch der Kreml-Herrscher bestellte den Chef des Verfassungsgerichts zu sich, und prompt fanden die Hüter des Grundgesetzes einen juristischen Ausweg: Wenn gegen den Generalstaatsanwalt Ermittlungen liefen, müsse er vom Dienst suspendiert werden. Weil nicht explizit im Gesetz stehe, wer dazu berechtigt ist, habe der Präsident nicht nur das Recht – er sei geradezu verpflichtet. Im Gegenzug für die spitzfindige Entscheidung zeigte sich Putin später den Verfassungsrichtern gegenüber erkenntlich und erhöhte ihren Status – sie wurden Vize-Regierungschefs gleichgestellt, was unter anderem eine bessere Versorgung im Alltag bedeuten kann. Der Präsident ernannte zudem einen neuen geschäftsführenden Generalstaatsanwalt.

Die Korruptionsvorwürfe gegen Skuratow selbst erwiesen sich später als haltlos – die Ermittlungen wurden eingestellt. Den Leiter der staatlichen Medienholding WGTRK, deren TV-Sender RTR das Enthüllungsvideo als erster auf den Bildschirm gebracht hatte, ernannte Putin kurz nach seinem Einzug in den Kreml zum russischen Kulturminister.

Mitten in der Skuratow-Affäre hatte Jelzin seinen Präsidialamtschef Nikolaj Bordjuscha entlassen. Der KGB-General, der einst in Krisengebieten diente, zeigte Skrupel, und die schmutzigen Spiele am Hof setzten ihm auch körperlich zu: Bordjuscha musste mit Herzbeschwerden ins Krankenhaus. Er klagte später, Jelzin sei die Entscheidung, ihn zu entlassen, von seiner Tochter Tatjana und ihren Hintermännern aufgezwungen worden. Nicht der Präsident regiere Russland, sondern ein Häufchen gewissenloser Personen.

Anders als Präsidialamtschef Bordjuscha hatte Wladimir Putin seine Bewährungsprobe bestanden und hielt während und nach der Skuratow-Affäre strikt zum Jelzin-Clan. Es liegt in der Natur seines Amtes als Geheimdienstchef, dass über seine Tätigkeit in dieser Zeit viele Gerüchte, aber wenig Fakten erzählt werden. Tatsache bleibt, dass die «Kreml-Familie» damals nicht allzu zimperlich war in der Wahl ihrer Mittel. Dass dabei ausgerechnet der FSB-Chef – immerhin zuständig für geheime Aktionen – nicht eingeweiht war, erscheint unwahrscheinlich. Als Geheimdienst-Offizier war es Putin gewohnt, Befehle auszuführen, glaubt ein Bekannter des heutigen Präsidenten, der mit dieser Äußerung nicht zitiert werden will: «Er hat gelernt, sich Skrupel zu verkneifen.» Putins Gegner sprechen von einer «pragmatischen Brutalität». Jelzin-Tochter Tatjana und ihre Freunde wussten, dass sie sich auf Putin auch in kritischen Situationen verlassen konnten.

Nach Bordjuschas Entlassung erreichte die Verquickung von «Familie» und staatlicher Macht einen neuen Höhepunkt: Mit Alexander Woloschin wurde ein Mitglied des Jelzin-Clans nun Präsidialamtschef. Der wächsern wirkende Unternehmer war ein Vertrauter von Boris Beresowski und durch gemeinsame Geschäfte und Skandale eng an den Oligarchen gebunden. Nach inoffiziellen Informationen der Staatsanwaltschaft soll Woloschin mit Hilfe von Kriminellen eine Moskauer Bank gezwungen haben, mit 5,5 Millionen Dollar aus den Spareinlagen ihrer Kunden Anteilsscheine an einem zwielichtigen Anlageprojekt von Boris Beresowski zu kaufen, die damals «nicht mehr waren als das Einwickelpapier von Bonbons», wie ein Ermittler berichtet. Als Chef der «Föderalen Wertpapiergesellschaft» und damit zuständig für die Privatisierungs-Auktionen verkaufte Woloschin den Angaben zufolge später Beresowski und dessen Freund Roman Abramowitsch staatliches Eigentum zum Spottpreis. Allein bei der Versteigerung des Ölkonzerns Sibneft soll das Trio den Staat um bis zu 500 Millionen Dollar geprellt haben. Nach Angaben des erwähnten Staatsanwaltes hatte Woloschin gute Kontakte zu einem später ermordeten Moskauer Mafia-Paten und betrieb mit ihm gemeinsam Geschäfte. Alle Vorwürfe wurden nie belegt, allerdings sei auch nie ermittelt worden, weil der Kreml das untersagt habe, so der Staatsanwalt.

Auch wenn es sich bei solchen Angaben natürlich um gezielte Desinformation handeln kann, geht bis heute das Gerücht in Moskau, mit Woloschin habe sich der Jelzin-Clan nach dem ehrpusseligen General Bordjuscha einen Mann fürs Grobe in den Kreml geholt – schließlich waren die Wahlen nicht mehr weit entfernt.

In jedem Fall begann in diesen Tagen eine langjährige Zusammenarbeit: Woloschin, der zuweilen ein klein wenig stottert und vielleicht deshalb die Öffentlichkeit scheut, traf damals mit dem FSB-Chef Wladimir Putin zusammen, der gerade zum Sekretär des Nationalen Sicherheitsrates aufgestiegen war. Woloschin stand Putin auch als Präsident fast vier Jahre lang zur Seite, bis er im Oktober 2003 zurücktrat.

Frisch zum Präsidialamtschef ernannt, hatte Woloschin entscheidenden Anteil daran, dass Boris Jelzin im Mai 1999 eine erneute Krise meisterte. Jahrelang hatte die Opposition im Parlament ein Amtsenthebungsverfahren gegen den Präsidenten vorbereitet, doch bei der entscheidenden Abstimmung in der Duma kam in allen fünf Anklagepunkten keine Mehrheit zustande. Wie so oft setzte Jelzin alles auf eine Karte – und gewann. Woloschin hatte zuvor diskret viele Volksvertreter auf die Seite des Kreml gezogen, wobei seine Instrumente von Drohungen bis hin zu materiellen Segnungen reichten. Es ist nicht auszuschließen, dass auch Putin als Geheimdienstchef im Hintergrund mitwirkte und etwa für den einen oder anderen Abgeordneten die passenden Kompromat-Aufzeichnungen bereitlagen.

Für Boris Jelzin bedeutete die Niederschlagung des Amtsenthebungs-Verfahrens keine Entwarnung. Fast alle Meinungsforscher waren sich im Frühjahr 1999 einig, dass bei den Präsidentschaftswahlen im Juni 2000 ein Triumph der Jelzin-Gegner bevorstand. Im Mai 1999 entließ der greise Jelzin Premierminister Primakow nach nur acht Monaten im Amt. Jelzin hatte Angst, dass der beliebte Ex-Geheimdienstchef seinen Amtsbonus im Kampf um den Kreml nutzen konnte. Zudem hatte Jewgeni Primakow der Staatsanwaltschaft freie Hand für Ermittlungen gegen die Geldzaren gegeben, die sofort alles daransetzten, ihn loszuwerden. Primakow verbündete sich nach der Entlassung mit Moskaus Bürgermeister Juri Luschkow, und die Popularitätswerte des Apparatschik-Duos stiegen beharrlich. Viele Politiker und Beamte liefen in das neue Wahlbündnis über, um sich rechtzeitig ihre Pfründen für die Nach-Jelzin-Ära zu sichern.

Vieles sprach dafür, dass Jelzins Gegner mit der «Familie» abrechnen, die Geldquellen der Oligarchen unter die Lupe nehmen oder zumindest der Staatsanwaltschaft freie Hand geben würden. Niemand hatte Zweifel, dass die Strafverfolger jede Menge Handfestes finden würden. Für Boris Jelzin und seine Schützlinge wurde der Machterhalt damit zur Überlebensfrage. «Die wussten, wenn sie sich nichts einfallen lassen, kommen sie um sehr, sehr viel Geld und landen im Gefängnis oder zumindest im Exil», glaubt ein Politiker, der in dieser Zeit enge Kontakte zum Kreml hatte. Der Einfall hieß Wladimir Putin.

OPERATION NACHFOLGE

Kompromat Der Mann mit dem sonnengebräunten Gesicht setzte ernste Miene auf und redete auf den Alten ein. Doch der schien nicht begeistert, immer wieder fuhr er seinem Gesprächspartner dazwischen. «Was? Der Kleine? Nein, der nicht!» Es war Valentin Jumaschew, der bei seinem späteren Schwiegervater Boris Jelzin eine Lanze brechen sollte für Wladimir Putin. Zuvor hatte er mit Jelzins Tochter Tatjana verhandelt, wer von acht möglichen Kandidaten für die Jelzin-Nachfolge infrage kam. Schließlich beschlossen sie, es mit Putin zu versuchen – so jedenfalls lautet die Version von Putins Inthronisierung, die Jumaschew später einem engen Freund erzählte. Die offizielle Darstellung, die derselbe Jumaschew als Jelzins Ghostwriter in dessen Memoiren schrieb, lautete anders: Jelzin selbst habe den Petersburger als seinen Thronfolger auserkoren.

Beiden Versionen ist gemeinsam, dass die geheime «Kandidatenkür» angeblich schon 1998, lange vor Putins Aufstieg an die Regierungsspitze im August 1999 stattgefunden haben soll und die Familie den Petersburger gezielt aufbaute. Die raschen Wechsel im Amt des Ministerpräsidenten, die zuvor weltweit für Verwunderung gesorgt hatten, waren demzufolge wohl kalkuliert.

Der Verdacht liegt nahe, dass Jumaschew und Jelzin ihre eigene Ratlosigkeit und Sprunghaftigkeit in jener Zeit nachträglich kaschierten. Wahrscheinlich ist die endgültige Entscheidung für Putin erst viel später oder gar, nach russischer Tradition, in letzter Minute erfolgt. Es ist gut möglich, dass die «Familie» den Oberst im Ruhestand gezielt über verschiedene Ämter zu immer höheren Ehren führte – aber nur als einen von mehreren Kandidaten, die für die Nachfolgeregelung ausgesucht, aufgebaut und dann getestet wurden. Es stand zu viel auf dem Spiel, als dass man schon vor 1999 alles auf eine Karte setzen konnte. Man brauchte Ersatzspieler, die man einwechseln konnte.

Jumaschew gelang es im diskreten Vier-Augen-Gespräch recht schnell, den eigenwilligen Jelzin von Putin zu überzeugen. Wie er dies bewerkstelligte, ist einer der Schlüsselmomente im gesamten Nachfolge-Drama. Welche Eigenschaften erwarteten Jelzin und seine Familie vom Thronfolger? Zum einen musste er beim Volk populär zu machen sein. Aber, noch wichtiger: Jelzin und die Familie brauchten eine Garantie, dass der neue Präsident nicht wie viele russische Herrscher vor ihm mit seinem Vorgänger abrechnen würde. Dass dieses Motiv entscheidend war, deutet schon der erste Ukas an, den Putin nach seiner Amtsübergabe unterzeichnete: Er gewährte Jelzin mitsamt seiner Familie zahlreiche Privilegien, dem Ex-Präsidenten selbst lebenslange Straffreiheit, die auch für mögliche künftige Straftaten gilt. Ein einzigartiger Vorgang. Der Erlass sei der letzte Beweis dafür, dass die Familie etwas zu verbergen habe, urteilten Kritiker.

Juristisch bietet Putins Unterschrift keinen kompletten Schutz für Jelzin und seinen Anhang – schließlich kann der Präsident jeden Erlass jederzeit außer Kraft setzen. Konnte sich die Jelzin-Familie in der Nachfolge-Frage also auf Putins Ehrenwort alleine verlassen? Natürlich deutete sein Lebenslauf an, dass der ehemalige Geheimdienstler sich stets loyal verhielt. So war Putin nach der Abwahl seines politischen Ziehvaters Sobtschak der Erste aus seiner Umgebung, der ihm ins politische Abseits folgte. Als später die Staatsanwaltschaft gegen Sobtschak ermittelte und dem ehemaligen Vorzeige-Demokraten die Festnahme drohte, organisierte Putin, der mittlerweile in Moskau Karriere gemacht hatte, die Flucht seines Lehrmeisters. Er ließ Sobtschak 1998 aus dem Krankenhaus abholen und an den Petersburger Flughafen Pulkowo fahren, wo die Grenzschützer den Ex-Bürgermeister nach einer diskreten Absprache in ein Privatflugzeug durchwinkten, das ihn ins sichere Ausland brachte. Putin sei schlicht unfähig zum Verrat, bescheinigte Sobtschak seinem früheren Stellvertreter.

Diese Beweise für Loyalität und Treue beeindruckten Jelzin ungemein, wie er später schrieb. Putin hatte sein ganzes Leben in der zweiten Reihe gestanden und immer geflissentlich Befehle ausgeführt – selbst als FSB-Chef war er in erster Linie Statthalter des Kreml. Doch war dies für die «Familie» Garantie genug? Wie konnte sie sicher sein, dass Putin nach seinem Amtsantritt nicht eine 180-Grad-Wende vollziehen und plötzlich die Staatsanwaltschaft auf sie ansetzen würde – wie er es später mit seinem früheren Freund Beresowski tat? Hatte die «Familie» nicht allen Grund, sich einen Kandidaten zu wählen, bei dem sie nicht nur auf ein Ehrenwort zählen konnte?

Bekannte berichten, Jelzin habe seine anfänglichen Zweifel gegen Putin als Nachfolger vor allem deshalb beiseite geschoben, weil ihm sein künftiger Schwiegersohn Jumaschew glaubhaft versicherte, die Familie habe genügend Handfestes gegen den «Kronprinzen» an der Hand, um ihn für immer an den Clan zu binden. Da in Russlands Führungsschicht heutzutage kompromittierendes Material zum gängigen Mittel im politischen Kampf zählt, wirkt diese Erzählung keinesfalls abwegig. Ex-Generalstaatsanwalt Juri Skuratow berichtet, Putin habe ihm bei den Gesprächen über das Sex-Video, das ihn mit Prostituierten zeigte, im Vertrauen gestanden, auch gegen ihn selbst gebe es ein entsprechendes Band. Auch wenn es unwahrscheinlich ist, dass der mächtige Geheimdienst-Chef ausgerechnet seinem Gegenspieler ein solches Geständnis gemacht haben soll – der Hinweis taucht auch aus der Umgebung Putins auf. Demzufolge soll Jelzin-Tochter Tatjana das Video in ihrem Haus in Garmisch-Partenkirchen aufbewahren – und Sicherheitskopien in diversen Bankdepots. Zu sehen seien darauf Bilder, die im westlichen Verständnis eine reine Privatsache und völlig harmlos wären, in Russland mit seinen strengeren Bräuchen aber wohl das Ansehen eines Menschen grundlegend kompromittieren würden.

Da es sich um rein Privates handelt und jedermann ein Recht auf seine Intimsphäre hat, solange sie sich im Rahmen des Gesetzes bewegt, verbieten sich nähere Angaben zu dem angeblichen Inhalt der Videos. Merkwürdig erscheint, dass diese Gerüchte kaum in der russischen Presse auftauchten – obwohl dort jedes noch so abstruse Gerücht über Putin und andere hochrangige Politiker üblicherweise begierig kolportiert wird. Der Grund für das Schweigen können kaum ethische Bedenken sein. Offenbar traut sich niemand, das heikle Thema anzupacken. Die Informationen stammen aus unverdächtiger Quelle, die keinerlei Interesse daran haben kann, Putin zu schaden. «Vertrauen ist gut, Kompromat zu haben ist besser», heißt ein Leitspruch im Kreml schon seit Stalins Zeiten, frei nach Lenin. Bestechung oder Amtsmissbrauch sind in Russland jedoch viel zu alltäglich, als dass sie jemanden ernsthaft schaden könnten – Handfesteres ist nötig.

Selbst Putin-Kritiker wie der Soziologe Juri Lewada wollen an die Theorie vom «Kompromat» jedoch nicht glauben. Belastendes Material sei zwar ein beliebtes Faustpfand in den Händen des Kreml, weil man damit jedermann die Polizei und Staatsanwälte auf den Hals jagen könne. Der Präsident jedoch müsse als oberster Dienstherr keine Angst vor den Behörden haben, sondern allenfalls vor einem Image-Schaden, glaubt Lewada: «Aber Putin ist so beliebt, dass kein ‹Kompromat› etwas ausrichten könnte gegen ihn bei den Russen.» Müsste es vielleicht gar nicht – es würde ja reichen, wenn Putin eine Bloßstellung fürchtet und erpressbar bliebe.

In so einem Fall könnte solch ein «Kompromat» nach dem Abschreckungsprinzip wirken: eine Waffe, die in erster Linie dazu dient, nicht eingesetzt zu werden und den Gegner von einem Angriff abzuhalten. Wer auf den Knopf drückt, würde auch sich selbst vernichten – der Kreml hätte Mittel und Wege, um zurückzuschlagen. Wegen der hohen Einsatzschwelle wäre es deshalb nur folgerichtig, dass beide Seiten – Putin und die «Familie» – kleinere Konflikte ohne den Einsatz der «Bombe» lösen. Eine Theorie, die sehr viel erklären würde, die aber nicht zu belegen und nicht zu überprüfen ist und deshalb Spekulation bleiben muss. Auch Boris Beresowski liefert keine eindeutigen Hinweise. Der abtrünnige Oligarch wüsste zwar vermutlich über das «Kompromat» Bescheid, würde sich aber wohl hüten, es einzusetzen, und sein Wissen lieber als «Lebensversicherung» nutzen – als letztes Faustpfand für seine Unversehrtheit.

Während Beresowski im privaten Gespräch zur «Kompromat»-Theorie schweigt, lächelt ein anderer früherer Jelzin-Vertrauter, darauf angesprochen, viel sagend: «Wenn wir diesen Gedanken weiterspinnen, dann denke ich, dass es nicht nur einen Atomknopf gibt, sondern verschiedene Personen, die mit einem Atomköfferchen durch Moskau laufen.» Da statt Fakten nur Indizien vorliegen, muss jeder für sich persönlich entscheiden, welche Maßstäbe er Jelzin und seinen Vertrauten bei der Auswahl ihres «Kronprinzen» zutraut.

Das Leitmotiv Noch bevor sich die Besetzung der Hauptfigur abzeichnete, wurde 1999 deutlich, was als Leitmotiv des Nachfolge-Dramas diente: Tschetschenien. Der Landstrich im Kaukasus, so groß wie Thüringen, war noch immer eine offene Wunde für Russland. Ende 1994 hatte Moskau einen ebenso erfolglosen wie blutigen Krieg gegen das kleine Bergvolk begonnen.

Die Tschetschenen hatten sich nie mit der Eroberung durch die Russen im 19. Jahrhundert abgefunden. 1944 hatten sowjetische Truppen sie in Güterwagen gepfercht und nach Zentralasien verschleppt, Hunderttausende kamen ums Leben. Nach der Wende schürten die tschetschenischen Politiker Anfang der neunziger Jahre die nationalistischen Stimmungen nach Kräften und erklärten das Bergvolk für unabhängig. Sie wollten der Moskauer Herrschaft entkommen und Kontrolle erlangen – auch über die tschetschenischen Ölfelder und die Ölleitungen, die vom Kaspischen Meer durch das Land Richtung Schwarzes Meer führten. Präsident Dschochar Dudajew, ein sowjetischer Flieger-General, der mit seinem stets adrett gestutzten Schnurrbart etwas Operettenhaftes hatte, wurde 1994 mit einem Aufstand der Opposition konfrontiert, offiziell zumindest. In Wahrheit saßen in den Panzern der «tschetschenischen Aufständischen» russische Soldaten. Der Versuch der Moskauer Geheimdienste, Dudajew zu stürzen, scheiterte kläglich.

Damit war die Stunde der Moskauer Militärs gekommen. 1994 versprachen sie Boris Jelzin einen kleinen Krieg mit schnellem Sieg – und verschwiegen, dass die Moskauer Truppen vor ihrem Abzug ein gewaltiges Waffenarsenal in Tschetschenien zurückgelassen hatten. Zwei Stunden brauche ein russisches Fallschirmjäger-Regiment, um die Tschetschenen-Hauptstadt Grosny einzunehmen, brüstete sich Verteidigungsminister Pawel Gratschew. Solch ein Triumph, so Jelzins vorschnelle Rechnung, würde seine Beliebtheit wiederherstellen, dem Selbstwertgefühl der gefallenen Supermacht schmeicheln und von anderen Problemen ablenken. Zudem würde man allen anderen nationalen Minderheiten zeigen, was ihnen drohte, wenn sie sich Moskau widersetzten.

Statt einem schnellen Sieg bescherte die Armee dem Kreml ein Fiasko ohne Ende. Berichte über den desolaten Zustand und die hohen Verluste der Armee und über das Elend der Zivilbevölkerung schreckten 1995 und 1996 die Menschen im In- und Ausland auf, die Kritik an Jelzin wurde immer lauter. Ein Ende der Schreckensmeldungen war nicht in Sicht, und die meisten Russen gelangten allmählich zu jener Erkenntnis, die Jelzin selbst erst Jahre später in seinen Erinnerungen mit ihnen teilte: Der Befehl zum Einmarsch in Tschetschenien war der größte Fehler seiner Amtszeit. In der Kaukasus-Republik gewannen durch den Krieg zunehmend radikale islamische Kräfte an Einfluss, die vorher einen schweren Stand gehabt hatten: Die Tschetschenen waren zwar schon im 16. Jahrhundert zum Islam bekehrt worden, aber die Religion hatte weit weniger Wurzeln geschlagen als in anderen Regionen. Bis heute haben die Tschetschenen viele Bräuche und Sitten aus vorislamischer Zeit beibehalten, etwa ihre strenge Clan-Ordnung und die Blutrache.

Weil die Militärs ebenso wie Jelzin nicht weiterwussten und die Menschen der Opfer überdrüssig waren, durfte General Alexander Lebed, ein Mann mit dem Auftreten eines Panzers, im Auftrag des Präsidenten im Sommer 1996 einen Waffenstillstand mit den Rebellen aushandeln. Tschetschenien wurde de facto unabhängig, die endgültige Entscheidung über seinen Status aufgeschoben. Doch statt blühender Landschaften errichteten die Tschetschenen, der Moskauer Herrschaft entkommen, ein halb kriminelles Regime, in dem Drogenschmuggel und Entführungen zum Alltag gehörten. Verfeindete Clans mit ihren bewaffneten Banden terrorisierten die Bevölkerung und die Nachbarrepubliken. Selbst jenseits der tschetschenischen Grenzen machten sich Menschenräuber auf Jagd nach Beute und nahmen Geiseln. Es gab regelrechte Internierungslager, in denen die Banditen die Entführungsopfer festhielten, berichtet der Moskauer Journalist und Unterhändler Wjatscheslaw Ismailow. Die offiziellen tschetschenischen Behörden unter Präsident Maschadow wussten Bescheid, griffen aber – aus Angst, Schwäche, stillschweigender Komplizenschaft oder aus Gleichgültigkeit – kaum ein.

«Sie haben sich eine Piraten-Republik geschaffen, eine Räuberhöhle, in der sie die Losung ‹Unabhängigkeit› nur brauchten, um sich dem Gesetz zu entziehen», glaubt der ehemalige Vorsitzende des Obersten Sowjets Russlands und Jelzin-Rivale Ruslan Chasbulatow, ein gebürtiger Tschetschene. Mehrmals besuchte er Tschetschenen-Präsident Maschadow – und traf ihn mitsamt seinen Ministern statt beim Arbeiten stets beim Teetrinken oder Hammel-Schlachten an. Moskau kam das Chaos im Kaukasus gelegen: Wäre Tschetschenien als praktisch unabhängiger Staat auch nur halbwegs auf die Beine gekommen, hätte das Beispiel des kämpferischen Bergvolkes in ganz Russland Schule machen können – und auch in anderen Völkerschaften in der Russischen Föderation wäre der Ruf nach Unabhängigkeit lauter geworden. Je stärker in Tschetschenien jedoch Anarchie herrschte, umso deutlicher war das Signal an die anderen Minderheiten im Lande: Ohne die ordnende Hand des Kreml droht Chaos und Gesetzlosigkeit. Es gibt viele Hinweise darauf, dass sich Moskau nach Kräften bemühte, die Lage in Tschetschenien zu destabilisieren und dafür zu sorgen, dass Präsident Maschadow das Land nicht in den Griff bekam.

Als rechtsfreier Raum eignete sich die Kaukasus-Republik auf beiden Seiten hervorragend für illegale Geschäfte. Am russischen Zoll vorbei konnten Import- und Export-Deals abgewickelt werden, und Militärs verdienten mit illegalen Waffenverkäufen an die Tschetschenen. In Moskau wurden immer wieder Gerüchte laut, Boris Beresowski sei in Fälle von Menschenraub in der Kaukasus-Republik verwickelt. Jahre später erst, als er sich bereits mit Putin überworfen und ins englische Exil geflüchtet hatte, erhob die russische Staatsanwaltschaft offiziell solche Vorwürfe. Das zeigt, wie sehr die Justiz in Russland zum Erfüllungsgehilfen der Politik geworden ist: Solange Beresowski im Kreml ein und aus ging, blieben die Behörden untätig. Kaum aber war Beresowski in Ungnade gefallen, wurden die Ankläger aktiv.

Unbestritten ist, dass Boris Beresowski, dessen Rolle oft mit der des Hof-Intriganten Rasputin aus dem frühen 20. Jahrhundert verglichen wird, gute Kontakte zu einflussreichen Tschetschenen hatte, die zum Teil noch aus der Zeit nach seiner Ernennung zum Vize-Chef des russischen Sicherheitsrates im Oktober 1996 stammten – einer Funktion, in der er für die Zusammenarbeit mit der unabhängigen Kaukasusrepublik zuständig war. Bevor es zum Krach zwischen den beiden kam, lobte Putin Anfang 2000 in seinem Buch «Aus erster Hand» den «hellen Geist und die vielen Vorschläge» Beresowskis, mit dem er sich regelmäßig traf. Hauptsächlich hätten die Vorschläge mit dem Kaukasus und Tschetschenien zu tun, gestand Putin, aber sie seien nicht real und effektiv gewesen und deshalb auch nicht verwirklicht worden.

Mehrere russische Blätter sowie die französischen Zeitungen «Le Monde» und «Figaro» berichten mit teilweise widersprüchlichen Details, der Beresowski-Vertraute und spätere Präsidialamtschef Woloschin habe sich im Juli 1999 an der Côte d'Azur mit dem tschetschenischen Rebellenführer Schamil Bassajew getroffen und eine Aktion besprochen, die wenige Wochen später große Wellen schlug. Bassajew, dem gute Kontakte zum russischen Militärgeheimdienst GRU nachgesagt werden, war angeblich daran interessiert, dass sich die Situation in Tschetschenien nicht stabilisiert. Die Russen ihrerseits wollten den Berichten zufolge Tschetschenien rechtzeitig zum Beginn des Wahlkampfes wieder zum Thema machen und so von den anderen, hausgemachten Problemen ablenken: Was bei den Wahlen 1996 die Kommunisten waren – Volksfeinde und Schreckgespenster –, schienen nun die Tschetschenen zu werden.

Die Berichte über geheime Absprachen klingen dubios und lassen sich nicht belegen. Doch obwohl es Warnungen vor einem bevorstehenden Angriff gab, zog Moskau die russischen Grenztruppen aus dem Gebiet zwischen Tschetschenien und Dagestan ab. Zurück blieben schwach bewaffnete Milizionäre. Tatsächlich drangen am 7. August 1999 rund 1000 Freischärler unter Bassajews Oberbefehl in Dagestan ein, eroberten eine Kreisstadt und sieben Dörfer und erklärten sie zum islamischen Staat. Mehrere Augenzeugen berichteten Reportern wie Florian Hassel von der «Frankfurter Rundschau» später, die Rebellen seien von russischen Hubschraubern regelrecht beschützt worden. Der Angriff auf Dagestan war «eine rein lokale Polizei-Angelegenheit, die aber sehr stark aufgebauscht wurde», schrieb der renommierte Russland-Experte Wolfgang Leonhard.

In den Medien jedoch war ständig von einer extremistischen Bedrohung die Rede. Denkwürdig ist die Aussage von Vitali Tretjakow, Chefredakteur der von Beresowski finanzierten «Nesawissimaja gaseta» und ein Intimus des Geldzaren, der nicht ohne Stolz schrieb, der Inlandsgeheimdienst habe den Angriff provoziert. Das amerikanische Magazin «Time» zitiert einen russischen Offizier, der nach eigenen Aussagen damals Bassajew direkt im Visier seines Gewehres hatte – aber per Funkgerät den Befehl bekam, den steckbrieflich gesuchten Terroristenführer nicht zu erschießen.

Auch Tschetschenen-Präsident Aslan Maschadow sagte in einem Interview mit der spanischen Zeitung «La Guardia», Beresowski, Woloschin und Putin hätten von Anfang an alles gewusst und den Überfall auf Dagestan selbst bestellt, um einen Kriegsgrund zu haben. Das Boulevardblatt «Moskowski Komsomolez» veröffentlichte angebliche Tonbandmitschnitte von Telefonaten Beresowskis, die nahe legen, er habe die Invasion finanziert.

Ob es tatsächlich diese Verschwörung gab, ist nur schwer abzuschätzen. Es bleibt offen, ob es sich um eine Verkettung von Zufällen oder ein abgekartetes Spiel handelte.

So strittig die Motive für Bassajews Überfall bis heute sind, so unstrittig waren die Folgen: Das Thema Tschetschenien war aus der politischen Versenkung aufgetaucht. Noch dominierte es nicht die Schlagzeilen. Doch Bassajew lieferte den Vorwand, um wieder aktiv zu werden. Es fehlte nicht mehr viel, und man konnte Tschetschenien zum Schlüsselthema im Wahlkampf machen. Bereits im März 1999 sei es beschlossene Sache gewesen, dass Moskau im August oder September mit seinen Truppen in der Kaukasus-Republik einmarschieren werde, berichtete später der Mann, der in jenen Tagen russischer Ministerpräsident war: Sergej Stepaschin.

Doch der ehemalige Geheimdienstchef mit dem breiten, gutmütigen Gesicht zauderte und riet zur Zurückhaltung im Umgang mit militanten Tschetschenen – aus schmerzhafter Erfahrung: Stepaschin hatte bereits im ersten Tschetschenien-Krieg als Moskaus Innenminister seine Lektion im Kaukasus gelernt. Nach einer misslungenen Geisel-Befreiungsaktion musste er damals von seinem Amt zurücktreten.

Der bedächtige Offizier wusste, wie schnell die Situation außer Kontrolle geraten konnte. Aus Angst vor einem neuen Blutbad schlug er deshalb vor, die Kaukasus-Republik in einem so genannten «Zaun» von russischen Soldaten zu umzingeln und abriegeln zu lassen. Die Moskauer Truppen wollte er nur in das flache, leicht zu kontrollierende Nord-Tschetschenien bis zum Fluss Terek vorrücken lassen. Stepaschin hatte mit dieser «Politik der Eindämmung» im Kaukasus wohl die Mehrheit der Bevölkerung auf seiner Seite. Zu frisch war noch die Erinnerung an den ersten Tschetschenien-Krieg. Den Strippenziehern im Kreml war der

Ministerpräsident aber «zu feinfühlig und nicht entscheidungsfreudig genug», wie es nach seiner Entlassung im August 1999 aus der Umgebung Jelzins hieß: «Er war zu schwach und kaum geeignet für die eher schmutzige Aufgabe Machtsicherung. Er passte nicht ins Drehbuch.»

Erstaunt, etwas gelangweilt und fast ein bisschen amüsiert reagierten die meisten Russen, als Präsident Boris Jelzin am 9. August 1999 wieder einmal einen neuen Ministerpräsidenten ernannte – den dritten innerhalb eines Jahres. Stepaschin hatte Tränen in den Augen, als er sich nach kaum drei Monaten im Amt schon wieder von seinen Ministern verabschieden musste. Der Chefsessel in der Ministerrunde war unter Zar Boris ein Schleudersitz, die Premierminister hatten die undankbare Rolle eines politischen Blitzableiters. Vom Präsidenten ernannt und völlig von diesem abhängig, konnte sie der Staatschef für alle Misserfolge verantwortlich machen, von den eigenen Fehlern ablenken und weiter den guten Zaren verkörpern. Regelmäßig ließ Jelzin den Regierungschef und einzelne Minister wie Schuljungen zum Rapport vorsprechen.

Der neue Ministerpräsident, Wladimir Putin, war nur den wenigen Beobachtern bekannt, die das politische Ränkespiel unter Jelzin genauer verfolgten. Als FSB-Chef und Sekretär des Nationalen Sicherheitsrates hatte der Petersburger zwar großen Einfluss, doch wirkte er im Verborgenen. Kaum ein Meinungsforscher hätte in diesen Augusttagen auch nur eine Flasche Wodka darauf verwettet, dass der unscheinbare, schüchterne Mann mit dem kalten Blick und den steifen Bewegungen mehr Glück haben würde als seine Vorgänger. Ob Putin selbst von seinem Erfolg überzeugt war, ist zu bezweifeln. Er habe sich lange gegen die Ernennung gewehrt und wäre lieber Chef des Gasprom-Konzerns geworden, erzählte Boris Beresowski später Freunden.

Als größter Makel des neuen Ministerpräsidenten galt nicht seine politische Unerfahrenheit und seine kühle Ausstrahlung, die eine Zeitung mit dem «Charme eines getrockneten Haifisches» verglich. Putins Problem war Boris Jelzin. Weil er der Kandidat des greisen Präsidenten war, übertrug sich das Misstrauen gegenüber Jelzin und seinem Clan zumindest stückweise auf den neuen Regierungschef. «Warum tun die Ihnen das an? Die haben damit doch Ihr Ende besiegelt», fragte Parlamentspräsident Gennadi Selesnjow Putin in einem privaten Gespräch.

Im Parlament stimmte gleich im ersten Wahlgang im August 1999 eine Mehrheit für den neuen Ministerpräsidenten: nicht etwa, weil ihn die Volksvertreter unterstützten oder mit seiner Ernennung Hoffnungen verknüpften. Die Duma hat bei der Ernennung des Regierungschefs ohnehin nicht das letzte Wort: Der Präsident schlägt einen Kandidaten vor, und wenn die Abgeordneten dreimal ablehnen, kann er das Parlament auflösen. Die Volksvertreter dachten vielmehr schon an die bevorstehenden Dumawahlen in vier und die Präsidentschaftswahl in zehn Monaten. Kaum jemand glaubte, dass Boris Jelzin und sein frisch adoptierter Ziehsohn Putin bei der Neuverteilung der Macht noch eine Rolle spielen würden. Statt ernsthaftem Widerstand hatten die Abgeordneten in erster Linie Spott für Putin übrig: Kommunistenchef Gennadi Sjuganow tat so, als habe er seinen Namen vergessen, und Grigori Alexejewitsch Jawlinski, Chef der Reformpartei «Jabloko», nannte den neuen Ziehsohn Jelzins in einem absichtlichen Versprecher «Sergej Wladlenowitsch Putin» – was so viel bedeutet wie Sergej, Sohn von Wladlen, ein russischer Kunstname aus den dreißiger Jahren, zusammengesetzt aus den ersten Buchstaben von «Wladimir Lenin». Doch die Retourkutsche des neu gewählten Ministerpräsidenten ließ nicht auf sich warten – bei seinem ersten Auftritt mischte er die Namen der Spötter und dankte «Grigori Alexejewitsch Sjuganow».

Putin schlug in Sachen Tschetschenien zwar härtere Töne an als sein Vorgänger, doch sie blieben ungehört. Der Neue im russischen Weißen Haus schickte frische Truppenverbände an die tschetschenische Grenze und ließ die Rebellen aus Dagestan zurückschlagen. Doch die Menschen hatten andere Sorgen als den Krieg in Tschetschenien.

Im August 1999 überschlugen sich plötzlich die Ereignisse. Westliche Zeitungen berichteten von einem Geldwäsche-Skandal, in den die Jelzin-Familie verwickelt gewesen sein sollte. Der italienische «Corriere della Sera» enthüllte, dass der Präsident und seine beiden Töchter Kreditkarten besaßen, die von Mabetex, einer Schweizer Firma in albanischer Hand, bezahlt wurden – jenem Unternehmen, das Aufträge über mehr als 300 Millionen Dollar für die Renovierung des Kreml erhalten hatte. Die First Ladys kauften demzufolge mit den Karten nach Herzenslust im Westen ein. Mabetex soll Millionenbeträge an Bestechungsgeldern an den Jelzin-Clan bezahlt und teilweise sogar von der Schweizer Steuer abgesetzt haben.

Ein anderer Schlag folgte durch die «New York Times»: Das angesehene Blatt berichtete, über die Bank von New York seien innerhalb eines Jahres mehrere Milliarden US-Dollar aus Russland in den Westen transferiert worden. Angeblich handelte es sich um Gelder, die der Westen als Kredite oder Hilfszuwendungen nach Moskau gezahlt hatte und die nun, nach Geldwäsche durch die Russen-Mafia, auf den schwarzen Konten hoch gestellter Politiker und Oligarchen landeten.

Schnell war von einer Verbindung zum Ehemann von Jelzin-Tochter Tatjana die Rede – er gilt als Miteigentümer zweier verdächtigter Firmen. In mehreren westlichen Ländern nahmen die Staatsanwaltschaften Ermittlungen auf, zu den Verdächtigen gehörten den Berichten zufolge die Jelzin-Tochter Tatjana selbst und ranghohe Mitarbeiter des Präsidenten. Gegen Kreml-Verwaltungschef Pawel Borodin erließ die Schweizer Staatsanwaltschaft später einen internationalen Haftbefehl.

Die Enthüllungen waren für die Herrschenden in Moskau ein

Schock und erschütterten ihr Selbstvertrauen. Glaubten sie bislang, bei einem Machtwechsel in Moskau unbehelligt in ihre Villen im Ausland umziehen zu können, so mussten sie nun zu dem Schluss kommen, dass ihr Schicksal auf Gedeih und Verderb mit Russland verbunden war. Der Jelzin-Clan stand mit dem Rücken zur Wand, ein Ausweg war nicht in Sicht. Hätte man in diesen Tagen einen Wahlforscher gefragt, was Boris Jelzin und seinen politischen Ziehsohn Putin noch retten könne, wäre die Antwort wohl gewesen: nichts außer einem Wunder oder einer Katastrophe.

Als am 31. August 1999, in der dritten Woche nach Putins Amtsantritt als Premier, in einem Einkaufszentrum unter dem Manegeplatz unmittelbar neben dem Kreml eine Bombe explodiert und ein Mensch ums Leben kommt, glauben zunächst noch alle, es handle sich um die Tat eines Verrückten. Dann, in der Nacht auf den 4. September, explodiert in der Garnisonsstadt Bujnaksk, unweit der tschetschenischen Grenze, vor einem Wohnhaus ein Sprengsatz, der in einem Auto versteckt war. 64 Menschen sterben. Vier Tage später, kurz vor Mitternacht am 9. September, erschüttert eine gewaltige Explosion die Moskauer Gurjanow-Straße: Ein ganzes Wohnhaus liegt in Trümmern – 95 Todesopfer. Vier Tage später detoniert ein Sprengsatz in einem Haus in der Kaschirskoje-Chaussee in Moskau. 121 Männer, Frauen und Kinder kommen dabei ums Leben. Drei Tage darauf explodiert in Wolgodonsk in einem Lastwagen vor einem Wohnhaus eine Bombe, 17 Menschen sterben.

Diese Wochen im Spätsommer sind für Russland das, was später für die USA der 11. September wurde: ein gewaltiger Einschnitt im Selbstverständnis einer ganzen Nation. Die Menschen sind in Panik. War der Kaukasus-Konflikt gestern noch weit weg, so verläuft die Front nun buchstäblich durchs eigene Wohnzimmer. Viele Menschen trauen sich aus Angst vor neuen Terrorakten kaum noch zu schlafen. Weil es ständig Fehlalarme gibt, verbringen Tausende Menschen lange Nächte auf der Straße. In vielen

Wohnblocks bilden die Anwohner Bürgerwehren, um die Hausaufgänge rund um die Uhr zu bewachen, denn von der Polizei erhoffen sich die Menschen traditionell wenig Unterstützung.

Noch bevor die Opfer der Anschläge begraben sind, berichtet Innenminister Ruschailo von einer tschetschenischen Spur. Rebellen aus der Kaukasus-Republik, so heißt es in den Medien, hätten offenbar aus Ärger über Putins forsche Gangart im Kaukasus zum Terror gegriffen, unterstützt von islamischen Extremisten. Angeblich wollten die Terroristen mit den Bluttaten den Kreml zum Einlenken bringen oder der russischen Bevölkerung die Kriegslust austreiben.

Die Polizei nimmt in Moskau zwei Tschetschenen fest. An den Händen des einen Verdächtigen wollen die Beamten Hexogen-Spuren gefunden haben. Wie sich später herausstellt, arbeitet der Vater von zwei Kindern in einer Moskauer Färberei. Als die Ermittler später seine Arbeitskollegen untersuchen, finden sie auch an deren Händen chemische Substanzen. Die Ermittlungen verlaufen im Sande. Die Tschetschenen bestreiten jede Beteiligung an den Bluttaten, und es tauchen rätselhafte Bekennerschreiben einer «Dagestanischen Befreiungsarmee» auf. In den Medien beginnt eine regelrechte Hetzjagd auf die schon zur Zaren-Zeit unbeliebten Kaukasier. «Schwarze» und «Schwarz-Ärsche» werden sie im Volksmund genannt, die Behörden sprechen – nicht weniger diskriminierend – von «Personen kaukasischer Nationalität».

Nicht einmal in den eigenen vier Wänden können sich die rund 200 000 Moskauer Tschetschenen sicher fühlen in diesen Tagen: Ohne Durchsuchungsbefehl dringt die Polizei reihenweise in ihre Wohnungen ein. Wer dunkle Augen und dunkle Haare hat, muss in Moskau damit rechnen, an jeder U-Bahn-Station von der Polizei aufgehalten zu werden. Selbst manche Franzosen und Italiener meiden aus Angst vor Übergriffen den öffentlichen Nahverkehr. Tausende Kaukasier schiebt die Polizei aus der Hauptstadt ab – obwohl die Verfassung allen russischen Bürgern Freizügigkeit verspricht. Vereinzelt machen die Behörden Druck auf russische Firmen, nicht mit tschetschenischen Unternehmen zusammenzuarbeiten.

Die Bombenanschläge wenden das politische Klima in Russland grundlegend. Das Vaterland ist in Gefahr. Alle müssen nun zusammenhalten und sich um die Mächtigen scharen, trichtern die Medien dem Wahlvolk ein. Wer weiter nach den Korruptionsvorwürfen gegen den Jelzin-Clan fragt, handelt unpatriotisch. Auch von Armut und Wirtschaftskrise ist keine Rede mehr.

In der Stunde der Not tritt Ministerpräsident Putin vor die Kameras, und die Russen, vom noch amtierenden Präsidenten kaum verständliche, stotternde Sätze gewöhnt, trauen ihren Ohren nicht: «Wir werden die Terroristen vernichten, und wenn sie auf dem Abort sind, werden wir sie dort abmurksen; basta, diese Frage ist endgültig erledigt», verspricht der neue starke Mann im Halbwelt-Jargon. Die gebildeteren Schichten in Moskau und Petersburg sind zwar geschockt, dass sich erstmals ein russischer Regierungschef der Ganovensprache bedient. In Russland werden selbst die allgegenwärtigen Mutterflüche im Fernsehen stets verschämt mit Pfeiftönen übertönt. Die breite Bevölkerung jedoch ist beeindruckt: endlich klare Worte.

Bis heute ist umstritten, ob Putin, der im Gegensatz zu seinen Vorgängern ein tadelloses und gebildetes Russisch beherrscht, schon damals beim Thema Tschetschenien die Nerven verloren hat – oder ob es sich, wie ein Mitarbeiter erzählt, um einen kalkulierten Ausfall handelte, den seine Berater geplant hatten, um den eher noch blassen neuen Regierungschef als Haudrauf zu profilieren. Putin greift immer wieder zum Gossenjargon. Ob Ausfall oder Werbe-Trick – binnen Tagen erschien der zuvor eher trocken und farblos wirkende Geheimdienst-Offizier den Menschen nicht mehr als Ziehsohn des verhassten Jelzin, sondern als Retter in der Not. Späteren Umfragen zufolge sahen immerhin 45 Prozent der Russen in der engen Verbindung Putins zu Jelzin kein Problem: Der Wunsch, einen neuen, sauberen Staatschef zu haben, einen deutlichen Neuanfang nach all den Wirren, war allzu groß. Genauso wie einst Jelzin zum Hoffnungsträger wurde, weil er gegenüber dem vermeintlich entscheidungsschwachen Gorbatschow willensstark und entschlossen zu sein schien, wurde Putin zum Liebling der Massen, weil allein seine Haltung das genaue Gegenteil seines zur Karikatur verkommenen Vorgängers darstellte.

Die Menschen hatten die Reformen satt – oder was man ihnen als Reformen verkauft hatte: Sie hatten zwar den Preis für den Umbau der Gesellschaft bezahlt, aber nur eine kleine Minderheit profitierte davon. Die Pressefreiheit artete in Schlammschlachten aus, die Abrüstung führte zur massenhaften Verarmung von Offiziersfamilien, der Föderalismus förderte Kleinstaaterei und Willkür der Provinzherrscher. Die Neuerungen im Bildungswesen machten Bestechungsgelder statt Talent zum wichtigsten Faktor bei der Vergabe von Studienplätzen, Rechtsstaat bedeutete, dass Gerechtigkeit meist derjenige bekam, der dem Richter die höchste Summe anbot. Auf der Straße hatten diejenigen ständig Vorfahrt, die das teuerste Auto fuhren. Der Rubel war durch eine Hyperinflation entwertet und weite Teile der Bevölkerung völlig verarmt.

Der Präsident war senil und altersschwach, und wenn man abends einschlief, wusste man nicht, was der Morgen bringen würde: einen neuen Präsidenten, ein neues Regime oder eine neue Inflation. Die Menschen verglichen ihre Gegenwart im «demokratischen» Russland mit ihrer Vergangenheit in der kommunistischen Sowjetunion, und die meisten gelangten zur Überzeugung, die Reformen hätten ihnen mehr genommen, als sie ihnen gaben. Allein das Wort «Reform» weckte bei vielen Russen Aggressionen.

Hinzu kamen Phantomschmerzen: Zu tief saßen die alten Großmachtinstinkte und der Stolz auf das eigene Land, als dass die Menschen es schmerzlos verwunden hätten, wie Russland in der Welt Geltung verlor und etwa bei der Entscheidung über die Bombardierung Jugoslawiens 1999 durch die Nato außen vor blieb. Scham erfasste viele Russen, wenn sich Boris Jelzin wieder einmal vor aller Welt zum Gespött machte, etwa als er bei einem Staatsbesuch in Amerika nachts betrunken in Unterhosen aus seinem Quartier zweimal zu den amerikanischen Sicherheitsleuten einen Stock tiefer hinuntertapste und um eine Pizza bat.

Auch wenn der als Thronfolger auserkorene frühere KGB-Offizier Putin über seine politischen Pläne schwieg, versprach er mit seinem Lebenslauf, seiner Bedächtigkeit und seinem ganzen Habitus genau das, wonach sich die Russen sehnten: Stabilität statt Chaos, starker Staat statt Willkür, Großmacht statt Verfall. Er war Jelzins Ziehsohn und der Anti-Jelzin in einer Person: Konnte der alte Präsident in jungen Jahren zwei Wodkaflaschen gleichzeitig in den Mund nehmen und in einem Zug leeren, was ihm den Spitznamen «Doppellauf-Flinte aus dem Ural» einbrachte, nippt der nüchterne Putin allenfalls am Schnapsglas. Konnte Jelzin in seinen späten Jahren kaum noch einen Satz fließend und fehlerfrei über die Lippen bringen, formuliert Putin klar und präzise. Konnte Jelzin nicht verhindern, dass das Land ins Chaos stürzte, so verspricht Putin neue Stärke für das alte Reich – und vor allem Ordnung.

Die Rjasaner Spur Alexej Kartofelnikow hatte noch die aktuellen Fernsehbilder von Bomben und entstellten Opfern vor Augen, als er sich am 22. September 1999 nach Feierabend in Rjasan, einer Stadt von einer halben Million Einwohnern rund 200 Kilometer östlich von Moskau, auf den Heimweg machte. Auf den letzten Metern wird der 46-jährige Busfahrer eines Fußballclubs auf einen weißen Lada aufmerksam, der vor seinem zwölfstöckigen Haus am Stadtrand vorgefahren ist. Ein Mann und eine junge Frau steigen aus, gehen in den Keller. Der Wagen setzt zurück, der Kofferraum zeigt zur Kellertür, eigentlich nichts Ungewöhnliches, denn zum Haus gehört ein Lebensmittelladen, der öfter Lieferungen bekommt. Doch das Nummernschild macht Kartofelnikow misstrauisch – bei genauerem Hinsehen entdeckt er, dass es mit Papier überklebt ist: Die «62» für Rjasan ist aufgemalt. Darunter schimmert die «77» durch – Moskau. Hastig ruft Kartofelnikow bei der Polizei an. Die Frau in der Notrufleitung nennt ihm eine andere Nummer und legt auf. Diese Nummer ist zehn Minuten lang besetzt. Es sind genau die zehn Minuten, die später fehlen, um die Täter auf frischer Tat zu ertappen, glaubt Kartofelnikow.

Als endlich eine Streife eintrifft, entdecken die Milizionäre im Keller des Hauses drei Zuckersäcke, die mit weißem Pulver gefüllt sind, das aussieht wie Zucker, aber gelblich und granuliert wirkt. Einer der Säcke ist aufgeschlitzt, und darauf liegt ein Zeitzünder, scharf gestellt auf 5.30 Uhr. Die Beamten sind geschockt, verständigen sofort den Sprengstoffexperten der örtlichen Miliz, Juri Tkatschenko. Als er das Ergebnis von seinem Gasanalysator abliest, stockt allen der Atem: Das Gerät hat Hexogen-Dämpfe festgestellt – der gleiche weiße Sprengstoff, der, wie man zu diesem Zeitpunkt glaubt, die Häuser in Moskau in die Luft gehen ließ.

Hastig werden die Bewohner evakuiert, es spielen sich herzzerreißende Szenen ab. Einer Frau erlauben die Polizisten trotz aller Tränen nicht, ihre bettlägerige Mutter aus der Wohnung zu holen. Die Bewohner werden in eine Sporthalle gebracht. In ganz Rjasan herrscht Panikstimmung, kaum jemand macht ein Auge zu in dieser Nacht. Der örtliche Geheimdienstchef, FSB-Generalmajor Alexander Sergejew, gratuliert den Hausbewohnern: «Das war wie eine zweite Geburt.» «Bombenanschlag in Rjasan verhindert», melden die Nachrichtenagenturen in Moskau und der ganzen Welt. Hastig werden Fahndungsbilder der mutmaßlichen Terroristen erstellt. Geheimdienstler bringen die Säcke mit dem weißen Pulver zu einer weiteren Untersuchung nach Moskau.

Fast 24 Stunden später findet Ministerpräsident Wladimir Putin in den Abend-Nachrichten lobende Worte für die Wachsamkeit seiner Bürger: «Wenn diese Säcke, in denen Sprengstoff zum Vorschein kam, gefunden wurden, bedeutet dies, dass die Bevölkerung richtig reagiert auf die Vorgänge im Land. Und ich danke ihr dafür.»

Am selben Tag lässt der Ministerpräsident die ersten schweren Angriffe auf Tschetschenien fliegen, am Flughafen der Hauptstadt Grosny schlagen Bomben ein.

Am Abend tritt der FSB-Sprecher Alexander Sdanowitsch in einer Talkshow auf und zeigt sich etwas vorsichtiger: Sprengstoff sei in den Säcken nach ersten Analysen nicht gefunden worden, und statt mit einem richtigen Zünder habe man es mit «Elementen eines Zünders mit Fernbedienung zu tun gehabt». Am Tag nach dem Anschlag lobt auch Innenminister Ruschailo die Wachsamkeit der Menschen, sie hätten damit einen Terroranschlag verhindert.

In Rjasan berichtet Nadeschda Juchanowa, Mitarbeiterin der Telefonfirma «Elektrosvjas», dem Geheimdienst von einem merkwürdigen Anruf in Moskau, den sie mithörte: «Fahrt einzeln weg, überall gibt es Straßensperren», war eine Stimme zu vernehmen. Sofort wird das verdächtige Telefon überwacht. Unter mysteriösen Umständen nehmen Fahnder den Anrufer fest – und erwischen angeblich einen Namensvetter. Die Ermittler haben kaum Zweifel, dass sie auf die Spur der Terroristen gestoßen sind. Nach einiger Zeit können die Fahnder rekonstruieren, wohin der Anruf ging: zu einem Anschluss des Geheimdienstes FSB in Moskau.

Anderthalb Tage nach dem versuchten Anschlag finden die Ermittler in Rjasan die mutmaßlichen Terroristen in einer Wohnung. Eilig bereitet die Miliz die Festnahme vor. Doch als der örtliche Geheimdienst vorschriftsmäßig die Geheimdienstzentrale am Moskauer Lubjanka-Platz über den bevorstehenden Fahndungserfolg informiert, nimmt die Geschichte eine überraschende Wendung: Die Moskauer FSB-Leute verbieten die Festnahme – und eröffnen ihren verdutzten Kollegen in Rjasan, es habe sich bei den Ereignissen vor anderthalb Tagen um eine Übung gehandelt.

Man habe die Wachsamkeit der Behörden und der Bürger testen wollen, erklärt FSB-Chef Nikolai Patruschew. Die Säcke seien nicht etwa mit hochexplosivem Hexogen, sondern nur mit gewöhnlichem russischem Zucker gefüllt gewesen, ist aus der Geheimdienstzentrale in Moskau zu hören. Im kriminaltechnischen Labor des Innenministeriums und des Geheimdienstes sei es nicht gelungen, den Inhalt zur Explosion zu bringen, heißt es zwei Tage später. Warum man den Zucker überhaupt untersuchte, warum man ihn sprengen wollte, wenn es sich doch von Anfang an um eine Übung handelte, und warum der Versuch zwei Tage dauerte, gehört zu den vielen Rätseln, die mit diesem Vorfall verbunden sind. Das Corpus Delicti jedenfalls wird ebenso vernichtet wie der vermeintliche Zünder, der nach offiziellen Angaben keiner war.

Selbst aus den Reihen des FSB wird Kritik laut: Ein regionaler Geheimdienst-Sprecher bezeichnet die Aktion als «nicht überdacht». Der Chef des Veteranenverbandes der KGB-Elitetruppe Alfa zeigt sich vor der Presse empört: «Man darf keine Übungen an lebenden Menschen machen!» Der Rjasaner Sprengstoffexperte Tkatschenko versichert später Journalisten, er sei nach wie vor überzeugt, damals den Sprengstoff Hexogen und nicht etwa Zucker in den Säcken gefunden zu haben. Auch der Zünder sei scharf gewesen. Russischen Medienberichten zufolge gilt Tkatschenko als erfahrener Sprengstoffexperte, und er arbeitet mit einem modernen Gasanalysator, der rund 20 000 Euro kostet. Der renommierte Chemiker Thomas Klapötke von der Münchner Ludwig-Maximilians-Universität hält einen Irrtum eines Gasanalysators für äußerst unwahrscheinlich: Die Fehlerquote bei solchen Geräten liegt demzufolge weit unter einem Prozent.

Die Zeitung «Nowaja gaseta» zitiert später einen gewissen Alexej Pinjajew, einen Fallschirmjäger aus dem Moskauer Umland, der zu dieser Zeit kurzfristig in einer Kaserne bei Rjasan stationiert war. In einem Lagerraum will er mit seinem Kameraden 50-Kilo-Säcke mit der Aufschrift «Zucker» entdeckt haben. Als sich die Soldaten ihren Tee süßen wollten, erlebten sie eine böse Überraschung – der vermeintliche Zucker hatte das Getränk ungenießbar gemacht. Die Soldaten brachten das Pulver zu ihrem Zugführer. Umgehend sei daraufhin ein Kommando des Geheimdienstes FSB in der Kaserne eingetroffen und habe die jungen Soldaten wegen «Aufdeckens von Staatsgeheimnissen» vernommen. «Ihr Kerle ahnt ja gar nicht, in was für eine Sache ihr euch da eingemischt habt», hielt einer der Geheimdienstoffiziere Pinjajew vor, wie die Zeitung berichtete. Er solle die Sache für immer vergessen, so die eindringliche Warnung.

Damit die jungen Männer tatsächlich auf andere Gedanken kamen, sei kurz darauf die gesamte Einheit in den Krieg nach Tschetschenien geschickt worden. Der Kommandeur des Regiments dementierte den Bericht später. Über das weitere Schicksal Pinjajews ist nichts bekannt – entweder scheut der junge Mann jeden Kontakt mit der Presse, oder er ist spurlos verschwunden: Die Fallschirmjäger weisen alle Vorwürfe zurück und behaupten, der

Soldat existiere nur in der Phantasie der Reporter. Die Journalisten verweisen auf Mitschnitte der Interviews und versichern, die Armee habe den jungen Mann versetzt und zum Ruhighalten verpflichtet. Auch der Geheimdienst zeigt sich zugeknöpft, was Einzelheiten der Übung in Rjasan angeht, man hüllt sich in Schweigen.

Weite Teile der Moskauer «Intelligenzia» wollen bis heute nicht glauben, dass der wundersame Aufstieg Putins aus den Trümmern der gesprengten russischen Wohnhäuser zum Volkshelden drei Monate vor seiner Machtübernahme eine grausame Fügung des Schicksals war, die der Petersburger instinktsicher in einen Wahlsieg verwandelte. Gut zwei Jahre nach der «Übung» in Rjasan bekommen die Anhänger der Verschwörungstheorie Unterstützung von einem, der damals im Kreml großen Einfluss besaß: Im Londoner Exil erklärt im März 2002 Boris Beresowski, der sich mittlerweile mit Putin hoffnungslos zerstritten hat, der Geheimdienst FSB habe die Attentate auf die Wohnhäuser organisiert. Nach Ansicht Beresowskis wollte die KGB-Nachfolgeorganisation auf diese Weise Hass gegen die Tschetschenen schüren, einen Krieg und damit auch Putin populär machen.

Schlagkräftige Beweise, die über die Merkwürdigkeiten in Rjasan hinausgingen, kann der Milliardär nicht vorlegen – was vor allem deshalb bemerkenswert ist, weil Beresowski zu dieser Zeit als die entscheidende Figur im Kreml galt. Hat er keine Beweise, weil seine Anschuldigungen erlogen sind? Oder ist er selbst tiefer in die Sache verwickelt, als er zugeben kann – und ist deshalb so vorsichtig mit Enthüllungen?

Im Vier-Augen-Gespräch mit dem Verfasser im März 2002 auf diesen Einwand angesprochen, reagiert Beresowski ausweichend, mit einem Lächeln: Der Geheimdienst habe Putin verführt, um ihn erpressbar zu machen. Er selbst habe stets daran geglaubt, dass man den Petersburger ohne Krieg zum Wahlsieger machen könne, beteuert Beresowski. Auf seinem Schreibtisch in einem dunklen

Büro in der Londoner Regent Street liegt, neben einem Bild von Jelzin und einer riesigen Jil-Sander-Einkaufstasche, Blanko-Briefpapier der «Nowaja gaseta» – jener Moskauer Oppositions-Zeitung, die am aktivsten gegen Putin anschreibt und angebliche Enthüllungen über die Bombenanschläge veröffentlicht.

Beresowski hätte für seine Beschuldigungen ein durchaus eigennütziges Motiv: Nach seinem Zerwürfnis mit Putin haben die russischen Behörden in London einen Auslieferungsantrag gestellt. Bei seinem Bemühen um politisches Asyl kommt es Beresowski gelegen, sich als politisch Verfolgter darzustellen – als «Enthüller», der Putin angreift und deshalb vom russischen Staat gejagt wird. Tatsächlich gewährte London dem Oligarchen im September 2003 den Flüchtlingsstatus.

Putin selbst äußerte sich zu den Gerüchten auf die gewohnte Art, wenn er auf Tschetschenien angesprochen wird: «Was? Eigene Häuser gesprengt? Quatsch! Völliger Schwachsinn!» In den russischen Geheimdiensten gebe es niemanden, der zu so einem Verbrechen gegen das eigene Volk fähig sei. Selbst die Vermutung als solche sei schon «amoralisch» und nichts anderes als ein «Element des Informationskrieges gegen Russland», wie er in dem Buch «Aus erster Hand» berichtet.

Aus Geheimdienstkreisen ist eine ganz andere Version der Ereignisse in Rjasan zu hören, die für westliche Ohren abwegig klingt und als weit hergeholter Rechtfertigungs-Versuch erscheint, aber durchaus viele Widersprüche erklären könnte: Weil nach den Bombenanschlägen kritische Stimmen laut wurden, dass Geheimdienst und Regierung geschlafen und die Attentate nicht verhindert haben, wollte der FSB demzufolge versuchen, selbst einen Erfolg zu inszenieren – und dazu einen echten Bombensatz legen, den man dann medienwirksam in letzter Sekunde entdecken konnte.

Nicht abwegig klingt eine andere Mutmaßung Moskauer Geheimdienst-Experten. Ihre Behauptung, dass der FSB, ganz nach

Tradition des Zaren-Geheimdienstes «Ochrana», Agenten und V-Leute unter den tschetschenischen Rebellen hat, ist mehr als wahrscheinlich. Nicht völlig auszuschließen wäre dann, dass der Geheimdienst zu den Attentaten anstiftete oder zumindest von ihnen wusste, und sie in letzter Sekunde medienwirksam aufdecken wollte – die Spitzel unter den Terroristen dann aber die Seite wechselten und untertauchten.

Was bleibt, sind jede Menge offener Fragen. Laut FSB-Sprecher Sdanowitsch war die Übung in Rjasan Teil der landesweiten Anti-Terror-Aktion «Wirbelsturm». Aber warum feierte dann Innenminister Ruschailo, der den «Wirbelsturm» mit koordinierte, den Bomben-Fund in Rjasan noch zwei Tage später als erfolgreich verhinderten Terroranschlag – Stunden bevor der Geheimdienst-Chef erklärte, es sei eine Übung gewesen? Warum sind die Behörden so wortkarg, was Nachfragen angeht? Was wollten die Geheimdienstler testen? Warum verstießen sie gegen die Regeln, die für so eine Übung gelten? Warum scheint die Staatsgewalt bis heute mehr am Vertuschen interessiert als am Aufklären? Der Rjasaner Geheimdienstchef etwa versicherte später, an dem Tag habe es geregnet, der Gas-Detektor des Sprengstoffexperten sei nass gewesen und habe wohl deshalb Fehlalarm gegeben – während die anderen Augenzeugen von einem sonnigen, trockenen Tag berichteten.

Hexogen werde von Terroristen in reiner Form als Sprengstoff kaum genutzt, weil man zur wirksamen Anwendung eine chemische Schulung braucht, so der Münchner Chemie-Professor Klapötke: «Das ist nicht der ideale Sprengstoff für die bösen Ziele von Terroristen.» Nach dem Vorfall in Rjasan zogen die Moskauer Ermittler ihre ursprüngliche Version zurück und erklärten, bei den Attentaten in der Hauptstadt sei doch nicht Hexogen, sondern ein anderer Sprengstoff verwendet worden.

Warum räumte Geheimdienstchef Patruschew erst nach zwei Tagen ein, dass es sich um eine Übung handelte? Warum wussten die örtlichen Geheimdienstleute nichts davon? Warum sprach Putin selbst von einem vereitelten Anschlag? Wenn er das nach bestem Wissen und Gewissen tat, muss ihn der Geheimdienstchef, sein enger Freund, in einer so wichtigen Frage falsch informiert haben. Warum zog Putin dann aber keine Konsequenzen? Warum verfolgte Moskau von Anfang an nur die tschetschenische Spur? Warum bemühte sich der Kreml nicht darum, die bösen Gerüchte aus der Welt zu schaffen – und ließ stattdessen mit den Stimmen der kremltreuen «Einheit»-Partei in der Duma die Einberufung eines Untersuchungsausschusses verhindern? Warum weigert sich der FSB auf Anfrage des Duma-Abgeordneten Kowaljow, seine Unterlagen zu der Übung herauszugeben? Warum hieß es plötzlich, es sei doch keine Übung, sondern ein geheimes «Experiment in einem Ermittlungsverfahren» gewesen, als Kowaljow – ohne Erfolg – vor Gericht die Herausgabe der Unterlagen erstreiten wollte? Warum schließlich endete die Anschlagserie auf Wohnhäuser nach dem Rjasaner Zwischenfall abrupt?

Die Liste der Merkwürdigkeiten ließe sich fortsetzen. Am 13. September wandte sich der kremltreue Vorsitzende der Duma, Gennadi Selesnjow, bei einer geschlossenen Sitzung des Duma-Rates mit ernster Miene an seine Kollegen, wie sich mehrere Abgeordnete erinnern: Er habe soeben eine Notiz vorgelegt bekommen, dass wieder ein Wohnhaus gesprengt wurde – in Wolgodonsk. Das Attentat in Wolgodonsk fand aber erst drei Tage darauf, am 16. September, statt. Der später ermordete Duma-Abgeordnete Juschenkow vermutete, dass der Geheimdienst einfach die Attentatsorte verwechselt und den Duma-Chef falsch informiert hat. Auf eine Anfrage Juschenkows stellte die Staatsanwaltschaft das Zitat Selesnjows nicht etwa infrage – sie teilte mit, der Duma-Chef habe mit seiner Bemerkung von einem gesprengten Haus die Detonation einer selbst gebastelten Granate gemeint, bei der in der Nacht auf den 13. September in Wolgodonsk mehrere Menschen verletzt wurden. Eine äußerst merkwürdige Begründung, denn kleinere Explosionen ohne Tote sind in Russland ein eher gewöhnliches Ereignis, über das kaum der Parlamentschef per Eilnachricht benachrichtigt wird – erst recht nicht am Morgen danach. Zudem gab es am besagten Wochenende zwei weitere solcher kleinen Explosionen in Russland, eine davon sogar mit tödlichem Ausgang. Selesnjows Sprecher erklärt, der Parlamentschef habe die Informationen aus einem Artikel in der Zeitung «Tribuna» vorgelegt bekommen. Anders als in den Nachrichtenagenturen ist dort tatsächlich die Rede davon, dass durch die Granate ein Haus in Wolgodonsk beschädigt wurde. Allerdings erschien der Abdruck in dem Blatt erst am 15. September – zwei Tage nach Selesnjows Äußerungen. Selesnjow selbst wollte auf Nachfragen zu dem Thema bislang nicht antworten. Als sein Vize Wladimir Schirinowski in der Duma nachfragte, reagierte er ausweichend – und entzog Schirinowski später das Wort.

Was bleibt, sind viele Fragen, für die es allerdings in Russland auch besondere Antworten gibt: Die Mächtigen in Moskau und im ganzen Land sind es gewohnt, zu schweigen, den Menschen Informationen vorzuenthalten, arrogant über Kritik und Zweifel hinwegzugehen – auch wenn es sich nur um harmlose Pannen oder Missgeschicke der Behörden handelt. Traditionell gilt Schweigen als beste Antwort auf freche oder auch nur kritische Fragen – führt aber in Wirklichkeit zu Misstrauen und Verschwörungstheorien.

Deshalb wäre es falsch, nach westlicher Manier aus der Verschleierungstaktik der Behörden automatisch zu schließen, sie hätten etwas zu verbergen. Auch wenn ganz offenbar nicht alles mit rechten Dingen zuging, sprechen viele Argumente gegen die unglaublichen Vorwürfe, dass der FSB das Haus in Rjasan tatsächlich sprengen wollte: Wäre das wirklich die Absicht der Geheimdienstler gewesen, hätten sie kaum gegen alle Regeln der Kunst eigene Agenten als Vollstrecker eingesetzt – sondern über mehrere Mittelsmänner Tschetschenen angeworben und diese in dem Glauben belassen, sie handelten tatsächlich im Auftrag von Terroristen. Augenzeugen wollen ein gelbliches, granuliertes Pulver im Keller gesehen haben. Granuliert und etwas gelblich sind in Russland manche Zuckersorten – aber nicht Hexogen: Der Sprengstoff erinnert eher an Pulverzucker und hat keinen Gelbstich. Schlüssige Beweise für eine Schuld des Geheimdienstes gebe es nicht, muss auch der Sekretär der von kritischen Duma-Abgeordneten auf eigene Faust ins Leben gerufenen Untersuchungskommission, Lew Lewinsson, eingestehen.

Solange die Mächtigen sich aber nicht um eine Aufklärung bemühen und darauf verzichten, eine offizielle Untersuchungskommission mit weit reichenden Vollmachten zu berufen, wie es in den USA nach dem 11. September 2001 geschah, müssen sie damit leben, dass bei vielen Russen wilde Spekulationen ins Kraut schießen. So waren etwa in Moskau jedes Mal böse Gerüchte zu hören, nachdem unter mysteriösen Umständen drei Prominente ums Leben kamen, die nach Verbindungen zwischen Nachrichtendienst und Bombenattentaten fahndeten: Der Journalist und Verleger Artjom Borowik starb im März 2000 bei einem Flugzeugabsturz. Der Duma-Abgeordnete Sergej Juschenkow wurde im Frühjahr 2003 auf offener Straße erschossen, sein Kollege Juri Schtschekotschichin erlag im Sommer 2003 ausgerechnet nach der Rückkehr von einer Reise nach Rjasan einer rätselhaften Allergie. Noch wenige Wochen vorher hatte er dem Verfasser in einem Vier-Augen-Gespräch angekündigt, er stehe vor neuen Erfolgen in seinen Ermittlungen über Skandale des FSB. Solange die Verantwortlichen mauern und es statt Fakten nur Indizien und Gerüchte gibt, bleibt es Ansichtssache, ob man lieber an Verschwörungstheorien, an Chaos und Schlendrian oder an das Zusammenwirken von dummen Zufällen glaubt – oder gar an alles zusammen.

Ob es jemals eine befriedigende Antwort geben wird, ist zu bezweifeln. Die Staatsanwaltschaft hat ihre Ermittlungen inzwischen abgeschlossen – am 30. April 2003, ausgerechnet zum Auftakt eines verlängerten Wochenendes mit vier arbeitsfreien Tagen, sodass das Echo in den Medien gering bleiben musste.

Gründe zum Leisetreten gab es genug. Auf die Merkwürdigkeiten der Übung in Rjasan geht die Staatsanwaltschaft nicht näher ein. Neun Russen und Islamisten, so der Schlussstrich der Ermittler, hätten die Bombenanschläge verübt, doch nur zwei sind in Haft. Keiner der Verdächtigen ist offenbar selbst Tschetschene – es handelte sich vorwiegend um Radikale aus anderen Regionen. Ausgebildet wurden die Bombenleger nach Ansicht der Ankläger aber in der Kaukasus-Republik, von dem Feldkommandant Al-Chattab, einem inzwischen getöteten Jordanier, und seiner rechten Hand Abu Al-Walid. «Sponsoren aus islamischen Organisationen» haben die Anschläge in Auftrag gegeben und 700 000 Dollar dafür gezahlt, so die Staatsanwaltschaft. Ein ebenso ahnungsloser wie bestechlicher Verkehrspolizist half den Terroristen für einen Sack echten Zuckers, den als Zucker getarnten Sprengstoff in einem Lastwagen nach Moskau zu bringen.

Im Falle der Anschläge, die zum Krieg in Tschetschenien führten, ist also auch nach vier Jahren keine tschetschenische Spur zweifelsfrei nachgewiesen. Auch zu den Motiven konnte die Staatsanwaltschaft nichts mitteilen. Fünf der neun Beschuldigten sind tot. Obwohl es seit Beginn der Ermittlungen Dutzende Festnahmen gab, ist noch niemand verurteilt oder überführt. Die Gerichtsverhandlung gegen die zwei inhaftierten Verdächtigen soll unter Ausschluss der Öffentlichkeit stattfinden. Der Hauptverdächtige, Atschemes Gotchijajew, ist flüchtig. Nach Angaben des abtrünnigen KGB-Offiziers und Beresowski-Freundes Alexander Litwinenko, der ein Buch über die angebliche Verstrickung des Geheimdienstes in die Anschläge geschrieben hat, beteuert Gotchijajew seine Unschuld und erklärt, er sei von einem FSB-Agenten, der sich als Geschäftsmann ausgab, hereingelegt worden und habe aus Dummheit Räume in den später gesprengten Häusern angemietet.

Nach den Anschlägen überstürzen sich in Tschetschenien die Ereignisse. Putin ist zwar nur der zweite Mann im Staat, aber Jelzin hat ihm in Tschetschenien Handlungsfreiheit gewährt. Der Premier befiehlt im September 1999 immer heftigere Bombenangriffe auf die Kaukasus-Republik. In Anlehnung an die Luftangriffe der NATO auf Jugoslawien im Kosovo-Krieg ein halbes Jahr zuvor ist von «zielgenauen Attacken» die Rede, auf wichtige Objekte wie Fernsehsender, Fabriken und Ölanlagen. Wenn die Raketen öfter ihr Ziel verfehlten als die amerikanischen, liegt das wohl eher an der größeren «Streuweite» der russischen Technik. Am 11. Oktober 1999 stellt Putin Aslan Maschadow ein letztes Ultimatum, die «Anführer der Terroristen an Moskau auszuliefern». Nachdem der Tschetschenen-Präsident der Aufforderung, die er praktisch gar nicht erfüllen kann, nicht nachkommt, gibt Putin seinen Bodentruppen den Befehl zum massiven Vormarsch.

Fast so, als würde es sich um ein Fußballspiel handeln, kommentiert das Staatsfernsehen das Vorrücken der russischen Truppen. Die klinisch reinen Bilder, auf denen kaum verletzte Tschetschenen und erst recht kein Blut von russischen Soldaten zu sehen ist, vermitteln den Eindruck, es handle sich um einen Übungsmarsch ins Grüne. Hurra-Patriotismus auf allen Kanälen, die Dolchstoßlegende ist allgegenwärtig – Russlands Krieger, im ersten Tschetschenien-Krieg im Felde unbesiegt, seien 1996 von den bösen Politikern in Moskau in die Kasernen zurückgerufen und zum «Schandfrieden» gezwungen worden, ereifern sich die Einpeitscher im Staatsfernsehen.

Politiker, die sich sonst gerne liberal geben, wie Ex-Privatisierungschef Anatoli Tschubais, lassen plötzlich patriotische Töne anklingen und hoffen auf eine «Wiedergeburt der Armee in Tschetschenien». Der gemeinsame Feind im Kaukasus soll alle Russen zusammenschweißen. Auch die Sprachregelung ist strikt: Nie ist von Krieg, immer nur von einer «Anti-Terror-Aktion» die Rede. Die Gegner sind nicht Rebellen, sondern «Banden-Gruppierungen», und die russischen Soldaten erschießen nicht etwa Tschetschenen, sondern «vernichten Banditen».

Je weiter die russischen Soldaten vorrücken, umso mehr steigt – pünktlich zur Wahl – Putins Beliebtheit. Selbst Jelzins Erzkonkurrenten Primakow und Luschkow vermeiden jede Kritik an dem Feldzug. Unter dem tosenden Applaus der Zuschauer fordert ein Parteifreund von Wladimir Schirinowski im Fernsehen, eine Atombombe auf Grosny zu werfen. Im Staatsfernsehen ORT stellt Star-Moderator Sergej Dorenko die Frage, ob es denn tatsächlich eine Zivilbevölkerung gebe in Tschetschenien – das Bergvolk, so der Unterton, bestehe ausschließlich aus Banditen, und schon die Kinder hätten kriminelles Blut in den Adern, weswegen man mit Bomben nicht sparen dürfe.

Die Propaganda zeigt Wirkung: Selbst viele gebildete Moskowiter geraten in Rage, wenn man ihnen nicht glauben will, dass alle Tschetschenen einen Hang zum Kriminellen haben. Aussprüche wie «ganz Tschetschenien gehört mit Kakerlaken-Gift übersprüht» gelten selbst in besseren Kreisen als salonfähig. Das Wort «Kaukasier» wird zum Schimpfwort, und wenn man jemanden ernsthaft beleidigen will, sagt man, er sehe aus wie ein Tschetschene. Ausgerechnet diejenigen, die sich am lautesten dafür aussprechen, dass Tschetschenien Teil Russlands bleiben soll, fordern oft im gleichen Atemzug, alle Kaukasier aus Moskau und den russischen Städten zu vertreiben.

Die Ängste der Russen vor den Tschetschenen haben allerdings reale Wurzeln: In den Wirren der Perestroika hatten zahlreiche kriminelle Banden aus dem Kaukasus Russland unsicher gemacht, ihre Mitglieder benahmen sich fern der Heimat wie Hausherren. Selbst in alltäglichen Situationen wie im Autoverkehr und in Warteschlangen zeigten sie oft ihre Fäuste, und sie gingen mit äußerster Brutalität gegen ihre Opfer vor. Viele Russen erlebten diese Rohheit und Gewalt am eigenen Leib – und übertrugen dann ihren verständlichen Hass auf alle Menschen dieser Region.

Puting Fernseh-Star Dorenko entfacht auf den Bildschirmen nicht nur eine Hetzjagd gegen Tschetschenen – vor der Duma-Wahl im Dezember 1999 schießt er sich auch auf Jelzins innenpolitische Gegner ein. Boris Beresowski war schon Jahre zuvor aufmerksam geworden auf den Mann, dem seine Gegner später den Spitznamen «Bulldoge des Kreml» verliehen. «Leider» habe Beresowski überlebt, hatte Dorenko im Fernsehen einen missglückten Bombenanschlag auf das Auto des Oligarchen kommentiert. «Der kann so gut die Meinung manipulieren, den muss ich haben», begeisterte sich daraufhin Beresowski und setzte den Moderator prompt auf seine Gehaltsliste.

Im Parlaments-Wahlkampf ist Dorenko Protagonist einer beispiellosen Schlammschlacht. Die Kriegsparteien: zum einen Boris Jelzin, seine Tochter Tatjana, Beresowski und Gefolgschaft, auf der anderen Seite, nur ein paar Minuten Fußmarsch entfernt auf der Flaniermeile Twerskaja, Moskaus Bürgermeister Juri Luschkow, seine überaus geschäftstüchtige Frau und der Großkonzern Sistema, dessen Leiter angeblich mit dem Bürgermeister eng befreundet ist. Zwei Clans der alten Nomenklatur treffen aufeinander. Beide Seiten halten sich Journalisten wie Dorenko als Kettenhunde. In den Zeitungen und Fernsehsendern ihrer Konzernherren treten sie gegeneinander an und befeuern sich mit «Kompromat».

Bald wird klar, dass Jelzin im Kreml die stärkeren Bataillone hat und sich der Wind gegen Luschkow wendet. Jeden Sonntag um 21 Uhr geht Fernseh-Fallbeil Dorenko landesweit auf Sendung. Bevor er mit seinen Leibwächtern im Fernsehzentrum im Moskauer Stadtteil Ostankino vorfährt, holt er Presseberichten zufolge bei seinem Mentor Beresowski Anweisungen ein, wer diesmal mit Schmähungen überhäuft werden soll. Da trifft es sich gut, dass Beresowski ein großes Aktienpaket an dem halbstaatlichen Sender ORT hält. Das Programm ist in fast jedem Haushalt in den GUS-Staaten zu empfangen, oft sitzen bis zu 100 Millionen Menschen vor den Bildschirmen. Vor allem die Zuschauer in der Provinz haben außer dem ersten Kanal keine andere Informationsquelle, und viele sind es zudem noch aus sowjetischen Zeiten gewohnt, alles für bare Münze zu nehmen, was gesendet wird.

Dorenko liefert üble Nachrede und Verleumdung mit einer Dreistigkeit, die selbst vielen Bolschewiken zu unfein gewesen wäre. «Luschkow und Primakow darf man in keinen Raum mehr lassen, sie machen die Decken kaputt, lassen den Putz von den Wänden bröckeln und reißen mit ihren breiten Hörnern die Lampen herunter», posaunt der «Journalist». Er rollt erneut den alten Skandal um das Hotel «Slawjanskaja» in Moskau auf: Ein amerikanischer Geschäftsmann, der sich von seinem russischen Partner, einem Luschkow-Intimus, um sein Investment geprellt fühlte, wollte vor Gericht ziehen – und wurde 1996 auf offener Straße erschossen. Dorenko zeigt Bilder von einem schwarzen Korridor, Hände, die Geldkoffer übergeben und Schalldämpfer auf Pistolen aufschrauben. Nach diesen gespensterhaften Szenen kommt ein angeblicher Kronzeuge ins Bild und spricht die vermeintlichen letzten Worte des Mordopfers in die Kamera: «Luschkow ist schuld.» Kein Wort darüber, dass der Mord ungeklärt blieb und nie ein rechtskräftiges Urteil ergangen ist.

Glaubt man Dorenko, gibt es kaum eine Schandtat, die Luschkow nicht begangen hat. Fern der Heimat habe sich der Bürgermeister trotz armseligen Gehalts in Karlsbad ein Hotel gekauft, und seine Frau veruntreue Gelder. Da in Russland allgemein die Überzeugung herrscht, dass jeder Beamte und Politiker in erster Linie an den eigenen Geldbeutel denkt, haben nur wenige Zuschauer Zweifel an den Anschuldigungen. Es gibt dabei nur ein

Problem, berichtet Igor Bunin, Wahlkampfberater und Leiter des Zentrums für politische Studien in Moskau: «Jemandem nachzusagen, er sei bestechlich, wirkt nicht – alle sind bestechlich, und jeder weiß das. Darum müssen sie sich immer mehr einfallen lassen. So ist es noch wirksam, wenn man jemandem Homosexualität nachsagt.» Immobilien und Sexaffären seien das beliebteste Mittel im Schmutzkrieg, bestätigt auch Marat Gelman, Wahlkampfchef von Ex-Premier Sergej Kirijenko und dessen «Union Rechter Kräfte».

Dorenko geht auf Nummer sicher und attackiert seine Gegenspieler prompt da, wo es besonders wehtut – unter der Gürtellinie: Luschkow habe schwule Berater um sich geschart, verkündet der Fernseh-Henker mit der Miene des ernsten Nachrichtensprechers. Was in Deutschland kein Hindernis für höchste Ämter mehr darstellt, gehört zu den schlimmsten Vorwürfen, den man in der überaus traditionellen russischen Gesellschaft einem Mann machen kann – Kontakte mit «Päderasten» zu haben, wie Homosexuelle in Russland mit Verachtung genannt werden.

Dorenko führt Primakow als altersschwachen Greis vor. Weil sich der Ex-Premierminister in der Schweiz an der Hüfte operieren ließ, zeigt der Fernseh-Hetzer eine entsprechende Operation minutenlang und in allen ekligen, blutigen Details. Russlands Presseminister Michail Lessin, dem Kreml eng verbunden und dank Werbegeschäften seiner Ex-Firma mit einem Staatssender, dessen Führungsgremium er einst angehörte, zu Dollarmillionen gekommen, lässt Dorenko gewähren – obwohl ihn ein Gericht wegen seiner TV-Schlammattacken rechtskräftig verurteilt.

Die meisten von Dorenkos Beiträgen hätten in Deutschland wohl einen Proteststurm zur Folge, der Presserat würde Alarm schlagen, und neben dem Autor selbst müsste wohl auch der Intendant seinen Sessel räumen. In Russland bringt es Dorenko dagegen zunächst zu höchsten Ehren: Er wird zum Vize-Direktor seines Senders ORT ernannt, und nach der Wahl ist die «Bulldogge des Kreml» einer der ersten Journalisten, dem Putin ein großes Fernseh-Interview gewährt.

Als später sein Mentor Beresowski in Ungnade fällt, sinkt auch Dorenkos Stern; er wird als angeblicher Motorrad-Rowdy in einen mysteriösen Unfall verwickelt und landet beinahe im Gefängnis – ein deutlicher Warnschuss aus dem Kreml, sich künftig zurückzuhalten. Ideologisch sehr beweglich, kandidierte er 2003 für die Kommunisten für die Duma. Ein hoch gestellter Kreml-Beamter erklärte später vertraulich, ohne auf den Fall Dorenko einzugehen, man habe nach den Wahlen sicherstellen müssen, dass die dumpfen Propaganda-Methoden nicht in die falschen Hände geraten.

Auch die Gegenseite ist hart im Austeilen. Luschkows Regionalsender TWZ vermeldet angebliche Verbindungen von Beresowski zu den tschetschenischen Rebellen und hat gleich Bilder von Russen parat, die in der Kaukasus-Republik enthauptet wurden. Genüsslich berichtet TWZ von den Korruptionsskandalen um die Jelzin-Familie und warnt, dass den Zuschauern bei den Sendungen der staatlichen TV-Stationen gesundheitliche Gefahr drohe.

Parallel zum Krieg in Tschetschenien und zur Schlacht auf den Bildschirmen eröffnet der Kreml eine dritte Front: Im Oktober 1999, knapp drei Monate vor der Duma-Wahl, unterzeichnen ein paar Dutzend Regionalfürsten auf Initiative des Kreml einen Aufruf für «ehrliche Wahlen» – und müssen dann zu ihrer eigenen Überraschung erfahren, dass sie mit ihrer Unterschrift ein neues Wahlbündnis ins Leben gerufen haben: «Edinstwo», auf Deutsch «Einheit», heißt es, und mit dem zweiten Namen «Medwed», zu Deutsch «Bär» – nach dem Wappentier, das Russlands Stärke symbolisieren soll. Boris Beresowski hat die neue Partei aus der Taufe gehoben, um die steigende Beliebtheit von Ministerpräsident Putin auszunutzen.

Ebenso wie Jelzin selbst und seine Vorgänger als Ministerpräsidenten ist Putin parteilos. Zumindest wird in den Medien dieser

Eindruck vermittelt – tatsächlich war der Neue im Kreml als Wahlkämpfer 1996 in Petersburg in die kremlnahe Partei «Unser Haus Russland» eingetreten, und von einem Austritt ist nichts bekannt. Doch das spielt kaum eine Rolle: Die Politik in Russland ist auf Personen fixiert. Weil der Präsident das einzige Machtzentrum darstellt, ist es im Kampf um Einfluss und Posten sinnvoller, auf den Kreml zu setzen, statt mit ihm zu konkurrieren. Haben etwa deutsche Politiker auch nach einer Wahlniederlage beste Chancen, aus der Opposition irgendwann wieder in die Regierung zu kommen, droht in Russland all jenen, die sich gegen den Kreml stellen, der Absturz ins politische Nichts.

Wer in der Politik erfolgreich sein will, sucht die Nähe zum Präsidenten. Boris Jelzin sah eine «Präsidentenpartei» allenfalls als Anhängsel, das er nach Bedarf lenken und ersetzen konnte. So setzte er bei jeder Parlamentswahl auf eine andere Partei – wobei seine Unterstützung stets dazu führte, dass die Auserwählten auf den hinteren Rängen landeten. «Unser Haus Russland», Hilfstruppe des Kreml bei der letzten Wahl, war ebenso wie Boris Jelzin verbraucht und galt als Verein von Bürokraten. Ebenso wie Jelzin bevorzugt es bis heute auch Putin, als Landesvater offiziell «über den Parteien» zu stehen.

Die neue «Einheit»-Partei wird von den Wahlkampfstrategen in Windeseile auf die Wünsche der Wähler getrimmt. Statt Politikern und Ideologen geben Leute wie der Moskauer Werbefachmann Igor Burenkow den Ton an, der früher Reklame für Fernseher machte: Ob man Waschpulver oder Politiker zu verkaufen habe, mache keinen großen Unterschied, gesteht der «Imageberater». Das Erfolgsrezept: Man nehme drei bekannte Gesichter als Spitzenkandidaten, hole sich die nötige Unterstützung aus dem Kreml, viel Geld von den Wirtschaftsbossen, der Rest sei Marketing.

Imageberater wie Burenkow geben im Duma-Wahlkampf aber nicht nur bei der Kreml-Partei «Einheit» den Ton an. Weil es kaum profilierte Parteien gebe in Russland, übernähmen die Imageberater deren Aufgabe, glaubt der Wahlkampf-Experte Igor Bunin. «Es kommt vor, dass einer Geld auf den Tisch legt und sagt, ich will eine Partei, schreibt mir ein Programm», verrät Gleb Pawlowski, der wohl bekannteste Imageberater, der nach eigener Darstellung enge Beziehungen zu Putin unterhält: «Die meisten sind bereit, alles mit sich machen zu lassen, eine Ware zu sein. Viele drehen ihre Richtung um 180 Grad, wenn man ihnen sagt, das erhöht die Wahlchancen.»

Die Imageberater, im russischen nach dem englischen Vorbild «Imagemaker» genannt, sind oft für alles zuständig. «Wir haben Stylisten, die Krawatten und Frisuren aussuchen, sagen, wohin man blicken soll. Das Ganze läuft wie in einer Fabrik», berichtet Wahlkämpfer Gelman von der «Union Rechter Kräfte». Unter dem Diktat ihrer Imageberater wirken Russlands Mächtige zuweilen wie geklont. «Es ist langweilig, fernzusehen, sie sind wie siamesische Zwillinge», findet Larissa Jaroschewskaja, Wahlkampf-Managerin der liberalen Jabloko-Partei: «Alle schauen nach rechts, halten die Hände offen und heben sie belehrend den Zeigefinger in die Luft. Ihre Berater lesen alle die gleichen Bücher.»

Auch die drei Spitzenkandidaten der Kreml-Partei «Einheit» scheinen dem Wahlkampf-Lehrbuch entnommen zu sein – zumindest, solange sie nicht über Politik sprechen. Der Ringer und Olympiasieger Alexander Karelin, im Hauptberuf Offizier der Steuerpolizei, steht für Stärke und internationales Ansehen. Auf die Frage, wie er sich den Kampf gegen die Kriminalität vorstellt, antwortet er, indem er sich auf die Knie stellt und einen Ringergriff vorführt. Für Recht und Ordnung im Spitzentrio ist Alexander Gurow zuständig, ein Miliz-General. Er wolle in die Duma, damit das Parlament endlich aufhöre, sich mit Streitereien und Politik zu befassen, und sich stattdessen um seine wirkliche Aufgabe kümmere – den Präsidenten zu unterstützen, offenbart der biedere Ordnungshüter sein Politikverständnis.

Rhetorisch keinesfalls geschickter ist auch der dritte Kandidat, Katastrophenschutzminister Sergej Schoigu. «Wir sind die Partei Putins, genauso wie es früher die Partei Lenins gab», verkündet Russlands personifizierter Schutzengel. Egal ob es brennt, ob die Erde bebt oder Industrieanlagen in die Luft fliegen, immer wenn in Russland ein Unheil geschieht, ist der Mann aus dem fernen Tuwa an der mongolischen Grenze als Erster zur Stelle – zumindest vor den Fernsehkameras, stets in bildschirmgerechter roter Outdoor-Jacke. Schoigu spricht nie viel, aber schon sein stets lächelndes asiatisches Gesicht hat für die Russen etwas Beruhigendes.

Neben Wladimir Putin sind die drei «Einheit»-Spitzenkandidaten die meistgezeigten Männer im russischen Fernsehen. «Putin in der Stadt X angekommen», «Putin ist aus Y abgereist», «Putin begrüßte heute diesen und jenen» – die Allgegenwart des Ministerpräsidenten im Duma-Wahlkampf nimmt solche Ausmaße an, dass umgehend Witze in Umlauf kommen – wie der von Iwan Iwanowitsch in der tiefen Provinz, der seinen Fernseher anschaltet und auf allen Kanälen Putin sieht. Er schlägt die Zeitung auf, und in allen Artikeln liest er von Putin. Er schaltet das Radio an und hört immer nur Putin. Entnervt legt er eine Fleischkonserve auf seinem Tisch zur Seite: «Nein, die mache ich nicht auf, da ist sicher auch Putin drin!»

Der Dauerbeschuss aus Funk, Fernsehen und Presse sowie der Vormarsch in Tschetschenien zeigen Wirkung: Von rund einem Prozent im August ist Putins Popularitätsrate pünktlich zur Duma-Wahl im Dezember 1999 auf mehr als 52 Prozent gestiegen. Der Moskauer Meinungsforscher und Soziologe Leonid Sedow tauft den englischen Begriff «Rating» scherzhaft in «Puting» um. Auch immer mehr Gouverneure stehen Gewehr bei Fuß. «‹Einheit› hat bei uns in der Region anständige Zahlen, 18 bis 20 Prozent», erstattet einer der Regionalfürsten Putin Rapport, wie einst Provinzkader dem Generalsekretär. «Schickt uns Geld, und dann wird alles okay», fordert ein anderer Lokalfürst. Vor allem die umstrittensten Regionalfürsten, denen am meisten dunkle Geschäfte nachgesagt werden, machen an vorderster Linie Wahlkampf für «Einheit» – sie sind am meisten darauf angewiesen, im Kreml nicht in Ungnade zu fallen. Putin selbst erklärt ohne Umschweife, als «Privatmann» gehöre seine Sympathie «Einheit».

Politische Themen treten im Wahlkampf in den Hintergrund, seit Moskaus Truppen im Kaukasus kämpfen; Präsident Jelzin tritt immer weniger in Erscheinung. Kriegspremier Putin indes bekommt selbst vom Kommunisten-Chef Sjuganow Beifall. Die politischen Lager verschwimmen, alle sind Patrioten. Der Feldzug im Kaukasus soll in manchen Parteizentralen regelrechte Panik ausgelöst haben. «Dem Kreml ist es gelungen, die Spielregeln für den Wahlkampf zu ändern», glaubt Jelzin-Berater Andranik Migranjan: Statt von Armut, überbordender Bürokratie und Kriminalität ist fast nur von Tschetschenien die Rede und von der «Wiedergeburt» von Nation und Armee. Wer sich gegen den Trend stemmt, lebt gefährlich: Als Grigori Jawlinski von der liberalen Jabloko-Partei und Juri Luschkow kritische Worte wagen, werden sie prompt als Vaterlandsverräter bezeichnet.

Putins Popularität nützt auch der Partei: Mit 23,2 Prozent landet «Einheit» am Wahlabend im Dezember 1999 nur knapp hinter den Kommunisten. Nach dem Urnengang wird der Kreml in alter Manier in der Duma aktiv – mit viel Überredungskunst, Versprechen und angeblich auch Bargeld zieht das Präsidialamt zahlreiche Abgeordnete ins eigene Lager. «Notfalls besucht er alle unabhängigen Kandidaten einzeln», heißt es aus Putins Umgebung.

Oligarchen wie Boris Beresowski hatten im Wahlkampf viele Kandidaten finanziell unterstützt und präsentieren nun die Rechnung: Im Gegenzug für die Unterstützung müssen sich die «Volksvertreter» dankbar zeigen und den Fraktionen beitreten, die den großzügigen Spendern behagen. Boris Beresowski selbst gewinnt ein Abgeordnetenmandat im Kaukasus. Sein Oligarchen-

Kollege Roman Abramowitsch, der den Spitznamen «Banker der Jelzin-Familie» trägt, wird auf der fernen Tschuktschen-Halbinsel an der Grenze zu Alaska in die Duma gewählt und später dort Gouverneur. Die Tschuktschen, in Russland Witzobjekt wie die Ostfriesen in Deutschland, begeisterte der Milliardär vor allem mit großzügigen Hilfslieferungen und Flugzeugen voller Bananen und frischer Früchte. In erster Linie wollen sich die Oligarchen mit ihren Duma-Mandaten den Schutz vor Strafverfolgung sichern, glauben ihre Kritiker.

Nach der erfolgreichen Generalprobe der Duma-Wahl scheint die Rettung für den Jelzin-Clan nah. Der politische Gegner ist vernichtend geschlagen. Es gibt nur noch ein Problem für den Schlussakt im Machtübergabe-Drama: Bis zur Präsidentschaftswahl im Juni 2000 sind es noch sechs Monate, in denen viel geschehen kann, zumal Jelzin angeschlagen ist. Weil man es in Russland mit Wählern ohne fest gefügte Überzeugungen zu tun hat, kann sich auch in kürzester Zeit das Stimmungsbild wandeln, warnen Politologen wie Sergej Kolmakow: «Mit dem Beliebtheitsgrad ist es bei uns wie mit einem Luftballon; der ist sehr schnell aufgeblasen, aber im Nu zerplatzt.» Es gibt keine Garantie, dass Putins Popularität lange genug währt. Bislang war der neue Hoffnungsträger vor allem mit Versprechungen zum Liebling der Russen aufgestiegen. In sechs Monaten würden die Wähler ihn an seinen Taten messen können. Dabei konnte die Propaganda schon jetzt, im Dezember 1999, nicht mehr kaschieren, dass im Krieg in Tschetschenien der versprochene Durchbruch ausblieb. Bei nüchterner Betrachtung sprach auch nichts für ein ökonomisches Wunder, auf das viele Wähler hofften. Gefahr war im Verzug für die Jelzin-Familie. Und so entschloss man sich zu einem letzten, entscheidenden Manöver.

Neujahr ist in Russland wie Weihnachten im Westen – die Menschen machen ihre letzten Einkäufe, schmücken ihre Neujahrstannen und wollen ihre Probleme wenigstens einen Tag lang vergessen.

Da riss Boris Jelzin wenige Stunden bevor die Kreml-Kuranten am Roten Platz vor der johlenden Menge das Jahr 2000 einläuteten, die Menschen mit einem Silvester-Kracher der besonderen Art aus ihrer Feierlaune. Der Präsident hatte wie gewohnt seine Neujahrsansprache aufzeichnen lassen, und die Kassette lag bereits im Fernsehzentrum im Moskauer Stadtteil Ostankino zur Ausstrahlung bereit. Seine Tochter Tatjana hatte jedoch die Anweisung gegeben, die Kulisse für die Aufnahme im Kreml noch nicht abzubauen. Am Morgen des Silvesterabends ließ Jelzin das Kamerateam noch einmal rufen. Die Aufzeichnung müsse wiederholt werden, hieß es.

Bevor das rote Licht blinkte, wischte sich Jelzin immer wieder Tränen aus den Augen und hatte ein heftiges Wortgefecht mit seiner Tochter Tatjana, berichtet ein Augenzeuge. Als sich Jelzin endlich durchrang, den Text in die Kamera zu sprechen, kämpfte er derart um seine Fassung, dass die Aufzeichnung mehrmals wiederholt werden musste. Kaum war die Aufnahme im Kasten, brachte ein Kurier die Kassette in einer Limousine mitsamt Polizeibegleitung und Blaulicht aus dem Kreml ins Fernsehzentrum. Man musste schnell handeln, bevor es sich Jelzin noch einmal anders überlegte. Damit keine Informationen durchsickerten, hielten Sicherheitsbeamte das Kamerateam stundenlang im Kreml fest, bis die Ansprache über die Bildschirme im ganzen Land flimmerte.

Mit tränentrübem Blick bat Jelzin in seinem letzten Auftritt als Staatschef seine Landsleute um Verzeihung für seine Fehler – und legte das Schicksal Russlands gemäß Verfassung in die Hand des Ministerpräsidenten Wladimir Putin. Der Petersburger war damit ab 12 Uhr Mittag amtierender Präsident. Die erste Amtshandlung des neuen Staatsoberhauptes war deutlich: Per Ukas gewährte Putin seinem Vorgänger Straffreiheit und lebenslange Privilegien wie eine Staatsdatscha und eine eigene Stiftung.

Nach der russischen Verfassung müssen spätestens drei Monate nach dem Rücktritt des Präsidenten Neuwahlen stattfinden. Putin konnte also im Wahlkampf mit dem in Russland besonders wichtigen Amtsbonus antreten. Am Erfolg der «Operation Nachfolge» gab es keine Zweifel mehr. «Jelzin war nicht Jahr-2000-fähig», spotteten die Moskowiter. Die Zeitung «Iswestija» sprach von einer «Erb-Demokratie», und «Moskau am Abend» schimpfte, die Präsidentschaftswahlen seien durch die Machtübergabe praktisch annulliert. Die meisten Menschen in Russland waren erleichtert, dass die Zeit der Wirren und der Anarchie mit einem handlungsunfähigen Präsidenten an der Spitze der Atommacht endlich vorbei war.

Bevor er im S-Klasse-Mercedes ohne Nummernschilder aus dem Kreml fuhr, lallte der Ex-Präsident seinem Nachfolger vor laufender Kamera etwas Unverständliches hinterher. So übernahmen die Nachrichtensprecher die Aufgabe, die letzte Botschaft des greisen Kreml-Herrschers an seinen Nachfolger dem Volk zu verkünden: «Hüten Sie Russland.»

Wahl ohne Qual Wenn in Russland Wahlen bevorstanden, war der Rat von Igor Bunin stets gefragt. Doch vor den Präsidentenwahlen im März 2000 ist alles anders als sonst. Der Direktor des Moskauer Zentrums für politische Strategien ist arbeitslos – wie viele seiner Kollegen. «Es ist eine Wahl, bei der man keine Wahl hat. Es gibt kaum etwas zu tun für Wahlkämpfer», klagt der bekannte Moskauer «Image-Maker».

Niemand hat Zweifel am Sieg von Interimspräsident Putin. «Ich würde ja kämpfen wie ein Löwe – wenn ich eine Chance hätte», gesteht der exzentrische Chef der rechtsradikalen Liberaldemokraten, Wladimir Schirinowski, kleinlaut. Kommunistenchef Gennadi Sjuganow hält sich ans olympische Motto: Dabei sein ist alles. Von den üblichen Materialschlachten eines Wahlkampfs keine Spur. Nirgends in Russland lacht Putin von Plakatständern, Fernsehdebatten geht er aus dem Weg, Werbespots lehnt er ab – schließlich wolle er nicht irgendwo zwischen «Tampax oder Snickers» im Werbeblock auftauchen, scherzt der amtierende Präsident. Bezahlte Reklame hat der Kandidat Nummer eins auch gar nicht nötig: In den Nachrichtensendungen ist er allgegenwärtig – ob im Cockpit eines Kampffliegers, auf der Brücke eines Kriegsschiffes oder als fürsorglicher Landesvater, der Kinder ans Herz drückt. Seine Konkurrenten dagegen kommen auf dem Bildschirm kaum vor – oder in schlechtem Licht. Weil der geschäftsführende Kreml-Chef gleichzeitig Oberbefehlshaber im Krieg in Tschetschenien ist, gilt Kritik als unpatriotisch. Thematisch bietet Putin mangels klarer Aussagen keine Angriffsfläche: Er ist für alles Gute und gegen alles Schlechte.

Selbst für die Meinungsforscher ist nichts wie früher. «Die

Sonntagsfrage interessiert kaum. Stattdessen untersuchen wir, wie es kommt, dass die Wahlen vorab entschieden sind», berichtet Leonid Sedow vom Allrussischen Zentrum für Meinungsforschung (WZIOM) in Moskau. «Putin ist so erfolgreich, weil er von Jelzins Leuten künstlich aufgebaut wurde – als Spiegelbild dessen, was sich die Mehrheit wünscht: mit starker Hand, antiwestlich und patriotisch.» Russen lieben das Unbekannte, glaubt Sedow: «Sie suchen in jeder Frau ein Geheimnis – und in jedem Politiker.» Putin lässt im Unklaren, ob er sich als Reformer oder als Bewahrer fühlt, beschreibt seine politischen Ansichten allenfalls vage und allgemein. Statt eine grobe Richtung vorzugeben, geht er umso genauer und ausführlicher ins Detail. «Das sag' ich Ihnen nicht», antwortet er auf die Frage nach seinem politischen Programm. Er wolle als Kandidat keine leeren Versprechen abgeben, rechtfertigt er seine Taktik.

Die Mehrheit der Russen schwärmt von der «Energie und Willenskraft» des neuen, jungen Zaren im Kreml. Die Demokraten betrachten ihn als einen der Ihren – weil er einst Vize des Petersburger Reform-Bürgermeisters Anatoli Sobtschak war. Für die inzwischen national angehauchten Kommunisten ist der ehemalige KGB-Offizier ein Patriot, weil er sich im Wahlkampf selbst als «Produkt der patriotischen Erziehung des Sowjetmenschen» bezeichnet. Die «Großrussen» begeistern sich für Putin wegen seines Feldzugs im Kaukasus, und Marktwirtschaftler nimmt er mit seinem Bekenntnis zum freien Unternehmertum für sich ein. Militärs geraten ins Schwärmen, wenn er in Uniform antritt und der Armee mehr Geld verspricht.

Mit handverlesenen Journalisten spricht der Ex-KGB-Offizier erstmals über Privates. Die Plauderei erscheint rechtzeitig zur Wahl als Büchlein – und wird von der zentralen Wahlkommission als Propaganda eingestuft. Das Werk mit dem Titel «Aus erster Hand» darf deshalb nur als Wahlmaterial kostenlos verteilt werden. Es zeigt menschliche Züge statt kühlem Agenten-Image. Putin erzählt darin von seinen Eltern, deren zwei ältere Söhne im Kindesalter starben – einer von ihnen während der Belagerung Leningrads durch deutsche Truppen. Die gläubige Mutter verhätschelte ihr spätes Kind, der Vater, ein Fabrikarbeiter und überzeugter Parteiführer, war streng, schlug den jungen Wladimir mit dem Gürtel. Die Arbeiterfamilie lebte in einem Zimmer in einer bescheidenen Petersburger «Kommunalwohnung», jener Zwangsvariante der westlichen Wohngemeinschaft, eine Folge der Wohnungsnot in der Sowjetunion. 20 Quadratmeter hatte die Familie zum Leben, Bad und Küche teilte sie sich mit den Nachbarn, der Korridor diente gleichzeitig als Küche. Die Toilette war nachträglich eingebaut, ragte fast in das Treppenhaus und war schlecht beheizt.

Als Hofkind, das sich ständig prügelte, durfte der junge Wladimir in den sechziger Jahren erst mit Verspätung in die kommunistische Pionierorganisation aufgenommen werden. Mit Judo stählte sich Putin als Halbstarker für die harten Kämpfe in den Hinterhöfen und im Leben; er brachte es bis zum schwarzen Gürtel und zum Stadtmeister. Erstmals erzählt Putin in dem Büchlein auch von seiner Zeit in der DDR, als KGB-Offizier in Dresden, die bislang als weißer Fleck in seiner Biographie galt.

Putin hat den Spitznamen «Nemez», «der Deutsche» – bei den Wählern ist dies kein Nachteil: «Germanija» steht trotz zweier Weltkriege in Russland bis heute hoch im Kurs, deutsche Wertarbeit ist heiß begehrt, und Gäste aus dem Land des einstigen Kriegsgegners gelten neben Franzosen als die beliebtesten Ausländer. Streng ziehen selbst Veteranen eine Trennungslinie zwischen den Faschisten von einst und den guten Deutschen, die ihrer Ansicht nach ebenso Opfer Hitlers wurden wie die Russen selbst. Mehr als gegen die Angreifer hegen viele ältere Menschen erstaunlicherweise Argwohn gegen Engländer und Amerikaner, weil sie Russland damals angeblich nicht entschieden genug zur Seite standen. Taxifahrer bieten Passagieren schon mal eine «Skidka», einen Rabatt, an, wenn sie erfahren, dass sie aus «Germanija» stammen. Oft ist von den deutschen Wurzeln der Zaren die Rede – manchmal heißt es ironisch gar, dass in Russland mehr Ordnung herrschte, als im Petersburger Zarenpalast mit Katharina der Großen eine Deutsche das Sagen hatte. Wenn mit Putin wieder ein «Deutscher» im Kreml sitzt, verbinden die meisten Russen damit die Hoffnung auf Ordnungsliebe, Zuverlässigkeit, Fleiß, Zielstrebigkeit und nüchternen Pragmatismus.

Fürchten muss Putin vor der Wahl denn auch weniger die Gegenkandidaten als den vorauseilenden Gehorsam der eigenen Leute. «Alle wollen katholischer als der Papst sein und unbedingt helfen», klagt Putin-Berater Michail Margelow im Wahlkampf. «Wir brauchen aber keine Disco-Veranstaltungen für ihn oder Ölporträts von ihm. Dieser Idiotismus ist gefährlich – und kann das Gegenteil bewirken.» Die Angst ist begründet. Putins Allgegenwart in Fernsehen und Presse erinnere an die Breschnew-Zeit, findet der Privatsender NTW. Der «Kandidat» ist stets auf Achse, besucht Entbindungsheime, verleiht Medaillen, mischt sich unters Wahlvolk – und immer vor Dutzenden Kameras.

Putin, der die breite Öffentlichkeit eher scheut, wirkt manchmal etwas gequält und hölzern; bei den Treffen mit Wählern blickt er abwesend in die Ferne, balanciert nervös von einem Bein auf das andere, und seine Hände suchen permanent Halt an Rednerpulten, Manuskripten, Kugelschreibern und der Hosennaht. Putin lässt den Rummel über sich ergehen, doch die Grenzen zur Peinlichkeit sind fließend. «Von Ihnen möchte ich auch ein Kind», offenbart eine hochschwangere Wählerin dem Präsidenten kurz vor ihrer Niederkunft.

Der Kreml überlässt nichts dem Zufall. Der Konzern Gasprom etwa mit seinen rund 300 000 Mitarbeitern organisiert «Putin-Disco-Abende», stellt in der Provinz Mitarbeiter für die örtlichen Putin-Wahlkampfstäbe ab, die wie zu Sowjetzeiten «Fabrik-Kollektive» besuchen und die Mitarbeiter auffordern, auf dem Stimmzettel ihr Kreuz am richtigen Fleck zu machen – ganz wie es Konzernchef Rem Wjachirew empfohlen hat. Unverblümt mahnt Wjachirew den Putin-kritischen Sender NTW, an dem Gasprom beteiligt ist, seine «unpatriotische Haltung» aufzugeben. «Wir sind für Putin, weil er einen starken Willen hat und Ordnung schaffen will», erklärt ein junger Gasprom-Arbeiter in Nowij Urengoj am Polarkreis bei einem Interview. «Vielleicht gibt es aber auch ein paar Abweichler, die anders stimmen», fügt er dann mit einem listigen Lächeln hinzu. Sofort unterbricht ihn seine Frau und mahnt zu Vorsicht mit dem ausländischen Journalisten: «Du, kriegt der KGB nicht alles mit, was wir hier sagen?»

In Nischni Nowgorod schickt Gouverneur Iwan Skljarow vorsorglich Aufpasser aus seiner Verwaltung in die Wahlbezirke. Offenbar haben sie den Auftrag, das richtige Stimmverhalten zu fördern. Als Skljarow nach der Wahl erfährt, in welchen Bezirken die Kommunisten eine Mehrheit erzielten, drohte er den zuständigen Beobachtern vor laufender Kamera: «Ich sage später, was mit diesen Genossen zu tun ist.» Obwohl nach dem Gesetz jeder Kandidat nur geringe Finanzmittel für den Wahlkampf ausgeben darf, damit Chancengleichheit herrscht, beklagen sich Rüstungsmanager später in der Presse, dass sie zu großzügigen Wahlkampfspenden für Putin genötigt wurden.

Der ukrainische Präsident Kutschma spricht bei einer vertraulichen Unterredung mit Getreuen von 50 bis 60 Millionen Dollar, die Putin für seinen Wahlkampf aus Kiew bekommen hat – und die Ukraine nun im Gegenzug eine großzügige Abschreibung ihrer Schulden in Moskau erwartet. Das geht jedenfalls aus Tonbändern hervor, die ein Offizier von Kutschmas Leibwache über Monate hinweg heimlich unter dessen Dienstsofa aufzeichnete und die später veröffentlicht und für echt befunden wurden.

In seltener Einigkeit beklagten Kommunistenchef Gennadi Sjuganow und der liberale Reformer Grigori Jawlinski massive Wahlfälschungen. Doch obwohl alle mit einem sicheren Sieg Putins gerechnet hatten, gab es am Wahlabend Überraschungen. Wegen der Zeitunterschiede schließen die Wahllokale im Fernen Osten des riesigen Landes viele Stunden früher als in Moskau – und obwohl die Region bei der Duma-Wahl beste Ergebnisse für die Putin-Partei «Einheit» gebracht hatte, kam der amtierende Präsident diesmal nicht über 50 Prozent. Bei der Wahlparty im Konzertsaal des russischen Fernsehens in Ostankino hielten viele Politiker und Beobachter den Atem an. Nur einer zeigte sich ganz ruhig: «Was Putin noch zur absoluten Mehrheit fehlt, bekommt er im Lauf des Abends noch hinzugezählt», prophezeite der bekennende Putin-Unterstützer Wladimir Schirinowski. Als die Russen am nächsten Morgen die Zeitungen aufschlugen, hatte Putin tatsächlich 52,9 Prozent erreicht.

Die angesehene englischsprachige «Moscow Times» berichtete in einer ganzen Artikelserie über Unregelmäßigkeiten bei den Wahlen – die damit begannen, dass sich die Zahl der Wahlberechtigten zwischen der Duma- und der Präsidentschaftswahl um eine knappe Million erhöht hatte. In der Kaukasus-Republik Dagestan sollen in den Wählerlisten die Namen zahlreicher längst Verstorbener und Weggezogener vermerkt worden sein. In vielen Wahllokalen bekamen die Wähler demzufolge zwei Euro, wenn sie ihre Stimmzettel nach Erhalt draußen leer bei Putin-Anhängern abgaben. Die fehlenden Wahlscheine wurden angeblich später durch Zettel ersetzt, auf denen Putin angekreuzt war.

Ein Witz macht schließlich die Runde: Präsidialamtschef Woloschin berichtet Putin am Wahlabend, Kommunistenchef Sjuganow habe 70 Prozent der Stimmen erhalten. Als sich Putin daraufhin empört, beruhigt ihn Woloschin: «Wir hatten doch vorgesorgt, Herr Präsident. Sie haben 71 Prozent.»

NORD-OST

Sekt an der Front Kaum hatte Wladimir Putin nach Jelzins Rücktritt zu Silvester 1999 das sichtbarste Zeichen der Macht, den Atomkoffer, übernommen, da verließ er Moskau eilig Richtung Süden und flog nach Tschetschenien. Kurz vor dem Ziel bestand sein Pilot darauf, den Hubschrauber zu wenden, weil dichter Nebel aufgekommen war. Notgedrungen musste Putin in der Luft und aus der Flasche auf das neue Jahr anstoßen. Trotz aller Gefahren ließ er sich kurz darauf mit dem Auto in die Kaukasus-Republik fahren. Die Russen rieben sich vor dem Fernsehschirm die Augen: Der Staatschef beging Neujahr nicht bei einem vornehmen Empfang im Kreml, sondern draußen, im Kriegsgebiet, mitten unter seinen Soldaten.

Es ist kein Zufall, dass Putins erste Reise als Präsident ausgerechnet in die Kaukasus-Republik führte. Wie kein anderes Thema ist Tschetschenien mit Putins politischem Schicksal verbunden. Der Krieg in der Kaukausus-Republik hat aus dem unbekannten Geheimdienstchef innerhalb weniger Monate nicht nur den neuen Hoffnungsträger der Nation gemacht, sondern auch eine Geisel des Krieges. Es sei seine historische Mission, die Probleme im Nordkaukasus zu lösen, beteuert Putin. Die Existenz Russlands habe auf dem Spiel gestanden in diesen Tagen, diktiert er später den Fragestellern in seinem Gesprächsband «Aus erster Hand» in den Block: «Mir war klar, wenn wir das nicht jetzt und sofort stoppen, wird Russland als Staat in seiner heutigen Form aufhören zu existieren.»

In dem Wahlkampf-Buch beschreibt Wladimir Putin immer wieder, welche angeblichen Schreckensszenarien von Tschetschenien ausgehen. Wenn es allein darum ginge, die kleine Kaukasus-

Republik in die Unabhängigkeit zu entlassen, wäre das kein Problem, versichert der Präsident. Aber es gehe nicht um Tschetschenien, sondern um die Einheit Russlands – und darum, einen Bürgerkrieg wie in Jugoslawien zu verhindern. Sobald Tschetschenien unabhängig würde, drohte es zum Aufmarschplatz für weitere Angriffe auf Russland zu werden, als Nächstes würde sich der gesamte islamische Nordkaukasus von Moskau lossagen, und dann die islamischen Teilrepubliken im Herzen von Russland, allen voran Tatarstan mit seinen Bodenschätzen und Baschkirien. Ein großer Krieg wäre die unausweichliche Folge, so der Präsident, und der Feldzug in Tschetschenien sei im Vergleich dazu das geringere Übel.

Putins Szenario ist nicht abwegig. Tatsächlich trieben in Tschetschenien Banden ihr Unwesen und stürzten die Republik in Chaos. Immer wieder beschwört der Kreml die Verbindung zwischen Tschetschenen und El Kaida. Handfeste Beweise konnte Moskau zwar nie vorlegen, doch gehen auch westliche Geheimdienste von gewissen Beziehungen zwischen Rebellen und militanten Islamisten-Gruppen im Ausland aus, die die Kaukasus-Republik als möglichen Aufmarschplatz in Europa betrachten. Aber das ist nur die eine Seite der Wahrheit.

Momentaufnahme aus der Hölle Tamara Datschajewa ist keine Radikale, aber sie könnte eine werden. Das fürchtet sie zumindest selbst. Die Russen sind es, die mit ihrer Kriegsführung die Tschetschenen in die Arme der Islamisten treiben, glaubt die energische Frau, die so schnell spricht, wie eine ratternde Computer-Festplatte Daten ausspuckt. Es ist Herbst 2000, 14 Monate nach Kriegsbeginn, Wladimir Putin ist bereits seit zehn Monaten im Amt. Der Blitzkrieg ist ins Stocken geraten. In Gudermes versteckt sich die moskautreue Verwaltung Tschetscheniens hinter gewaltigen Betonblöcken und schwer bewachten Kontrollposten in einem weißen, kleinen Plattenbau. Tamara Datschajewa leitet hier die Handelsabteilung.

Im kalten Treppenhaus sieht sie sich vorsichtig nach allen Seiten um, bevor sie zu sprechen beginnt: «Nein, wir sind weiß Gott nicht auf Seiten der Islamisten. Ich bin selbst von denen gekidnappt worden und war monatelang in Geiselhaft. Das sind Banditen. Aber das rechtfertigt doch nicht, dass die Russen unser Volk vernichten! Viele waren froh, als die Moskauer Truppen kamen, dachten, jetzt sorgen die für Ordnung. Aber was geschah? An jeder Ecke werden wir angehalten, kontrolliert, müssen Bestechungsgelder bezahlen, um durch unser eigenes Land zu laufen, zu fahren. Die Russen kommen im Morgengrauen in die Dörfer, maskiert, plündern alles und nehmen die Männer mit. Viele kommen nie wieder.» Zwei Verwandte Datschajewas sind spurlos verschwunden. «Es gibt Dutzende solcher Fälle! Hier wird ein ganzes Volk vernichtet!»

Es gibt kaum jemand in Tschetschenien, der nicht solche grausamen Geschichten von Verwandten oder Bekannten erzählt – wenn er sich sicher fühlt, dass kein Russe zuhört.

Fünfzig Kilometer weiter liegen die Trümmer von Grosny, mehr Friedhof als Stadt. Hier gibt es kaum ein Gebäude, an dem der Krieg keine Spuren hinterlassen hat. Ganze Straßenzüge und Plätze, von denen nur noch ein paar Trümmerhaufen übrig geblieben sind. Tausende Menschen leben noch immer in dieser unheimlichen Trümmerlandschaft, in Häusern, die wie Grabsteine wirken, in halb zerstörten Wohnungen, oder in Kellern, düsteren, feuchten Verliesen ohne Strom, Heizung und Wasser, aber voller Ratten. Russische Soldaten wagen sich nur mit der Kalaschnikow im Anschlag auf die Straße. Auf einem kleinen improvisierten Markt in Grosny interviewt eine russische Fernsehjournalistin eine tschetschenische Markthändlerin. Ein Dutzend Süßigkeiten, ein paar Laibe Brot und billige Zigaretten sind ihr ganzes Kapital. Auf rund einen Euro bringt es die gelernte Ingenieurin am Tag: «Die wahren Terroristen sind nicht die Tschetschenen, sondern die russischen Militärs. Sie machen uns das Leben zur Hölle.»

Der russischen Journalistin platzt der Kragen: «Geben Sie es zu, auch Ihre Kinder sind Terroristen», schreit sie die Markthändlerin an, die darauf erwidert: «Die meisten Jungen kämpfen doch nur für die Rebellen, weil sie keine Chance haben, ehrlich Geld zu verdienen. Bei uns bekommen viele seit drei Monaten keinen Lohn! Das müsst ihr Russen ändern, nur dann könnte es Frieden geben, wenn ihr uns eine Chance lasst, auf anständige Weise unser Brot zu verdienen.» Die russische Journalistin lacht: «Ja und? Was regt ihr Tschetschenen euch auf? Bei uns in Russland bekommen viele Menschen jahrelang keinen Lohn!»

Tatsächlich ziehen viele russische Soldaten aus Armut in den Krieg. Wegen der 1000 Dollar Kampfzulage im Monat kam etwa der junge Sergant Sergej nach Grosny. Andere Möglichkeiten, etwas zu verdienen, ohne zu stehlen, gab es in der russischen Provinz für ihn nicht, und in Tschetschenien ist es ähnlich: Keine Kopeke von der Kampfzulage hat der junge «Kontraktnik», auf Deutsch Zeitsoldat, seither gesehen. Obwohl er schon monatelang hier ist.

Höhere Dienstgrade kommen angeblich besser auf ihre Kosten. Im Vertrauen erzählen die Uniformierten, die Armee mache zuweilen mit den «Banditen» gemeinsame Sache. Dass die russischen Militärs Waffen an die Tschetschenen verkaufen, mit denen die dann wiederum russische Soldaten töten, ist kein Geheimnis mehr: Als etwa am Jahrestag des Sieges über Hitler-Deutschland, im Mai 2002, in der dagestanischen Stadt Kaspijsk eine Bombe mehr als 40 Menschen tötete, stellte sich später heraus, dass russische Soldaten den Sprengstoff an die Terroristen verkauft hatten.

Manchmal sprengen die Tschetschenen auch auf Bestellung, erzählt ein Soldat im russischen Hauptquartier Chankala bei Grosny: Da schickt Moskau ein paar Millionen für den Wiederaufbau einer Brücke. Offiziell sind die Arbeiten in Windeseile abgeschlossen, tatsächlich stecken sich die Verantwortlichen das Geld in ihre eigene Tasche, und dann bitten sie die Tschetschenen, die angeblich frisch wiederhergestellte Brücke in die Luft zu sprengen, wahlweise gegen Bezahlung oder Waffen. «Brücke wunderbar wiederhergestellt, alles Geld verbraucht, aber leider alles gleich wieder zerstört», lässt sich dann nach Moskau berichten. Handfeste Beweise für diese Methoden gibt es nicht, die Aussagen erscheinen aber glaubwürdig.

Das Kriegschaos ist die beste Voraussetzung für illegale Geschäfte auf beiden Seiten. Solange die Waffen nicht schweigen, ist Strafverfolgung kaum möglich, und Tschetschenien bleibt ein rechtsfreier Raum – Gegner und Rivalen lässt man einfach nachts durch Terrorkommandos verschwinden. Russische Offiziere kontrollieren laut «Moskowskije Nowosti» illegal das Ölgeschäft in der abtrünnigen Republik und arbeiten dabei eng mit den Tschetschenen zusammen. Auch die Rebellen machen Profit. Das Geld von ausländischen Extremisten und Terrororganisationen fließt nur dann kräftig, wenn sie heftigen Widerstand gegen die «Ungläubigen» nachweisen können. Für getötete oder gefangen genommene Russen gibt es Kopfgeld – je nach Dienstgrad bis zu

100 Hammel für eine Geisel. Die Rebellen terrorisieren die eigene Bevölkerung: Wer ihnen nicht hilft, muss mit schlimmsten Strafen bis hin zum Erschießen rechnen.

Es gibt keine moralischen Sieger in diesem Konflikt, es gibt die Kriegstreiber und die Geschäftemacher – und die einfachen Tschetschenen und jungen Soldaten, die zu Opfern werden.

Solange beide Seiten prächtig verdienen an dem Krieg, sind die Chancen auf Frieden schlecht fürs Geschäft. Doch der Profit ist teuer erkauft. Seine Chefs haben im russischen Hauptquartier Chankala jeden Tag 15 bis 25 Tote von der Leichenbeschau rausgetragen, erzählt in Moskau der Veteran Ruslan, der als Fahrer die russischen Militärärzte chauffierte. Die offiziellen Opferzahlen liegen bei vier bis fünf toten Soldaten pro Tag. «Nach der Leichenbeschau haben sich die Mediziner jeden Tag betrunken», berichtet Ruslan. Das Elend in der Zeltstadt Chankala ist nüchtern tatsächlich kaum zu ertragen. Aus Versehen bombardieren die russischen Truppen regelmäßig eigene Kameraden. Die jüngeren Soldaten werden von den Dienstälteren oft bis aufs Blut gequält. «Erst gestern hat einer zwei Kameraden erschossen, weil er sich im Suff mit ihnen gestritten hat», berichtet ein junger Soldat.

Selbst Wladimir Putin verliert zuweilen die Geduld. Moralisch, disziplinarisch und technisch sei die Gruppe in vielem untauglich», klagte der Präsident im November 2000. Solche Kritik kommt im Westen gut an – bewirken aber kaum etwas in der eigenen Armee. Per Ukas befahl der Präsident seinen Truppen ein korrektes Vorgehen gegenüber der Zivilbevölkerung. Auch dieser Präsidentenerlass wirkte aber nur bei den ausländischen Staatsmännern, nicht bei den Soldaten in Tschetschenien, beklagen Menschenrechtler. «Trotz starker Indizien dafür, dass die russischen Truppen in Tschetschenien Vergewaltigungen und andere sexuelle Missbrauchshandlungen begangen haben, hat es die Regierung in den meisten Fällen unterlassen, Ermittlungen einzuleiten», heißt es in einem Bericht der UN-Sonderberichterstatterin über Gewalt gegen

Frauen vom Januar 2001. Amnesty international schreibt in einem Bericht zur Menschenrechtslage, das Militär sei in Tschetschenien für das «Verschwinden von Menschen, nichtgesetzmäßige Exekutionen, Vergewaltigungen und andere Gewaltakte verantwortlich». Die Zivilbevölkerung wäre wohl nur wirklich zu schützen, wenn Moskau ein Exempel statuieren würde.

Die Möglichkeit dazu bot sich im Fall Juri Budanow: Der gefeierte Offizier war den russischen Fernsehzuschauern noch dadurch in Erinnerung geblieben, dass er an Weihnachten das Kommando zum Beschuss eines tschetschenischen Dorfes gab mit den Worten «Da habt ihr eure Heilige Nacht!». Am 26. März 2000, dem Tag der Präsidentschaftswahl, hatte Oberst Budanow ein Zechgelage mit seinen Soldaten. Betrunken fuhr er in einem Panzer in das Dorf Tangi-Tschu, ließ die 18 Jahre alte Elsa Kungajewa im Elternhaus in eine Decke wickeln und zu sich schaffen, angeblich um sie zu verhören. Eine Stunde blieb er mit ihr allein. Später fanden Budanows Untergebene die Leiche der 18-Jährigen, sie wurde erwürgt. Budanow befahl seinen Soldaten, den Leichnam zu verscharren. Als die Angehörigen sich an die Militärführung wandten und einer der Soldaten das Schweigen brach, kam die Geschichte ans Licht.

Die Staatsanwaltschaft ignoriert das Gutachten eines Militärarztes, wonach das Mädchen eine Stunde lang vergewaltigt wurde, und erhebt nur Anklage wegen Mordes und Amtsmissbrauchs. Vor Gericht gibt Budanow an, Kungajewa habe ihn wütend gemacht und ihm nicht verraten, wo Scharfschützen versteckt waren. Freundinnen des Opfers und Soldaten, die berichteten, der Oberst habe dem Mädchen schon lange nachgestellt, werden vor Gericht erst gar nicht gehört. Im staatlichen Serbski-Institut kommen die Psychologen zu dem Schluss, der Oberst sei unzurechnungsfähig gewesen. Vor den Gerichtsverhandlungen demonstrieren regelmäßig Anhänger Budanows für seine Freilassung. General Wladimir Schamanow kommt in der ersten Woche des Prozesses in den Gerichtssaal und drückt dem mutmaßlichen Kriegsverbrecher demonstrativ die Hand.

Budanow ist zwar nicht der einzige russische Offizier, der wegen Kriegsverbrechen in Tschetschenien vor Gericht steht – aber dieses ist das einzige Verfahren, über das die Medien ausführlicher berichten. Der Fall Budanow hat damit für die Soldaten in Tschetschenien Signalwirkung. Weil die Moskau-treue Verwaltung in Tschetschenien Wahlen durchführen soll, hätte ein Freispruch Budanows schlecht ins Konzept gepasst. Umgekehrt trifft Budanow für seine Tat alles andere als die volle Härte des Gesetzes: Nach jahrelangen Prozessen und einem Freispruch in erster Instanz wird er im August 2003 in letzter Instanz zu zehn Jahren Haft verurteilt. Nachdem er bereits drei Jahre in Untersuchungshaft saß und sich hochrangige russische Politiker für ihn einsetzen, hat er gute Chancen, bald auf Bewährung freizukommen.

Nord-Ost

Budanows Freispruch in erster Instanz im Dezember 2002 war nach Ansicht vieler Russen weniger eine unabhängige Entscheidung der Richter als der Versuch Moskaus, der Kriegsmüdigkeit keinen Vorschub zu leisten. Im Sommer 2002 sprachen sich 61 Prozent der Russen für Verhandlungen mit den Rebellen aus – fast dreimal so viele wie zwei Jahre zuvor. In Zürich gab es ersten vorsichtigen Kontakt mit Vertrauensleuten des Tschetschenen-Präsidenten Maschadow. Auch wenn der Kreml die Begegnung als private Initiative abtat, handelte es sich um einen «diskreten Versuchsballon», wie Valentin Gefter, der Direktor des Institutes für Menschenrechte in Moskau, glaubt: Einerseits wisse der Kreml, der Krieg sei nicht zu gewinnen, andererseits habe Putin Angst, Zugeständnisse könnten sein Image beschädigen, nachdem er im Wahlkampf den Mund in Sachen Tschetschenien so voll genommen habe. Auch wenn eine Lösung nicht in greifbarer Nähe war, gab es doch eine reale Hoffnung auf erste Schritte zum Frieden im Kaukasus.

Da geschah plötzlich wieder eine Katastrophe. Zwei Jahre nachdem Präsident Putin versprochen hatte, «den Terrorismus auszurotten» und die Täter «auf dem Abort abzumurksen», demonstrierten bewaffnete Tschetschenen, dass die Russen sich nicht einmal in ihrer Hauptstadt sicher fühlen konnten.

Im alten Kulturzentrum der Moskauer Kugellager-Fabrik, rund fünf Kilometer vom Kreml entfernt, ließ das Musical «Nord-Ost» seit Monaten die Herzen vieler Russen höher schlagen. Moskaus Antwort auf den Broadway erzählt die patriotische Geschichte eines russischen Polarfliegers, der auch unter schwersten Bedingungen seinen Dienst fürs Vaterland tut. Nach Russlands Untergang als Großmacht und dem Wirrwarr der Jelzin-Ära traf das neue Spektakel ganz den Zeitgeist. Wer mitreden wollte in Moskaus feinen Kreisen, musste das Spektakel besucht haben. Auch für viele Touristen war das Musical begehrter Teil ihres Besuchsprogrammes.

Am Mittwoch, dem 23. Oktober 2002, kurz nach der Pause, stürmen bewaffnete Männer in schwarzen Kampfanzügen die Bühne und erklären die Zuschauer zu Geiseln. Die meisten Besucher halten die Szene für einen Regieeinfall, einige klatschen. Erst als die Terroristen in die Luft schießen, wird klar, dass sie es ernst meinen. Rund 800 Menschen befinden sich im Gebäude. Mehr als 40 Terroristen bringen an Wänden, Säulen und Stühlen im Zuschauersaal Sprengsätze an. Frauen, angeblich Kämpferinnen eines Witwen-Bataillons, laufen mit Sprengstoffgürteln, die sie um den Leib gebunden haben, durch die Zuschauerreihen und spielen nervös mit ihren Pistolen. «Habt Geduld», mahnt eine der Terroristinnen die Opfer: «Wir müssen diesen Krieg auch seit drei Jahren aushalten.» Die russischen TV-Sender unterbrechen wie in Kriegszeiten ihr Abendprogramm mit einer Eilmeldung.

Im Theater erhalten viele Geiseln weder zu essen noch zu trinken. Nach Gutdünken verteilen die Terroristen an einige Opfer Wasser und Schokolade. Zwei Frauen fliehen beim Gang auf die Toilette durch ein Fenster, die Terroristen beschießen sie mit einer Panzerfaust. Sie befehlen den verzweifelten Menschen, ihre Notdurft fortan in den Orchestergraben zu verrichten. Ein übler Gestank durchzieht den ganzen Saal. Selbst Kinder halten die Geiselnehmer weiter gefangen. Drei Schwangeren verweigern sie ebenso den Weg in die Freiheit wie einer Geisel mit Blinddarmentzündung, die in Lebensgefahr schwebt.

Der 25-jährige Anführer der Terroristen, Mowsar Barajew, gilt als besonders grausam. Sein Clan hatte 1999 vier Briten und Australier vor laufender Kamera enthaupten lassen. Noch zwei Wochen vor der Geiselnahme hatte ein Armee-Sprecher Barajew für «liquidiert» erklärt. Am Donnerstag erzählt der Terroristenführer nun einem TV-Journalisten, der das Theater für ein Interview betreten darf, seine Leute hätten das Gebäude tagelang ungestört ausgekundschaftet. Moskaus Presseministerium verbietet die Ausstrahlung des Interviews.

Die Verhandlungen mit den Geiselnehmern verlaufen schwierig. «Vor allem die weiblichen Geiselnehmer sind fast hysterisch, schimpfen ständig», berichtet der Duma-Abgeordnete Juli Rybakow, einer der Berater des Krisenstabs: «Sie sagen, sie haben nichts zu verlieren, und sind bereit zu sterben.» Die Terroristen drohen, sich mitsamt den Geiseln in die Luft zu sprengen, wenn der Kreml den Tschetschenien-Krieg nicht beendet. «Die Forderungen sind unpräzise und unklar», klagt Rybakow. Immer wieder verschärfen die Terroristen ihre Bedingungen. Fast jede halbe Stunde kommen neue Forderungen, berichtet ein Geheimdienst-Mann. Im Krisenstab herrscht Ratlosigkeit, wie ein Mitglied der Runde später eingesteht: «Da sind Dutzende Generäle, die ständig hin und her laufen und nicht wissen, was sie tun sollen. Jetzt ist auch noch ein Marine-Vertreter da – weiß der Teufel, warum.»

Am Donnerstagmorgen kündigen die Terroristen an, die 75 ausländischen Geiseln freizulassen, wenn ihre Botschafter sie in Empfang nehmen. Der Kreml gibt diese Nachricht zu spät an die Auslandsvertretungen weiter, wie sich Diplomaten später empören. Die «Frankfurter Allgemeine Zeitung» berichtet unter Berufung auf westliche Geheimdienstkreise, die russische Führung habe absichtlich gemauert. Sie wollte die Freilassung nicht, «damit die Geiselnehmer als internationale Terroristen gebrandmarkt werden und nicht als tschetschenische Freiheitskämpfer dastehen», zitiert das Blatt einen nicht namentlich genannten Mitarbeiter eines europäischen Geheimdienstes.

Der Präsident schweigt. Am Donnerstag zeigt das Fernsehen erstmals Bilder vom Staatschef: In seinem Amtszimmer im Kreml redet er an einer hölzernen Tafel auf seinen Innenminister und den

Geheimdienstchef ein, die vor ihm sitzen – doch die Szene hat keinen Ton. Im Fernsehsender NTW liest später ein Spezialist, der für Taubstumme übersetzt, dem Präsidenten die Worte vom Mund ab – demzufolge ist Putin schon zu diesem Zeitpunkt fest entschlossen, nicht zu verhandeln, sondern das Gebäude stürmen zu lassen.

«Die Wahrscheinlichkeit, dass ein Sturmbefehl kommt, geht gegen null», beruhigt zur gleichen Zeit der Geheimdienstexperte Igor Orechow, der zehn Jahre als Offizier bei der Antiterroreinheit «Alpha» diente: «Technisch sind wir zum Eingreifen in der Lage. Aber bei so vielen Geiselnehmern gehen die Probleme damit los, die Terroristen von den Opfern zu unterscheiden – schon da geht wertvolle Zeit verloren.» Das verzweigte Theatergebäude sei für einen Sturm denkbar ungünstig, beteuert Orechow, man müsse mit zahlreichen Opfern rechnen. In Wirklichkeit übt im Süden Moskaus bereits eine Sondereinsatz-Truppe des Geheimdienstes in einem baugleichen Kulturzentrum die Sturm-Attacke.

Die russischen Behörden verbieten nicht nur die Ausstrahlung des Interviews mit dem Anführer der Bande. Auch den Privatsender «Moskowija» lassen sie schließen, weil Geiselnehmer zu Wort kommen; dem Radiosender «Echo Moskaus» drohen sie mit Sendeverbot. Um ihr Anliegen dennoch öffentlich zu machen, fordern die Geiselnehmer von den Angehörigen der Opfer, auf dem Roten Platz für ein Ende des Tschetschenien-Krieges zu demonstrieren. «Hier herrscht Ordnung, unangekündigte Demonstrationen sind unzulässig. Angehörige warne ich: Wir werden hart vorgehen», entgegnet Vize-Innenminister Wladimir Wassiljew.

Das Drama vor den Toren des Kreml wird zu einer der schwersten Krisen für Wladimir Putin. Bislang war der Präsident vor allem an der diplomatischen Front erfolgreich: Galten die tschetschenischen Rebellen in Washington, Paris und Berlin vor dem 11. September 2001 eher als Freiheitskämpfer, wurden sie nach den Terroranschlägen als islamische Terroristen oder zumindest deren Handlanger angesehen. Die Menschenrechtsverletzungen der russischen Militärs waren den Politikern im Westen plötzlich kaum noch der Rede wert. Putin sucht die Gründe für das Geiseldrama im Ausland: Internationale Terrorgruppen hätten ihre Finger im Spiel, erklärt der Kreml-Chef, als er sein Schweigen bricht. Er zieht Parallelen zu dem Blutbad auf Bali, bei dem kurz zuvor Dutzende Urlauber von islamischen Terroristen getötet worden waren. Nur Beweise kann er nicht vorlegen.

Kreml-Kritiker wie Sergej Grigorjanz von der Moskauer Glasnost-Stiftung halten die «ausländische Spur» schlicht für Propaganda: «Wenn wirklich internationale Terrororganisationen dahinter stecken würden, hätten wir schon ausformulierte Forderungen und Verhandlungspläne auf dem Tisch.» Statt die Schuldigen im Ausland zu suchen, solle Putin lieber seinen eigenen Sicherheitsleuten die Leviten lesen: «Die Geiselnahme ist eine Bankrotterklärung für Armee, Geheimdienst und Sicherheitskräfte», glaubt auch der liberale Duma-Abgeordnete Wladimir Ryschkow. Autofahrer und Fußgänger mit dunkler Hautfarbe werden von der Moskauer Miliz zwar ständig kontrolliert – doch dies scheint eher dem Erpressen von Bestechungsgeldern zu dienen als der Sicherheit der Moskauer Bürger. Nur so ist zu erklären, dass mehr als 40 schwer bewaffnete Tschetschenen unbehelligt in das Musical-Theater im Herzen Moskaus eindringen konnten.

Während in der Bevölkerung der Hass auf die Tschetschenen wächst, spitzt sich die Lage im Zuschauersaal von «Nord-Ost» immer mehr zu. Am Freitagabend drohen die Terroristen, am nächsten Morgen mit der Erschießung der Geiseln zu beginnen, wenn der Kreml seine Truppen nicht aus Tschetschenien abzieht. Die Unterhändlerin Anna Politkowskaja, die wegen kritischer Berichte aus Tschetschenien das Vertrauen der Entführer genießt, erklärt später, der Anführer der Geiselnehmer sei zu diesem Zeitpunkt noch durchaus zum Verhandeln bereit gewesen. Auch als Grigori

Jawlinski, Chef der liberalen Jabloko-Partei, am Abend nach einem Gespräch mit dem Terroristenchef das Theater verlässt, ist er überzeugt, dass er am Morgen weiterverhandeln wird.

In der Nacht auf Samstag überschlagen sich die Ereignisse. Nach Mitternacht fahren unter den Fenstern des Moskauer Focus-Büros am Taganka-Platz, rund zwei Kilometer von der Dubrowka-Straße entfernt, plötzlich in langer Reihe Krankenwagen Richtung Musical-Theater. Im Fernsehen heißt es, die Absperrungen um das Kulturhaus seien erweitert worden. Gegen 1.00 Uhr nachts herrscht an der Dubrowka Ruhe. In einer alten Schule, die der Krisenstab zur Verfügung stellte, haben sich die Angehörigen der Geiseln versammelt.

Überall steht Polizei und Militär. In mehreren Reihen sperren Uniformierte die ganze Straße ab. Davor laufen drei Männer in Kunstlederjacken mit einer kleinen Videokamera, ganz offensichtlich handelt es sich um Geheimdienstler. Gerüchte von Truppenbewegungen machen die Runde. Immer wieder treffen neue Angehörige ein, laufen durch die Absperrungen zu der alten Schule. Plötzlich, gegen 1.30 Uhr, eine Explosion, dann eine zweite. Eine kräftige Frau mittleren Alters läuft schreiend bis zur Ecke der Schule, greift einen der Milizionäre an seiner grauen Uniformjacke: «Da ist mein Kind drinnen, mein Kind!» Sie lässt den Mann los, rennt zwei Meter weiter zur Wand, lehnt sich dagegen und schlägt ihren Kopf gegen die Ziegelsteine: «Die haben ein Blutbad angerichtet. Die spucken darauf, ob Hunderte draufgehen. Was ist Putin für ein verrückter Präsident!» Keiner der Uniformierten kommt auf sie zu. Erst nach einer Weile wird sie von anderen Angehörigen in den Arm genommen. Es herrscht wieder eine unheimliche Ruhe.

Ein paar Straßen weiter stehen Rettungswagen und Busse für den Abtransport der Opfer bereit. Sie bewegen sich nicht. In der Ferne sind Schüsse zu hören. Nichts passiert. Eine Ewigkeit ist vergangen, als in den frühen Morgenstunden endlich die ersten

Rettungswagen durch die Polizei-Absperrungen Richtung Musical-Theater fahren. Es dauert noch einmal eine lange Zeit, bis die ersten Wagen mit Blaulicht zurückrasen. Hinter den abgedunkelten Fenstern sind eng ineinander verschlungene Schatten zu sehen, offenbar liegen innen Menschen mit den Köpfen an den Fenstern. Ein Sprecher des Krisenstabes kommt zur Absperrung, spricht zu den Journalisten: Alle Geiseln sind befreit. Ein direkter, vertraulicher Kontakt zum Krisenstab bringt eine andere Auskunft: «Wir können nicht sagen, dass es ein Erfolg war. Wir können gar nichts genau sagen. Aber es scheint Tote zu geben, vielleicht sogar viele.» Radio und Fernsehen vermelden zu diesem Zeitpunkt, in den frühen Samstagmorgenstunden, eine geglückte Befreiung ohne Blutvergießen.

Nach und nach kommen Gerüchte auf, dass Gas im Einsatz war. Später heißt es offiziell, man habe ein geheimes Betäubungsgas eingesetzt, das alle Menschen im Saal augenblicklich außer Gefecht setzte. Moskaus Vize-Bürgermeister Schanzew tritt vor die Fernsehkameras und wirkt benommen, später muss er ins Krankenhaus. Es stellt sich heraus, dass er als einer der Ersten nach der Geiselbefreiung in den Musical-Saal ging und sich dort zehn bis 15 Minuten aufhielt. Im Laufe des Vormittages ist von immer mehr Opfern die Rede. Die kremltreuen TV-Sender feiern die Befreiungsaktion, bei der schließlich 129 Geiseln und 41 Terroristen sterben, als großen Erfolg – und als «Wiedererstarken Russlands».

Ein paar Hundert Meter vom Theater entfernt durchleben die Angehörigen in der alten Schule ein Wechselbad der Gefühle. Erst heißt es, alle Geiseln seien am Leben. Nun ist von immer mehr Opfern die Rede. Und natürlich weiß zu dieser Stunde am frühen Morgen noch niemand, wer überlebt hat. Ein junger Mann tritt hinter den Absperrungen hervor, mit einem Plakat mit der Aufschrift: «Stoppt den Krieg in Tschetschenien». Auf Verlangen der Terroristen hatte er gegen den Krieg demonstriert, wie einige andere Angehörige. Jetzt zerreißt er das Plakat und tritt es immer wieder mit seinen Füßen. Die Menge applaudiert.

Welche dramatischen Szenen sich zur gleichen Zeit hinter den Absperrungen abspielen, im Musical-Saal und vor dem Theater, ist nur zu erahnen. Tatsache ist, dass bis heute viele Fragen unbeantwortet bleiben. Nach der offiziellen Version des Kreml haben die Terroristen in der Nacht mit der Erschießung der Opfer begonnen und dem Krisenstab keine andere Wahl gelassen, als das Theater stürmen zu lassen. Nach den amtlichen Angaben soll ein zweitrangiger, unbekannter General den Befehl zum Sturm gegeben haben.

Dies ist wenig glaubwürdig, wenn man die Befehlsstrukturen in Russland kennt: So artete etwa der Brand im Moskauer Fernsehturm im August 2000 vor allem deshalb zur Katastrophe aus, weil sich trotz der Kabelbrände niemand befugt fühlte, den Strom abzuschalten, um das Feuer einzudämmen. Weder der örtliche Feuerwehrkommandeur noch sein Chef in der Moskauer Zentrale, weder der Verantwortliche für den Turm noch der Moskauer Bürgermeister oder der zuständige Minister trauten sich, den Haupthebel umzulegen, wie ein Insider mit Zugang zu den Akten berichtet: Weil ein Abstellen des Stroms nicht nur den Brand eingegrenzt hätte, sondern auch das staatliche Fernsehprogramm von den Bildschirmen verschwunden wäre, wollte niemand die Verantwortung übernehmen – und sich den möglichen Zorn des Präsidenten zuziehen. Erst als mit großer Verspätung aus dem Kreml das Okay kam, ließ die Feuerwehr endlich den Strom abschalten – doch da stand der Turm in Ostankino schon in Flammen. Russlands Bürokratie ist noch aus alter sowjetischer Tradition derart entscheidungsängstlich und verantwortungsscheu, dass ständig selbst zweitrangige Probleme auf die nächsthöhere Entscheidungsebene verschoben werden.

Dass ausgerechnet die Entscheidung über den Sturm des Musical-Theaters vor den Augen der ganzen Welt von einem nachrangigen General gefällt wurde, wird kaum ein erwachsener Russe glauben. Als in den Medien dennoch diese Version verbreitet wurde und nicht der Präsident selbst die Verantwortung übernahm, ließ dies nur einen Schluss zu: Der Kreml war sich nach der Befreiungsaktion nicht sicher, ob diese als Erfolg durchgehen würde. Aus dem Kreml gab es sogar die Anweisung, niemand dürfe vor die Kameras treten, der als Putin-Mann betrachtet wurde. Weil formell ein General den Sturmbefehl gab, blieb der Präsident von einem möglichen Makel befreit.

Die Vorsicht war offenbar nicht unbegründet. Das Fernsehen lässt am Samstag nach dem Sturm nur eine einzige Geisel zu Wort kommen – eine Mitarbeiterin der kremltreuen Nachrichtenagentur Interfax, die in dem Theater war und nun direkt aus dem Krankenbett wieder und wieder versichert, die Geiselnehmer hätten mit massenhaften Erschießungen begonnen und die Situation im Saal sei außer Kontrolle geraten. Ihre Darstellung stimmt fast wortgleich überein mit den offiziellen Erklärungen des Krisenstabes. Die anderen Geiseln widerlegen diese Angaben später in ihren Interviews. Die Situation sei keinesfalls außer Kontrolle geraten, beteuern sie übereinstimmend. Nach Mitternacht hatte einer der Eingeschlossenen zwar die Nerven verloren und war auf die Geiselnehmer losgegangen, wie die Geisel Maria Jarowaja berichtet: Die Terroristen eröffneten das Feuer, trafen aber eine Sitznachbarin. Einer der Maskierten wollte einen Krankenwagen rufen – unter der Telefonnummer, die der Krisenstab ihnen zur Kontaktaufnahme gegeben hatte, meldete sich aber niemand. Eine Fahrlässigkeit, die im schlimmsten Fall dramatische Folgen haben konnte, wenn etwa die Geiselnehmer das Schweigen in der Leitung falsch aufgefasst hätten.

«In den drei Stunden vor dem Sturm aber war es absolut ruhig», erinnert sich die Geisel Maria Jarowaja: «Sie wollten uns nicht töten. Die Frauen sagten immer wieder, ‹wir sind gekommen, um zu sterben, aber euch werden wir laufen lassen›. Eine erzählte uns ihr Schicksal, sie hat vier Brüder im Krieg verloren. Sie gab mir sogar ihre Socken, weil ich barfuß war. Nachdem das Gas kam, hätten sie noch genug Zeit gehabt, um den Sprengstoff zu zünden. Eine der Terroristinnen sagte zu einer von uns: ‹Mädchen, ihr müsst jetzt raus!›» Bei solchen Berichten muss berücksichtigt werden, dass die Opfer möglicherweise noch unter dem Stockholm-Syndrom litten – der rätselhaften Sympathie, die Opfer von Geiselnahmen nach einer gewissen Zeit oft mit ihren Geiselnehmern empfinden, offenbar ein Schutzmechanismus der Psyche.

Doch auch die anderen Opfer berichten einhellig, dass die Tschetschenen noch genügend Zeit gehabt hätten, um die Bomben im Saal zu zünden: Einer der Terroristen habe sogar noch «Gas» geschrien, umständlich versucht, sich eine Gasmaske überzuziehen, sie dann weggeschmissen, stattdessen seine Kalaschnikow entsichert, und erst dann sei er langsam zusammengebrochen. Zwar ist fraglich, ob die Augenzeugen unter dem Einfluss des Betäubungsgases noch ein korrektes Zeitempfinden hatten. Allerdings konnte auch Wladimir Jerjomin, Waffenexperte des Geheimdienstes FSB, nach dem Sturm keine Antwort bieten auf die Frage von Journalisten, warum die Geiselnehmer nicht einmal versucht hätten, die Bomben zu zünden. Und nicht nur das: Vor dem Sturm hatten die Terroristen die Batterien aus den Fernbedienungen der beiden größten Sprengsätze genommen, berichtete Geheimdienstler Jerjomin – sie waren nicht mehr scharf. Aus der Sicht der Geiselnehmer war es blanker Selbstmord, das Werkzeug ihrer Erpressung unbrauchbar zu machen, und es fällt schwer, eine logische Begründung dafür zu finden.

Der Fall der ausgebauten Batterien ist nur eine von vielen Merkwürdigkeiten, die mit der Geiselnahme verbunden sind. Von offizieller Seite hieß es, die «Schwarzen Witwen» im Saal hätten den Sprengstoff nicht gezündet, weil Terroristenführer Barajew nicht im Saal war – und nur er die Befugnis hatte, den Sprengbefehl zu geben. Aber auch das würde nicht erklären, warum die Geiselnehmer die Batterien der Zünder ausbauten.

Die Täter können nichts mehr zur Wahrheitsfindung beitragen: Die russischen Elite-Einheiten töteten nach dem Sturm alle Geiselnehmer. Auch die Frauen wurden erschossen – offiziell, um jede Gefahr auszuschließen, die von ihren Sprengstoffgürteln ausgeht. Ein hoher Beamter mit guten Geheimdienstkontakten berichtet, die Einsatzleitung habe die Exekutionen angeordnet, damit die Tschetschenen später keine unangenehmen Aussagen machen können. Bei den Männern aus der Eingreiftruppe sei der Befehl, auf wehrlose Frauen zu schießen, auf heftigen Widerstand gestoßen.

Zunächst wollten die Behörden den Gaseinsatz offenbar geheim halten. Direkt zu Beginn des Sturms hatte der Radiosender «Echo Moskaus» ein dramatisches Telefonat aufgezeichnet. Eine der Geiseln berichtete per Handy, es werde gerade Gas in das Theater eingeleitet. Kurz darauf unterbrachen Schüsse das Gespräch. Als «Echo Moskaus» den Mitschnitt später auf Sendung gab, forderte der Krisenstab die Journalisten auf, das Telefonat zu dementieren und zu erklären, es sei kein Gas verwendet worden. Doch die Radiostation wiederholte daraufhin die Aufzeichnung mehrfach – bis der Krisenstab schließlich zugeben musste, dass ein «Spezialmittel» eingesetzt wurde.

Die Behörden verheimlichen alle Informationen über das eingesetzte Gas – aber genau die hätten die Ärzte zur Behandlung der Überlebenden gebraucht: «Als ich zu mir kam, sah ich einen Arzt, der weinte, weil er nicht wusste, wie er mich behandeln kann. Es ist schrecklich, wenn du da liegst und diejenigen, die dir helfen sollen, selbst hilflos sind. Mein Gehör setzte ständig aus. Der Arzt sagte mir – schlaf bloß nicht ein! Wenn du einschläfst, wachst du nie mehr auf und bist tot. Unsere Angehörigen durften wir nicht anrufen – das verboten sie uns», erklärte Maria Jarowa, die zu den Geiseln gehörte.

Die russischen Fernsehsender zeigen immer wieder die Bilder der getöteten und entstellten Terroristen im Zuschauersaal. Anführer Barajew liegt tot am Boden mit einer Flasche teuren Kognaks in der Hand. Das Gefäß ist derart verstaubt und steht merkwürdig gerade, ganz offenbar wurde die Flasche nachträglich von Polizisten oder Geheimdienstlern zwischen die Finger des Toten platziert.

Achmed Sakajew, der Vertreter des tschetschenischen Präsidenten Maschadow, verbreitet später die Version, die Geiselnehmer hätten am Samstagmorgen aufgeben und die Geiseln freilassen wollen. Der Kreml habe von diesen Plänen über die abgehörten Telefone erfahren und ohne Rücksicht auf Menschenleben zum Sturm geblasen, um ein friedliches Ende des Dramas zu verhindern. Obwohl diese Version auch in Moskauer Geheimdienstkreisen kursiert, klingt sie doch unglaubwürdig: Nach den Aussagen aller Unterhändler hatten sich die Geiselnehmer am Freitagabend entweder auf weitere Verhandlungen oder im Gegenteil auf Erschießungen eingestellt – nichts deutete auf eine freiwillige Aufgabe hin.

Von Merkwürdigkeiten berichtet auch Anna Politkowskaja, Tschetschenien-Expertin der Moskauer «Nowaya gaseta» und eine der Unterhändlerinnen im Theater. Sie traf sich nach eigener Auskunft mit einem der Geiselnehmer, der überlebte. Er unterhielt angeblich enge Kontakte mit der Pressestelle des Kremls, arbeitete als freier Korrespondent bei der Regierungszeitung «Rossijskaja gaseta» und begleitete öfter offizielle Moskauer Delegationen durch Tschetschenien. Laut Politkowskaja befand sich der Mann unter den Terroristen auf der Dubrowka und stand anfangs auch auf der Fahndungsliste – später sei er plötzlich von dieser verschwunden. Politkowskaja glaubt, die Geiselnahme auf der Dubrowka sei zumindest provoziert worden, um den Hass gegen die Tschetschenen zu schüren. Eine These, die sich nicht belegen lässt. Die Staatsanwaltschaft weist die Angaben Politkowskajas zurück. Die Strafverfolger bestätigen zwar, dass der vermeintliche Terrorist wirklich freier Korrespondent der Regierungszeitung ist;

er habe sich aber zur Tatzeit außerhalb Moskaus befunden. Auch das Interview mit Politkowskaja habe tatsächlich stattgefunden, aber sie lüge in ihrem Artikel. Politkowskaja, eine der renommiertesten Journalistinnen in Russland, besteht auf ihrer Darstellung.

Es gibt gewichtige Argumente, die für einen Sturm sprachen. Einerseits hätten die Verantwortlichen zwar noch weiter verhandeln können, um den Geiselnehmern Zugeständnisse abzuringen und so vor allem die gesundheitlich angeschlagenen Opfer freizubekommen, die durch den heiklen Gaseinsatz am meisten gefährdet waren. Nach mehr als zwei Tagen in Geiselhaft unter schrecklichsten Bedingungen waren die meisten der fast 800 Menschen im Zuschauersaal aber körperlich und psychisch am Ende. Die Mehrheit der befreiten Geiseln hält die Aktion im Nachhinein offenbar für die richtige Entscheidung – das ist verständlich, trotz der 129 Toten. Befürworter des Sturms argumentieren vor allem, Präsident Putin hätte mit einem Nachgeben Nachfolgeaktionen geradezu provoziert, und Staaten wie Amerika oder Israel hätten in ähnlichen Situationen wohl kaum anders gehandelt. Kritiker machen geltend, Putin habe nicht alles getan, um so viele Menschenleben wie möglich zu retten.

Für die Neigung der Westeuropäer, in ähnlichen Situationen im Zweifel bis zum Letzten zu verhandeln, bringt in Russland kaum jemand Verständnis auf. Wenn der Staat in Gefahr gerät, zählen Einzelschicksale wenig, wie die Geiselnahme auf dramatische Weise zeigt. «Wenn wir in wochenlangen Verhandlungen alle Geiseln gerettet hätten, hätten wir als Zauderer, Verräter und Schwächlinge gegolten. Wenn gleich zur Gewalt gegriffen wird und 129 Menschen sterben, heißt es, bravo, was sind wir für ein starkes Volk», beschreibt einer der Politiker, der mit den Terroristen verhandelte, den Stimmungswandel in der Bevölkerung. Noch Mitte der neunziger Jahre, als russische Einsatztruppen im südrussischen Budjonnowsk fast 2000 Geiseln aus der Gewalt tschetschenischer Geiselnehmer aus einem Krankenhaus befreiten und dabei 147 Geiseln ums Leben kamen, war in Russland von einem schlimmen Misserfolg die Rede. Anders als Putin heute bestrafte Jelzin damals die Verantwortlichen.

Wenn auch die Befreiungsaktion sehr unterschiedlich bewertet wird, so herrscht Einigkeit darüber, dass nach der Erstürmung des Musical-Saales fast alles schief ging, was schief gehen konnte. Schon bei der Vorbereitung gab es große Pannen. So waren nicht genug Fachärzte und Medikamente an Ort und Stelle, um die Opfer nach dem Gaseinsatz zu behandeln. Weil nachrückende Sondereinheiten keine Gasmasken erhalten hatten, mussten sie selbst mit den Vergiftungserscheinungen kämpfen. Im Fernsehen war dafür später Bürgermeister Luschkow zu sehen, wie er auf dem Parkplatz vor dem Theater zwischen Krankenwagen hin und her lief und mit den Händen fuchtelte. Offenbar sollte das Bild den Eindruck erwecken, Luschkow koordiniere voller Tatkraft die Rettungsarbeiten. Diesen Eindruck hätte er wohl lieber vermieden, denn sollte er tatsächlich vor Ort die Verantwortung getragen haben, so würde das viele unangenehme Fragen aufwerfen.

Die Helfer brachten die Geiseln nach draußen und stapelten sie wie Schweinehälften auf dem Boden, wie ein Augenzeuge berichtete. Die Experten einer Untersuchungskommission, eingesetzt auf Antrieb der liberalen «Union Rechter Kräfte», kamen später zu dem Schluss, dass 100 der 129 Todesopfer nur aufgrund haarsträubender Fehler der Einsatzkräfte ums Leben gekommen seien. Weil die Retter die befreiten Geiseln einfach achtlos auf den kalten Asphalt vor dem Musical-Theater legten und in Busse stapelten, seien viele bewusstlos an der eigenen Zunge erstickt. Durch eine einfache stabile Seitenlage, wie sie in jedem Erste-Hilfe-Kurs gelehrt wird, hätten die meisten Opfer gerettet werden können, so die Schlussfolgerung der Mediziner.

Völliges Chaos habe am Tatort geherrscht, erinnert sich Dmitri Bogatschow. Der «Nord-Ost»-Direktor, dessen Mutter zu den Geiseln gehörte, war einer der Ersten, der bewusstlose Zuschauer aus dem Musical-Saal trug: Es fehlte an Ärzten, Krankenschwestern und Arznei. «Politiker, die da waren, gaben den Leuten Spritzen. Wir stapelten die Körper in Busse, die da standen, und die fuhren dann los – nur mit dem Fahrer, ohne dass ein Arzt oder auch nur eine Krankenschwester an Bord war.»

In den Krankenhäusern halten die Behörden die befreiten Geiseln streng abgeschirmt, lassen die Angehörigen nicht zu ihnen. Nur die Interfax-Journalistin unter den Geiseln darf interviewt werden. Ihre Beteuerung, die Geiselnehmer hätten mit Erschießungen begonnen, weisen alle anderen interviewten Opfer später als «Unsinn» zurück. Vielleicht ist das der Grund, warum die Angehörigen nicht ans Krankenbett dürfen und wie zu Sowjetzeiten vor den Zäunen der Krankenhäuser, die zu Festungen ausgebaut werden, warten müssen. Den Ärzten verbieten die Behörden unter Strafandrohung, mit Journalisten zu sprechen. Freunden berichten sie später, die Opfer hätten unter den gleichen Symptomen gelitten, die nach dem Einsatz von verbotenen Kampfgasen auftreten. Offiziell wird das Geheimnis um das eingesetzte Gas nie gelüftet.

Als einige der Ex-Geiseln über die Fenster Sprechkontakt mit ihren draußen wartenden Verwandten aufnehmen, lässt die Krankenhausleitung die Fenster verriegeln. Der Zustand der Ex-Geiseln sei noch zu schlecht für Treffen mit ihren Verwandten, heißt es offiziell.

Für Verhöre durch Geheimdienstler scheint der Zustand dagegen ausreichend zu sein. Als die 16-jährige Anna Labutina im Moskauer Krankenhaus Nummer 13 zu sich kommt, stehen nicht etwa ihre Eltern am Krankenbett – sondern ein FSB-Agent. «Ich sagte ihm immer wieder, es geht mir schlecht, lassen Sie mich in Ruhe, aber er fragte immer weiter», erinnert sich die Moskauer Schülerin: «Mir wurde es immer übler, bis ich fast das Bewusstsein verlor und sie mich auf die Intensivstation fahren mussten. Die Flasche mit der Infusion trug keine Krankenschwester, sondern der Geheimdienstmann.»

Am Abend fährt Präsident Putin in eines der Krankenhäuser, um die Opfer zu besuchen. Er trägt einen weißen Kittel und begrüßt mit ernster Miene Ärzte und Schwestern. Dann zeigt ihn die Kamera in Demutshaltung vor einem Patienten. Der Staatschef klammert sich an das Metallgestell des Krankenbettes; seine Augen glänzen, als kämpfe er mit den Tränen. «Wie geht es?», fragt er den Kranken unsicher. Für einen Moment scheinen dem Präsidenten die Worte zu fehlen. Schließlich verabschiedet er sich mit den markigen Worten: «Werden Sie wieder gesund!», und lässt sich rasch in den Kreml chauffieren. Mit kaltem Blick, grimmiger Miene und hoher Stimme bittet er in einer Fernsehansprache die Angehörigen der Opfer um Verzeihung – und kündigt Vergeltung an.

Während der Präsident Rache schwört, müssen viele Angehörige Moskaus Leichenschauhäuser abfahren, um traurige Gewissheit zu erlangen. Auch dem Musical-Direktor Bogatschow haben die Behörden keine Auskunft über das Schicksal seiner Mutter gegeben. Er findet sie einen Tag nach der Befreiungsaktion in einem Moskauer Leichenschauhaus. «Hauptziel war nicht, die Geiseln zu retten, sondern das Gesicht des Staates und das von Putin», glaubt Bogatschow. Statt Rache zu schwören, solle der Kreml die «Kolonie Tschetschenien» endlich ziehen lassen und im eigenen Land für Ordnung sorgen. Mit der Politik der eisernen Hand drehe Putin nur weiter an der Spirale der Gewalt und schaffe neue Terroristen: «Das ist etwas anderes als Al Kaida und New York, wo Verrückte einfach aus Hass blindlings töteten. In Moskau hatten wir Terroristen, die selbst Opfer waren von Verbrechen im Bürgerkrieg, die alles verloren haben und in ihrer Verzweiflung keinen anderen Ausweg mehr sahen, als selbst zu Verbrechern zu werden.»

Der Kreml zeigt sich weiter kompromisslos. «Russland lässt sich auf keinerlei Geschäfte mit den Terroristen ein und beugt sich keiner Erpressung», erklärt der Präsident. Wer Kritik am Vorgehen der Behörden wagt, bleibt lieber anonym, sonst gilt er in den Medien schnell als vaterlandsloser Geselle. Das gefügige Parlament lehnt es empört ab, auch nur eine Untersuchungskommission zu bilden. Obwohl unter den Toten mehrere Ausländer waren, erhebt auch der Westen keine energischen Forderungen nach einer Untersuchung der Ereignisse.

Moskau erklärt hastig den untergetauchten Tschetschenen-Präsidenten Aslan Maschadow zum Drahtzieher der Geiselnahme. Statt stichfester Beweise liefern die Behörden aber nur ein altes Video, das als neue Terrordrohung verkauft wird, und Zitate, die nur unvollständig wiedergegeben werden: «Maschadow ist unser Präsident», zitiert das Fernsehen den Anführer der Moskauer Terroristen. Doch kein Wort über den Satz, der folgte: «Aber wir unterstehen ihm nicht.»

«Geiselnahmen wurden uns nicht mal in der sowjetischen Militärakademie beigebracht. Das sind nicht unsere Methoden», verurteilt der Tschetschenen-Führer Maschadow, ein früherer Sowjet-Oberst, den Terrorakt. Allerdings kommt sein Bekenntnis zu spät. Für Moskau ist er endgültig als Verhandlungspartner unmöglich geworden, eine Friedenslösung in weite Ferne gerückt.

Genau das kommt den Kriegstreibern auf beiden Seiten entgegen. Von der Kriegsmüdigkeit der Russen ist nach dem Drama von «Nord-Ost» nichts mehr zu spüren. Es herrsche fast wieder die gleiche Stimmung wie drei Jahre zuvor nach den Bombenattentaten auf Wohnhäuser, glaubt die Politologin Lilija Schewzowa vom Moskauer Carnegie-Center: «Die anderen Probleme treten in den Hintergrund, das kriegsmüde Volk ist wieder bereit, sich hinter dem Rücken des starken Präsidenten mit seinem Macho-Verhalten zu versammeln. Der Konflikt ist Putins Vendetta.»

In Moskau regiert die Furcht: Seit der Nachricht von der Geiselnahme lassen viele Russen ihre Kinder nicht mehr in die Schule – aus Angst vor neuem Terror. Umgekehrt trauen sich zahlreiche Kaukasier nicht mehr auf die Straße, weil sie fremdenfeindliche

Übergriffe erwarten. Die Polizei durchkämmt nach dem Terrorakt Wohnungen, in denen Kaukasier leben. Sie müssen präzise Fragen beantworten: Wer wohnt hier? Wie lange? Was machen Sie in Moskau? Welche Verwandten waren in der letzten Zeit bei Ihnen? Wann kommen neue Gäste? Viele Kaukasier müssen sich Fingerabdrücke abnehmen lassen und werden wie Kriminelle von der Polizei fotografiert.

In der Zeitung «Iswestija» erscheint wenige Tage nach der Geiselnahme ein Kommentar des bekannten Fernseh-Moderators Maxim Sokolow. Es sei ein Mythos, dass es keine Veranlagung von Völkern zur Kriminalität gebe, der Tschetschene an sich neige zum Mord, schreibt Sokolow: «Nach dem Angriff auf ‹Nord-Ost› wird die Nachbarschaft eines Tschetschenen, etwa auf einem Flughafen, zu Recht die gleichen Gefühle hervorrufen wie ein herrenlos herumstehender Koffer, bei dessen Anblick jeder intelligente Mensch einen Polizisten herbeirufen wird.» Die Tschetschenen gehörten entweder allesamt in die Berge verschleppt und mit Stacheldraht und Minenfeldern eingezäunt, oder man müsse sie dazu zwingen, alle ihre «heutigen und möglichen zukünftigen Terroristen» zu erschießen, findet der Fernseh-Kommentator. Erst danach könne man mit den Tschetschenen verhandeln.

Jeder unabhängige Staatsanwalt müsste nach solchen Artikeln zumindest den Anfangsverdacht der Volksverhetzung prüfen. Die Moskauer Strafverfolger bleiben untätig. Zwar warnt Präsident Putin später im Fernsehen vor einer Hetzjagd auf die Tschetschenen – tatsächlich aber findet die längst statt, und die Behörden, die dem Kreml sonst jeden Wunsch von den Augen ablesen, bleiben untätig. Ausgerechnet die Kreml-Partei «Einheit» heizt die Stimmung an: Weil die dänische Regierung trotz enormen Drucks aus Moskau einen Kongress unabhängiger Tschetschenen in Kopenhagen nicht verbietet, ruft «Einheit» zum Boykott dänischer Waren auf: «Wer mit Lego spielt und Tuborg-Bier trinkt, unterstützt Terroristen.»

Das Dilemma von Putins Tschetschenien-Politik liegt darin, dass er keinen Unterschied macht zwischen Tschetschenen, die nicht unter Moskaus Herrschaft leben wollen, und Terroristen. Wer nicht auf Seiten Moskaus steht, gilt als Extremist. Selbst wohlmeinende Kritik und erst Recht jede Form von Verständnis für die Tschetschenen betrachtet der Präsident schnell als Unterstützung für Terroristen – und gegen die will er mit allen Mitteln kämpfen. In dieser Schlüsselfrage seiner Präsidentschaft könne sich Putin «keinen Fehler eingestehen, auch nicht sich selbst gegenüber, denn sonst müsste er sich selbst schuldig fühlen an all dem Elend und den Toten», glaubt Boris Nemzow, der unter Boris Jelzin Vize-Premierminister war, dann zum Bündnisgenossen Putins wurde und nun die Fraktion der «Union Rechter Kräfte» in der Duma leitet: «Für alles andere, die wirtschaftlichen Probleme, die Armut, die Kriminalität, kann er die Regierung verantwortlich machen. Nur bei Tschetschenien weiß jeder, das ist sein Krieg, er ist verantwortlich für alles, was dort geschieht; darum ist er so empfindlich und nicht zu Kompromissen bereit.»

Alle bisherigen Versuche Putins, den Tschetschenien-Konflikt zu lösen, sei es mit Gewalt oder mit politischen Mitteln, sind gescheitert. Weil eine wirkliche Lösung nicht in Sicht ist, bemüht sich der Kreml um eine Schein-Lösung. Er verschließt die Augen vor der Realität und tut so, als gebe es Frieden in der abtrünnigen Republik. «Der Krieg in Tschetschenien war das Pferd, das Putin im Wahlkampf in den Kreml getragen hat», sagt Juri Lewada, einer der großen russischen Soziologen. «Jetzt ist dieses Pferd unter Putin jämmerlich krepiert, und ein neues Ross hat er nicht.»

DIE MEDIEN

Opfer oder Täter? Man stelle sich vor: 20-Uhr-Tagesschau in der ARD. Die Topmeldung: Bundeskanzler Gerhard Schröder hat Berlin verlassen, um in einen niedersächsischen Luftkurort zu reisen. Dort, so die Sprecherin, wurde der Kanzler vom niedersächsischen Ministerpräsidenten herzlich empfangen und ließ sich trotz Urlaubs ausführlich über die Probleme Niedersachsens informieren. Sodann traf sich Schröder mit lokalen Politikern und besuchte einen Kuhstall, wo er sich intensiv nach dem Gedeihen der Herde und den Kindern des Bauern erkundigte. Auf dem Bildschirm ist zu sehen, wie Schröder eine Kuh streichelt. Schnitt. Die Sprecherin ist wieder im Bild. Sie verkündet, der Bundeskanzler habe vor seiner Abreise in den Urlaub noch intensiv gearbeitet und Finanzminister Eichel im Bundeskanzleramt getroffen: «Der Regierungschef und der Kassenwart hatten ein ausführliches Gespräch über die weitere Gestaltung der Finanzlage.» Dann wechselt die Kamera ins Arbeitszimmer des Kanzlers und zeigt in starrer Einstellung Schröder und seinen Minister vor dem Schreibtisch sitzen, wobei Eichel die Hände brav an die Hosennaht gelegt hat: «Ich habe gehört, es gibt da ein Problem mit den Finanzen. Das ist schlecht! Sie müssen dafür sorgen, dass wir weniger Schulden haben und die Menschen nicht mehr so viel Steuern bezahlen müssen, denn das schadet der Wirtschaft und hemmt das Wachstum. Ich erwarte einschneidende Schritte, und zwar sofort! Ich warte auf Ihren Bericht!» Der Finanzminister blickt auf und erwidert: «Völlig richtig! Wir werden umgehend Maßnahmen einleiten, um die gewünschten Schritte sicherzustellen.»

So ungefähr sehen die Abendnachrichten im russischen Staatsfernsehen aus, vier Jahre nach Putins Amtsantritt.

Wie zu den Zeiten der Sowjetunion gibt es für die meisten Sender nur ein Kriterium für wirklich wichtige Nachrichten: Die Anwesenheit des Präsidenten. So ist etwa Anfang Juli 2003 der Bericht über die Eröffnung des Bureisker Wasserkraftwerks im Staatssender RTR der Aufmacher: «Bei der Zeremonie der offiziellen Inbetriebnahme des Bureisker Wasserkraftwerkes, des ersten, welches nach dem Zerfall der UdSSR gestartet wurde, war Präsident Wladimir Putin anwesend. Bei der Gratulation für die Bauarbeiter betonte der Präsident, dass die endgültige Inbetriebnahme des Kraftwerks die Energieprobleme im Amur- und Chabarowsker Gebiet lösen wird.» Sodann eine Kameraschaltung: «Flughafen Ukrainka. Das Präsidentenflugzeug landet im Amur-Gebiet gleich nach Mittag. Präsident Putin begrüßt den Gouverneur Korotkow.» Wenig später folgt eine Ansprache von Putin.

Nicht immer waren die Fernsehnachrichten in Russland so inhaltsleer. Parallel zum Krieg in Tschetschenien lief seit Putins Amtsantritt ein Feldzug an der Medienfront, der die ohnehin zaghaften Ansätze für eine Meinungsvielfalt in Russland weitgehend zunichte machte.

«Seit dem Geiseldrama um ‹Nord-Ost› haben Geheimdienste und Sicherheitsbehörden die letzten Hemmungen verloren im Umgang mit den Medien», klagt Pawel Gutiontow vom russischen Journalisten-Verband. Nach der blutigen Befreiungsaktion wurden zwar zaghaft kritische Stimmen laut. Doch selbst die offiziell privaten TV-Sender NTW und TWS verschweigen die Aussagen der Unterhändlerin Politkowskaja am Abend vor dem Sturm, derzufolge die Geiselnehmer bereit waren, von ihrer Forderung nach einem sofortigen Abzug aller russischen Truppen aus Tschetschenien abzurücken. Der Kreml habe verboten, die Worte Politkowskajas auszustrahlen, berichtet die «Moscow Times».

Obwohl die Medien während des Geisel-Dramas streng auf Kreml-Linie liegen, gehen den Mächtigen selbst die wenigen kritischen Zwischentöne zu weit. Alexej Wenediktow, Chefredakteur des Radiosenders «Echo Moskaus», erhält jeden Tag Anrufe von seinem Mehrheitsaktionär, NTW-Chef Boris Jordan. Der klagt, er habe im Kreml Unannehmlichkeiten wegen der kritischen Berichte in seinem Sender. Auch sein Kollege, Sawik Schuster, stellvertretender Chefredakteur von NTW, hat es laut Wenediktow nicht leichter: Er lässt in seiner Talkshow «Meinungsfreiheit» den Kreml-Menschenrechtsbeauftragten Oleg Mironow zu Wort kommen. Der fordert live auf Sendung Friedensverhandlungen in Tschetschenien. Kurz darauf wird Senderchef Jordan in den Kreml einbestellt – und aufgefordert, Talkmaster Schuster zu entlassen. Gehen muss später Jordan selbst. Schuster darf zwar weiter auf Sendung, aber nicht mehr live – sodass allzu Kritisches ausgeblendet werden kann.

Viele Opfer der «Nord-Ost»-Tragödie liegen noch im Krankenhaus, da erhalten mehrere Zeitungen in Russland ungeladenen Besuch vom Geheimdienst FSB und den Sicherheitsbehörden. Bei Sergej Troschnikow, Chefredakteur der Zeitung «Swjesda» im russischen Perm, preschen junge Männer in Lederjacken durch die Tür. Ohne Durchsuchungsbefehl brechen sie zwei Safes auf. Ein Bericht über Verbindungen zwischen örtlichen Nachrichtendienstlern und einem Drogendealer hatte die Geheimen offenbar stark verärgert. Seltsamerweise beschlagnahmen die Ermittler bei «Swjesda» auch Recherche-Unterlagen zu örtlichen Mafia-Paten und korrupten Beamten, die keinerlei Bezug zu dem offiziellen Grund für die Durchsuchungsaktion haben. «Bei den Geheimdienst-Übergriffen auf die Redaktionen geht es darum, das Ansehen der Presse zu beschädigen, uns einzuschüchtern und auf Linie zu trimmen», glaubt Chefredakteur Troschnikow: «Die Leser reagieren verängstigt. Sie sagen sich, wenn man schon mit den Zeitungen so umspringt, was kann man dann mit uns alles machen. Nach Jahren der Bedeutungslosigkeit und Erniedrigung zeigen die Geheimdienste jetzt wieder Muskeln, sie sagen sich, wir sind wieder wer, schließlich ist der Präsident einer von uns.»

Ungebetenen Besuch bekam auch Rustam Arifdschanow. Der Chefredakteur der Moskauer Boulevard-Zeitung «Wersija» darf nichts erzählen über die Vorwürfe der Nachrichtendienstler – er musste unterschreiben, dass er über die «Geheimnisse der Ermittlungen» Schweigen bewahrt. Kurz nach der Befreiungsaktion im Musical-Theater wollte sein Blatt Zweifel an der offiziellen Version veröffentlichen, da erschienen sechs junge Männer in der Redaktion im alten Moskauer Arbat-Viertel. Offiziell interessierten sich die Agenten für einen Artikel über einen Hausbau. Geschrieben fünf Monate zuvor, von «Wersija»-Korrespondent Andrej Soldatow. Wie es der Zufall wollte, ausgerechnet jener Autor, der Augenzeuge bei dem Geiseldrama war und Dutzende von «Nord-Ost»-Augenzeugen, am Sturm beteiligte Elitekämpfer und Ärzte befragt hatte. Kein Wunder, dass die Ermittler auch sein Material zu dem Drama in dem Musical-Theater beschlagnahmten.

Soldatow ist überzeugt, dass der Kreml bis heute die wahre Zahl der «Nord-Ost»-Toten verschweigt: «Die haben die Opfer vor dem Ausgang in drei Schichten übereinander auf den Asphalt gestapelt und dann in Busse gesetzt, damit es so wirkt, als seien sie am Leben.» Die Geheimdienstaktion in der Redaktion habe ihr Ziel erreicht, glaubt Soldatow: Statt weiter zu recherchieren und den vermeintlichen Lügen der Mächtigen auf die Spur zu kommen, ist der junge, schmächtige Journalist seit Wochen damit beschäftigt, sich der Ermittler zu erwehren. Nach Ansicht seines Chefredakteurs wirkt die Geheimdienst-Aktion aber weit über den Tag und die Redaktion hinaus. Als zwei Jahre zuvor schon einmal der Geheimdienst bei «Wersija» aufmarschierte, wegen kritischer Berichte über den Untergang des Atom-U-Bootes «Kursk» im Jahr 2000, gab es ein gewaltiges Medien-Echo. So groß und lautstark war die Solidarität der Journalisten, dass die FSB-Leute den Rückzug antraten. Dieses Mal vermeldeten nur noch wenige Sender und Blätter die Geheimdienst-Aktion, klagt Arifdschanow: «Es herrscht bereits ein Klima der Angst.»

Statt Fragen über das haarsträubende Verhalten der Behörden und die vielen Ungereimtheiten bei der Befreiungsaktion im Musical-Theater zu stellen, macht das Moskauer Parlament das angebliche Fehlverhalten von Journalisten zum Thema des Tages. Sie hätten mit ihrer Berichterstattung den Terroristen geholfen und das Leben der Opfer gefährdet, finden die Volksvertreter. Um Wiederholungen auszuschließen, verabschieden sie prompt ein Gesetz, das für die Zukunft jegliche Berichterstattung über Anti-Terror-Aktionen verbieten soll. Nach dem neuen Regelwerk wäre auch jede Meldung über Menschenrechtsverletzungen durch die russische Armee in Tschetschenien illegal – schließlich handelt es sich im Kaukasus nach offizieller Lesart nicht um Krieg, sondern um eine Anti-Terror-Aktion.

Kleinlaut und eher als Bittsteller treten kurz darauf die russischen Medien-Manager im Kreml an: Sie bitten Präsident Putin am runden Tisch, das neue, drakonische Mediengesetz der Duma in letzter Sekunde mit seinem Veto zu blockieren. Der gute Zar soll den Retter in der Not spielen und seine bösen Hofschranzen zurechtweisen nach dem Motto: «Wenn der Herrscher das gewusst hätte». Dabei ist bis heute umstritten, ob die Abgeordneten das Pressegesetz nach dem Geiseldrama in vorauseilendem Gehorsam verschärfen wollten, um dem Präsidenten einen vermeintlichen Gefallen zu tun, ob hochrangige Kreml-Beamte aus dem gleichen Motiv die Abgeordneten scharf gemacht hatten oder ob das Kommando von Putin selbst stammte. Wer genau am Ende der Befehlskette stand, scheint aber auch gar nicht entscheidend – der Unmut über die Presse war bei den Mächtigen aller Ebenen gleich groß.

«Wir saßen kaum 15 Minuten mit Putin zusammen, da meinte er plötzlich, okay, ich habe ein Veto gegen das neue Pressegesetz eingelegt. Und es gab eigentlich nichts mehr zu besprechen. Da war klar, dass es sich bei dem Treffen schlicht um eine Inszenierung gehandelt hat», erinnert sich Alexej Simonow von der Moskauer Glasnost-Stiftung, der an dem Treffen im Kreml teilgenommen hatte: «Man hat der Presse die Knute gezeigt, ihr dann etwas Zuckerbrot gegeben, und die Kröten, die im neuen Gesetz bleiben, werden jetzt sogar mit Erleichterung geschluckt – nach dem Motto: Es hätte viel schlimmer kommen können.»

Für westliche Beobachter wirkt es befremdlich, dass sich der Zorn oder zumindest das Aufklärungsbedürfnis der meisten Moskauer Politiker nur auf die Überbringer der schlechten Nachrichten, die Journalisten, beschränkte, aber nicht im Geringsten auf die Entscheidungsträger und ihre mutmaßlichen Fehler. Die alte Sowjetmentalität schlägt hier durch: Was auch immer passiert – etwas Schlechtes wird erst daraus, wenn schlecht darüber geschrieben wird. Die Duma lehnte die Einsetzung einer Untersuchungskommission mit deutlicher Mehrheit ab. Dass es kein Interesse an Aufklärung gibt, liegt vor allem an der Wagenburg-Mentalität der Moskauer Elite: Wer nicht mit uns ist, ist gegen uns. Wer die eigenen Handlungen hinterfragt, ist damit automatisch auf der Seite der Gegner, der Terroristen. Schließlich befindet sich Russland im Krieg.

Aus dieser Einstellung heraus herrscht im Kreml und bei den meisten russischen Politikern auch aufrichtiges Unverständnis über die kritische Haltung des Westens zum Tschetschenien-Krieg. Wenige Tage nach dem «Nord-Ost»-Drama schreibt der Pressesekretär der russischen Botschaft in Berlin einen wütenden Brief an die Leitung der ARD und beschwert sich über deren Moskauer Korrespondenten: «Die Berichterstattung finden wir schockierend, gänzlich unhaltbar und verwerflich. Wem eigentlich gelten die Sympathien der ARD-Journalisten – den Opfern oder den Tätern?» Dass die ARD-Berichterstatter auch die andere Seite zu Wort kommen lassen, dass sie nach den Ursachen für den Terrorismus fragen, wird in Moskau schon als Sympathie-Kundgebung gewertet – kein Wunder, erlauben sich doch die russischen Sender kaum noch solche kritischen Beiträge. Von den weiteren Beiträgen werde es abhängen, ob die russischen Stellen in gewohnter Manier mit den ARD-Korrespondenten zusammenarbeiten können, so die verhohlene Drohung am Ende des Botschafts-Briefes.

Wie später aus dem Kreml zu hören ist, war Präsident Putin höchstpersönlich beim Zappen mit der Fernbedienung auf einen kritischen ARD-Bericht im Satelliten-Fernsehen gestoßen und hatte sich über die vermeintlich tschetschenenfreundliche Tendenz geärgert. Weil der Staatschef fließend Deutsch spricht, können seine Presseleute nicht filtern, was an Fernsehbeiträgen und Zeitungsartikeln aus der Bundesrepublik auf seinen Bildschirm und seinen Schreibtisch gelangt. Deshalb konzentriert sich der Unmut des Präsidenten vor allem auf Medien aus der Bundesrepublik.

Nach den kritischen Berichten zu «Nord-Ost» herrscht im Kreml aufrichtige Empörung darüber, dass die Deutschen nicht in die Lobhudelei der Russen einfallen und sich nicht freuen, dass «so viele Geiseln gerettet wurden». Schnell gelangt auch der Präsident selbst zur Überzeugung, in den deutschen Medien laufe eine gezielte Kampagne, um Moskau in Misskredit zu bringen – einflussreiche Kräfte müssten dahinter stehen, bis hinauf zur Bundesregierung.

So sehr ist die politische Elite in Moskau an die Rolle der Medien als willfähriges Instrument der Mächtigen und Reichen gewöhnt, dass sie es gar nicht ernsthaft in Erwägung zieht, dass die kritischen Berichte auf der Überzeugung der Korrespondenten selbst und auf deren Berufsverständnis basieren, das es ihnen nicht erlaubt, kritische Fragen auszublenden.

Wie verzerrt die Kritik aus dem Ausland in Moskau wahrgenommen wird, zeigt die Auffassung des Kreml-nahen Politologen Sergej Markow: Die Haltung Westeuropas zu Tschetschenien sei «amoralisch», weil man «eine Bande von Banditen» unterstütze. Europa mache mit Tschetschenien den gleichen Fehler wie Chamberlain mit Hitler und rufe zur «Kapitulation vor den Terroristen auf», findet der Leiter des Institutes für politische Forschung in

Moskau. Es ist wahr, oft kamen in der westlichen Berichterstattung die Gräueltaten der Tschetschenen zu kurz, die Empörung über den tschetschenischen Terror fiel zuweilen sehr leise aus. Gelegentlich vermittelten Berichte den Eindruck, ein friedfertiges Bergvolk sei plötzlich und grundlos von blutrünstigen russischen Soldaten überfallen worden.

Vielen Moskauer Politikern fällt es schwer, zu akzeptieren, dass die Menschen im Westen zwar den tschetschenischen Terror verurteilen – aber noch empörter sind, wenn der russische Staat mit gleicher brutaler Gewalt zurückschlägt, weil sie an den Staat andere Erwartungen haben als an Terroristen. Nach ihrem eigenen Selbstverständnis schützen die Russen Europa unter Gefahr für das eigene Leben vor den militanten Extremisten: Kann man es den Militärs da nachsehen, wenn sie über die Stränge schlagen? Haben sie nicht geradezu ein Recht dazu?

Wenn die Diktiergeräte ausgeschaltet sind, rechtfertigen hochrangige Russen die brutalen Methoden der Armee in Tschetschenien damit, die Terroristen würden ebenso brutal vorgehen. Vielen Entscheidungsträgern in Moskau fehlt das Verständnis, dass die Bedenken der Westeuropäer in Sachen Menschenrechte aufrichtig sein könnten, oder dass die Politiker zumindest nicht stillschweigend über die Empörung in der westlichen Öffentlichkeit hinweggehen können, auch wenn sie das wohl oft gerne täten, wie das Beispiel Schröder zeigt. Es fehlt der Glaube, der Westen würde wirklich gegen Menschenrechtsverletzungen eintreten und Journalisten würden aus eigenem Antrieb über diese berichten. Nach Überzeugung vieler Russen sind die westlichen Vorbehalte nichts als Taktik und vorgeschobene Argumente, wie man dies von den meisten politischen Debatten dieser Art in Russland kennt: Moralische Beweggründe spielten da in den vergangenen Jahren oft nur eine taktische Rolle.

Für viele Menschen vom hohen Kreml-Beamten bis zum Straßenarbeiter scheint es außerhalb der Vorstellungskraft zu liegen, dass sich Minister und Abgeordnete im Westen wirklich um den «Pöbel» und um «Schwarzärsche» Sorgen machen. Stattdessen gibt es jede Menge Verschwörungstheorien, die selbst von renommierten Politikern im Vertrauen immer wieder zu hören sind: So gehe es dem Westen in Wirklichkeit darum, sich mit möglichen Sanktionen wirtschaftliche Konkurrenz aus Russland vom Leib zu halten, man wolle Moskau gezielt aus der Europäischen Union heraushalten oder schlicht den alten Hass auf Russland anfachen.

«Unsere Politiker leben mit der Lüge und haben Angst, sich das einzugestehen», glaubt Grigori Jawlinski, Chef der liberalen Jabloko-Partei. Für die Mehrzahl der Moskauer Beamten und Politiker ist es nicht verständlich, dass es bei den meisten Deutschen nicht gut ankommt, wenn die russischen Fernsehsender nach der Erstürmung des Musical-Theaters auf der Dubrowka immer wieder Dutzende getöteter Männer und Frauen in entwürdigenden Posen im Theatersaal zeigen. Bei vielen Russen, die den Terror tschetschenischer Extremisten nicht nur vom Hörensagen kennen, mögen die Aufnahmen der toten Terroristen eine gewisse Genugtuung hervorrufen. In Deutschland dagegen musste ein Innenminister zurücktreten, als bei der Festnahme des Terroristen Wolfgang Grams am 26. Juni 1993 auf einem Bahnhof im mecklenburgischen Bad Kleinen auch nur der Verdacht aufkam, ein Polizist habe das RAF-Mitglied mutwillig erschossen und die Behörden hätten dies später vertuscht. Auch die vermeintlichen Absichten der russischen Behörden, die Leichen der Terroristen vor der Beerdigung zur Abschreckung in Schweinehäute einzuwickeln, was nach islamischem Glauben die Aufnahme in den Himmel verhindert, lösen in Deutschland eher Unverständnis aus – was viele Russen wiederum als Sympathie für Terroristen interpretieren.

Auch der Beschwerdebrief aus der russischen Botschaft macht deutlich, in welch unterschiedlichen Welten Russen und Deutsche leben: Wer auch immer das Schreiben in Auftrag gegeben hat, hoffte wohl darauf, der direkte Beschwerdeweg zur Chefetage werde dafür sorgen, dass die deutschen Fernseh-Direktoren ihre Reporter zur Rede stellen und auf Linie bringen, so wie dies vermutlich in Russland der Fall wäre. Moskauer TV-Chefs würden in einer so heiklen internationalen Angelegenheit sicherheitshalber erst einmal an höherer Stelle nachfragen, wie sie zu reagieren haben, und dann ihren Journalisten entsprechende Anweisungen geben – die diese wiederum im Regelfall strikt befolgen würden. In Deutschland fiel die Reaktion jedoch ganz anders aus: Die ARD stellte sich hinter ihre Journalisten, schickte eine geharnischte Antwort zurück, und die Bundesregierung protestierte auf diplomatischem Wege in Moskau. Der Kreml machte sofort einen Rückzieher: Es handle sich um einen eigenmächtigen Schritt des Pressesekretärs in der Berliner Botschaft, von dem Moskau nichts gewusst habe. Dabei erscheint es zumindest merkwürdig, wenn der Pressesprecher einer Auslandsvertretung eigenmächtig die strikte Hierarchie im russischen Außenministerium verletzt haben soll – zumal er auf dem offiziellen Briefpapier der Botschaft mit Konsequenzen in Moskau drohte. Und wenn der Sprecher tatsächlich seine Kompetenzen derart überschritten haben sollte, warum gab es dann keine Konsequenzen?

Der Latex-Präsident

Als kurz nach Wladimir Putins Amtseinführung im Mai 2000 auf der Frequenz des kritischen Radiosenders «Echo Moskaus» nur noch ein Brummen im Äther zu hören ist, läuten die Telefone in der Redaktion Sturm: «Ist es so weit? Haben sie euch jetzt verboten?» Nur mit Mühe können die Radioleute ihre Hörer beruhigen: «Nein, wir haben den Sender nur wegen der üblichen Wartungsarbeiten abgeschaltet – das machen wir doch regelmäßig.»

Die Nerven liegen blank im Frühjahr 2000 – bei Journalisten ebenso wie bei kritischen Russen. Menschenrechtler reden bei Treffen mit ausländischen Journalisten in Restaurants wieder im Flüsterton und halten sich bei kritischen Sätzen die Hand vor den Mund. Einen Plan zur «Reform der Verwaltung des Präsidenten der Russischen Förderation» soll es im Kreml geben, schreibt die Zeitung «Kommersant». Die dortigen Vorschläge lauten: Kremlkritische Medien in den Bankrott treiben, ihnen die Lizenz entziehen und nicht ruhen, «bis die Tätigkeit jedes oppositionellen Mediums entweder steuerbar oder unmöglich geworden ist».

Im September 2000 veröffentlicht Wladimir Putin schließlich seine «Doktrin zur Informationssicherheit». Zu viel Pressefreiheit gebe es in Russland, heißt es in dem Papier, zu wenig Einschränkungen der «massenhaften Informationsfreiheit» zum Schutz von Ordnung, Moral, Gesundheit und der Verteidigungsfähigkeit. Staatsfernsehen und Staatsmedien sollen die «gegenpropagandistische Tätigkeit» aktivieren. Per Gesetz soll Journalisten unter anderem der «nicht sanktionierte Zugang zu Informationen» und das «Aufdecken vertraulicher Informationen» verboten werden.

Auch die westlichen Korrespondenten nimmt die Doktrin ins Visier: Ihr Status müsse «präzisiert» werden, heißt es. In seiner ersten Rede an die Nation vor der Föderationsversammlung klagt Putin, einige Medien seien «antistaatlich» – Worte, die so nicht im vorbereiteten Text der Rede standen und die später auch aus der Mitschrift der Rede gestrichen wurden.

Die Signale aus dem Kreml werden draußen im Land verstanden. Es gibt eine Welle von Spionage-Prozessen. Der Ex-Offizier und Reporter Grigori Pasko wird im Dezember 2001 in Wladiwostok wegen Geheimnisverrats zu vier Jahren Haft verurteilt. Er hatte 1993 Militärs dabei gefilmt, wie sie von einem Tanker radioaktiven Müll in das Japanische Meer warfen. Außerdem berichtete Pasko über Korruptionsfälle in der Flotte. Er habe die Informationen an einen ausländischen Korrespondenten weitergegeben, argumentiert das Gericht und sieht darin «Landesverrat» und «Weitergabe militärischer Geheimnisse». Dabei unterliegt nach dem Gesetz kein einziger der aufgeführten Punkte der Geheimhaltung. Im Gegenteil: Nach russischem Recht ist es verboten, ökologische Gefahren vor der Öffentlichkeit geheim zu halten. Im Januar 2003 wird Pasko vorzeitig aus der Haft entlassen. Richtig frei ist er dennoch nicht: Als internationale Umwelt- und Menschenrechtsorganisationen ihn ins Ausland einladen, verweigern ihm die Behörden einen Reisepass; das zuständige Moskauer Bezirksgericht weigert sich zunächst, seine Klage entgegenzunehmen. Erst als Pasko den Schriftsatz per Post einsendet, entscheidet das Gericht – gegen Pasko. Die Behörden berufen sich auf einen internen Ukas des Innenministers, wonach eine vorzeitige Entlassung nicht als Abbüßen der Strafe gilt. Dass im Gesetz genau das Gegenteil steht und Dutzende vorzeitig Entlassener Reisepässe bekommen, ignorieren die Beamten.

Schon die alte «Pressefreiheit» à la Jelzin hatte diesen Namen nicht verdient. Zwar hatte der Präsident bis auf wenige Ausnahmen, etwa die kurzfristige Einführung einer Zensur nach dem

Verfassungsstreit 1993, den Medien zumindest Spielraum gelassen. Dass es dem alternden Herrscher dabei um das demokratische Prinzip ging, glauben aber nur seine eingefleischten Anhänger. Eine von dem Menschenrechtler Sergej Kowaljow geleitete Kommission kritisierte schon 1996 die «Zunahme von Eingriffen in die Freiheit des Wortes» und kam zu dem Schluss, dass sich «die russische Regierung durch das Behindern des freien Informationsflusses selbst von der Gesellschaft isoliert». Jelzin hatte sich für Gedrucktes nie interessiert; der frühere KPdSU-Provinzsekretär aus dem Ural hielt Zeitungen nicht für sonderlich einflussreich. Die paar Intellektuellen, die sie in den großen Städten lasen, waren nicht wahlentscheidend. Zudem gerieten die meisten Zeitungen in Abhängigkeit der großen Wirtschaftsclans, die sie für ihre Interessen einsetzten.

Über die alles beherrschende Rolle des Fernsehens war sich der alte Präsident jedoch im Klaren. In den Fernsehprogrammen hatte sich ein Gleichgewicht widerstrebender Kräfte gebildet, mit dem der Kreml leben konnte – in entscheidenden Momenten wie der Präsidentschaftswahl 1996 hielten die großen Kanäle trotz aller Unterschiede treu zu Jelzin. Von einer halbwegs funktionierenden Pressefreiheit wie im Westen zu sprechen wäre allerdings grob verfehlt. Einflussreiche und windige Geschäftemacher wie der gelernte Theaterregisseur Wladimir Gussinski, der zu Zeiten der Perestroika als Taxifahrer seine ersten Rubel verdient hatte, erschienen zwar im Westen als aufgeklärte Medien-Tycoons, nutzten ihre Zeitungen und TV-Stationen wie den Privatkanal NTW aber oft brutal zur Erpressung aus. So mussten die potenziellen Opfer, vor allem Firmen, entweder Werbung auf dem Sender schalten – oder sie hatten mit negativen Berichten bis hin zum Rufmord zu rechnen, wie viele der Betroffenen heute klagen. Die meisten spielten aus Angst vor Image-Schäden mit. Der mächtige halbstaatliche Gasprom-Konzern, wegen seiner zahlreichen Korruptionsskandale stets gut für Schlagzeilen, gewährte Gussinski zwar auf Drängen

Jelzins dringend benötigte Kredite – aber musste dafür auch nicht mehr mit negativen Berichten rechnen.

Boris Beresowski, der Kreml-Drahtzieher und Intimus von Jelzin-Tochter Tatjana, besaß ein großes Aktienpaket und damit entscheidenden Einfluss auf den landesweit ausgestrahlten Staatssender ORT – der inzwischen Erster Kanal heißt. «Ich habe alle meine Medien dazu genutzt, um Boris Jelzins Wiederwahl zu sichern», bekannte Beresowski selbst Jahre später stolz. Tatsächlich waren die Medien alles andere als unabhängig, dafür waren sie wenigstens verschiedenen Herren hörig und berichteten deshalb von verschiedenen Standpunkten aus – was zumindest zu einer gewissen Meinungsvielfalt führte.

NTW machte sich 1999 im Duma-Wahlkampf penetrant für den Jelzin-Konkurrenten und Moskauer Bürgermeister Juri Luschkow stark, während die Staatssender nach altem sowjetischem Muster plump Putin feierten. Zwar wurde die Berichterstattung eher zu einer Schlammschlacht, jegliche politische Diskussion drohte auszuarten, und für die Zuschauer war es schwierig, sich abseits von Rufmord und Verleumdung ein objektives Bild zu machen. Aber sie konnten wenigstens umschalten, die unterschiedlichen «Wahrheiten» vergleichen und dann ihre eigenen Schlussfolgerungen ziehen. Gussinskis «Media-Most»-Imperium wurde zum Gegengewicht der Vielzahl von kremltreuen Sendern und Zeitungen. Ausgerechnet ein Medien-Tycoon, dem beste Kontakte zum Geheimdienst nachgesagt wurden, wurde zum letzten Bannerträger der Meinungsvielfalt in Russland.

Noch kaum ein Jahr zuvor hatten sich die Medienzaren hoch zu Ross gefühlt und im Kreml «die Tür mit dem Fuß aufgemacht», wie ein Regierungsbeamter beklagt. Als Gussinski 1999, noch unter Präsident Jelzin, zum ersten Mal Wladimir Putin besuchte, wollte er gleich klar machen, wer das Sagen hat. «Du bist ein Niemand. Ich weiß von der Kompromat-Kassette gegen dich, aber ich kann auch einen Helden aus dir machen. Doch das kostet. 140

Millionen Dollar», eröffnete der Medienzar dem frisch gewählten Regierungschef. Er verlangte staatliche Kredite zu günstigen Bedingungen. «Danke, aber bemühen Sie sich nicht!», erwiderte Putin höflich – und raunzte später ins Sekretariat: «Ich will diesen Kerl hier nie mehr sehen.» Die Szene soll sich so im August 1999 im Weißen Haus an der Moskwa abgespielt haben, Tage nach Putins Ernennung zum Regierungschef.

Nicht allen Oligarchen gegenüber konnte sich Putin 1999 solche Eigenständigkeit erlauben. Als Boris Beresowski in einem Interview erklärt, er habe eine wichtige politische Frage mit Putin abgestimmt, ließ dieser zunächst dementieren – nur um dann Stunden später das Dementi wieder zurückzunehmen. Boris Beresowski behielt offiziell Recht. So mächtig war er in jenen Tagen, dass nicht einmal der Ministerpräsident als formal zweiter Mann im Staate Widerworte wagte. Zwischen Putin und Gussinski herrschte dagegen Krieg.

Der einflussreiche Unternehmer, bislang stets eher dem Profit als der Pressefreiheit verpflichtet, ließ seinen Sender NTW und seine Zeitungen immer wieder Breitseiten gegen Jelzins Wunschnachfolger abfeuern.

Gussinskis Sender NTW erlaubt sich nicht nur Kritik am Präsidenten – er ist die einzige Fernsehstation, die im Jahr 2000 noch gelegentlich kritisch über den Tschetschenien-Krieg berichtet. Besonderen Unmut erregt im Kreml die NTW-Satire-Show «Kukly», zu Deutsch Puppen. Ob als widerspenstiger Bräutigam in der Hochzeitsnacht, als brunftiger preußischer Offizier, als Freier oder nackter Kaiser mit neuen Kleidern: Millionen Russen warten jeden Sonntagabend gespannt vor dem Fernsehschirm, welche Gemeinheiten sich die «Puppen»-Autoren wieder haben einfallen lassen. In der Rolle Stalins, mit Pfeife und Marschall-Mantel, verteidigt «Putin II.» bei seinem ersten Auftritt «im großen Vaterländischen Krieg» die Heimat – vor den bösen Journalisten. In einer anderen Sendung sitzt Jelzin frei nach E.T.A. Hoffmanns Gruselmärchen «Klein-Zack» als verzweifelte Mutter vor einer Wiege, in der eine hässliche Missgeburt liegt – der Kautschuk-Putin. Bis dann Geldzar Boris Beresowski als Fee mit dem «Fernseh-Zauberstab» heranfliegt und dafür sorgt, dass alle das Ungetüm als Wunderknaben bewundern.

«Putin ist nicht einfach zu spielen – er spricht zu schnell und bewegt sich sehr abgehackt», klagt Sergej Schabajew, der Puppenspieler, der Russlands Präsidenten tanzen lässt. «Putin brachte neuen Spaß in die Show», grinst «Kukly»-Regisseur Alexander Tschernych: «Als er im August 1999 Ministerpräsident wurde, dachten wir: so ein Langweiler. Heute ist er ein Renner: Seine Komplexe, seine Grimassen, seine Verklemmtheit – das kommt sehr komisch rüber.»

Dem echten Putin soll bei dem Schabernack regelmäßig der Spaß vergehen, haben die «Kukly»-Leute von der Chefredaktion erfahren. «Unter Jelzin wollten sie uns bestechen, für handzahme Drehbücher», berichtet Viktor Schenderowitsch, Satiriker und einer der «Kukly»-Autoren: «Jetzt haben sie uns erpresst: ‹Lasst die Putin-Puppe vom Bildschirm verschwinden – und dafür lässt euch die Polizei in Ruhe.›» Schenderowitsch schlägt zurück. In der nächsten Folge tritt statt Putin nur dessen rechte Hand Präsidialamtschef Woloschin auf. In der Rolle von Moses am Berg Sinai überbringt er Russlands versammelter Politik-Prominenz die Zehn Gebote: «von dem Herren da oben, der so hell strahlt, dass keiner sein Antlitz sehen kann, ohne zu erblinden». Jeder weiß, wer gemeint ist.

Als «Kukly»-Chef Wassili Grigorjew die Puppen Mitte der neunziger Jahre erstmals vor die Kamera schickte, ermittelte bald die Staatsanwaltschaft – wegen Verunglimpfung von Amtspersonen. «Aber Jelzin stand immer so weit über den Dingen, dass er uns nicht angriff», erinnert sich Grigorjew mit Wehmut. Wenig später macht der «Vorkämpfer für die Pressefreiheit» seine Puppen nicht nur absolut handzahm. Im Auftrag autoritärer Regime wie etwa der früheren Sowjetrepublik Aserbaidschan produziert er gegen Bezahlung «Puppen»-Sendungen der anderen Art: Als Anti-Helden aus Kautschuk werden dort ausschließlich die demokratischen Oppositionspolitiker durch den Kakao gezogen. Propaganda oder Pressefreiheit, beides scheint eine Frage des Preises zu sein.

Kaum haben die Russen Wladimir Putin im März 2000 in seinem neuen Arbeitsplatz im Kreml bestätigt, kommt es zu einem ersten Warnschuss, der zwar brachial und dröhnend inszeniert wird, aber noch ohne weitere Folgen bleibt: Maskierte Männer stürmen die Zentrale von Gussinskis «Media-Most» und durchsuchen die Räume des Medienkonzerns. «Sie haben mich an den Haaren gezogen und dann mit Waffengewalt an die Wand gestellt», berichtet eine «Most»-Mitarbeiterin.

NTW kritisiert weiter. Wenige Monate später, am 13. Juni 2000, verliert der Kreml die Geduld. Die Staatsanwaltschaft lässt «Most»-Chef Gussinski festnehmen, er soll bei der Privatisierung eines Unternehmens Anfang der neunziger Jahre zehn Millionen Euro unterschlagen haben. Ein Vorwurf, der unter den Moskauer Geldzaren nur ein Lächeln hervorruft. Es ist bekannt, dass sich keiner der Privatisierungs-Gewinnler bei der Schlacht um das Staatseigentum streng an die Regeln des Gesetzes gehalten hat. «Es gibt nicht einen Einzigen, gegen den es nicht umfangreiches Material gibt und gegen den man nicht morgen mit gutem Grund einen Haftbefehl erlassen kann, wenn der politische Willen von oben da ist und ein Signal kommt», bekennt Juri Skuratow, Generalstaatsanwalt von 1995 bis 1999, der nach eigenem Bekunden die Akten der meisten Geldzaren schon einmal auf seinem Schreibtisch hatte.

Gussinski wird in das berüchtigte Butyrka-Gefängnis eingeliefert, wo sich oft Dutzende Häftlinge eine einzige, enge Zelle teilen. Im Moment der Festnahme ist Wladimir Putin auf Staatsbesuch in Spanien. Von Journalisten auf den Fall angesprochen, zeigt er sich überrascht und erklärt, er könne den Generalstaatsanwalt am Telefon nicht erreichen. Warum der oberste Strafverfolger die Ermittlungen jahrelang hinschleifen ließ und sie nun ausgerechnet in dem Moment aufnahm, als Gussinski in Ungnade gefallen ist, wird sein Geheimnis bleiben. Auch wenn nicht auszuschließen ist, dass die Generalstaatsanwaltschaft in vorauseilendem Gehorsam den vermeintlichen Willen des Staatschefs erfüllen wollte, wäre es doch sehr seltsam, wenn die sonst so vorsichtige Behörde das plötzlich ohne Rücksprache mit dem Kreml getan hätte.

Gussinski erklärt später, Presseminister Lessin habe ihn erpresst: Er solle entweder sein Medienimperium verkaufen, oder er komme in den Knast, so die Drohung. Lessin bestreitet die Vorwürfe und erklärt, Gussinski habe ihn falsch verstanden. Jedenfalls unterzeichnet der Medien-Unternehmer noch hinter Gittern einen Vertrag, mit dem er de facto den gesamten «Media-Most»-Konzern für 300 Millionen Dollar dem Gasriesen Gasprom übereignet. Tatsache ist, dass im Anhang des Vertrages Gussinski «... das Ende der strafrechtlichen Verfolgung ... die Gewährung von Sicherheitsgarantien ... einschließlich des Rechts auf freie Bewegung, frei wählbaren Aufenthalt und Wohnort und freies Ein- und Ausreisen aus der Russischen Föderation» garantiert wird und der Unternehmer im Gegenzug zusagt, Abstand zu nehmen von «jeglichen Handlungen, einschließlich öffentlicher Auftritte, und der Verbreitung von Informationen ... die den konstitutionellen Aufbau oder die Einheit der Russischen Föderation unterhöhlen». Das Dokument, das im Internet veröffentlicht ist, trägt die Unterschrift von Medienminister Lessin. Gussinski, der auch Chef des Russischen Jüdischen Kongresses und Vize-Chef des World Jewish Congress (WJC) ist, kommt nach drei Tagen gegen Kaution auf freien Fuß. Der Vertrag sei null und nichtig, da er nur aufgrund von Druck zustande gekommen ist, erklärt er später. Doch Gussinski muss sein Medien-Imperium abgeben. Er sucht Zuflucht im Ausland; später verweigern die spanischen und griechischen Behörden seine Auslieferung an Russland, weil sie politische Motive für die Ermittlungen der Moskauer Staatsanwaltschaft sehen.

Gussinskis Schicksal vor Augen, fühlen sich auch Russlands Verleger bedroht. Sie fürchten einen «Maulkorb» durch eine geplante Steuererhöhung. In einem Brandbrief an Putin machen sie im Sommer 2000 gegen die Regierungspläne mobil. Die Neuregelung würde «die Preise um 45 Prozent in die Höhe schießen lassen und damit viele Redaktionen in den Bankrott treiben», heißt es in dem Schreiben – das sie aus Angst vor dem Kreml nicht veröffentlichen. Dabei hängen schon seit Jahren viele Blätter und Sender am Finanztropf des Staates und zwielichtiger Geschäftsleute. «Der Kreml will die Überbleibsel an kritischer Presse zum Schweigen bringen. Mit der Neuregelung würden endgültig alle rote Zahlen schreiben – und nur, wer brav ist, bekommt Staatsgeld», argwöhnt ein Verleger im Vertrauen.

«Radio Liberty» droht das Presseministerium die Schließung an – wegen kritischer Tschetschenien-Berichte. Bei der Moskauer Glasnost-Stiftung sind Männer in Uniform Dauergäste, wie der Leiter Sergej Grigorjanz beklagt: «Sie bedrohen uns offen. Der Kreml hat Angst vor Enthüllungen.» Die liberale Zeitung «Nowaja gaseta» erhält plötzlich keine Kredite mehr, berichtet Chefredakteur Dmitri Muratow: «Unsere Bank hat uns offen erklärt, dass der Kreml sie anfeinde, weil sie einem ‹kritischen Blatt› Kredite geben.»

Offizielle wie der Vize-Medienminister Michail Seslawinski können die Aufregung um die Pressefreiheit nicht verstehen: «Medien – das ist Business.» Sorge um die Pressefreiheit werde vorgeschoben, um wirtschaftliche Interessen zu vertreten, behauptet er: «Bei der Zeitung ‹Kommersant› rückte einst die Feuerwehr zu einer Inspektion an. Danach gab es eine Woche lang eine regelrechte Hysterie: Es hieß, die Pressefreiheit sei in Gefahr.» Tatsächlich mag es Trittbrettfahrer geben, die unter Hinweis auf die Pressefreiheit ihre wirtschaftlichen Interessen verfolgen. Insgesamt aber sind die Eingriffe so zahlreich und verlaufen stets nach ähnlichen Mustern, dass nur noch wenige an Zufälle glauben wollen.

Der Fernsehputsch Als Gussinski noch immer nicht nachgibt, bläst der Kreml im April 2001 zur Entscheidungsschlacht: Als Vollstrecker dient der vom Staat kontrollierte Gasprom-Konzern – zum Unmut der eigenen Manager. Auf einer Sondersitzung in der Gasprom-Zentrale im Süden Moskaus hatten die NTW-Aktionäre das Management des Senders ausgewechselt. Der halbstaatliche Konzern, der mit Jelzins Segen Gussinski unterstützt hatte, forderte plötzlich die Begleichung der alten Schulden. Seltsamerweise bekamen andere finanzschwache Sender und Medien, die auf Putin-Kurs liegen, kaum ähnliche Probleme.

In Geheimdienst-Manier lässt die neue, dem Kreml ergebene NTW-Führungsriege mit Hilfe privater Sicherheitsleute die NTW-Studios im Moskauer Fernsehzentrum Ostankino stürmen. Der Liberale Grigori Jawlinski vergleicht die Ereignisse mit dem Putsch der Altkommunisten gegen Gorbatschow 1991. Neuer Chef des Senders wird der russischstämmige amerikanische Geschäftsmann Boris Jordan, der mit Spekulationen reich geworden war. Kritische Stimmen in der russischen Presse vermuten hinter der Personalentscheidung ein geschicktes Kalkül: Ein Amerikaner als neuer Eigentümer sei dem Westen besser zu verkaufen, und wer umstrittene Geschäfte gemacht habe, werde aus Angst vor dem Staatsanwalt treu mit dem Staat zusammenarbeiten.

Der klamme Gussinski habe nicht zahlen können, und die Gasprom-Leute mussten deshalb die Kontrolle des Senders übernehmen, alles sei eine reine Geschäftssache, versichert Präsident Putin dem deutschen Bundeskanzler Schröder kurz darauf beim Gipfel in Petersburg. Der Sozialdemokrat zeigt Verständnis – und bringt damit die Moskauer Opposition gegen sich auf. Schröder sei entweder sträflich ahnungslos, oder er mache sich zum Mittäter, kritisiert der Menschenrechtler Sergej Kowaljow. In der Tat ist das Signal des Bundeskanzlers in doppelter Hinsicht fatal: Putin konnte die Äußerungen als eine Ermunterung auffassen – und die Opposition als klares Zeichen, dass der Westen Putins Machtpolitik deckt.

Hinter den Kulissen hat der Kreml-Chef einen Vermittlungsversuch im Medienstreit abgeblockt, wie es aus seinem Umfeld heißt. Dass die wirtschaftlichen Argumente offenbar nur vorgeschoben sind, macht der neue Eigentümer Gasprom schnell deutlich: Der halbstaatliche Energieriese greift in Gussinskis-Medienimperium hart durch. Die Gas-Manager um den skandalumwitterten deutschstämmigen Alfred Koch stellen die kritische Gussinski-Tageszeitung «Segodnja» ein und wechseln beim Nachrichtenmagazin «Igoti» die Redaktion aus. Gasprom suche einen westlichen Investor für das Medien-Imperium, beruhigt der Konzern seine Kritiker. Die Opposition hält das jedoch für einen Versuch, den Westen zu beschwichtigen, und sie soll Recht behalten: Die angebliche Suche nach einem westlichen Investor ist später vergessen. NTW bleibt fest in den Händen des halbstaatlichen Energieriesen – und damit im Einflussbereich des Kreml.

Kaum entlassen, zeigt auch NTW-Chefredakteur Jewgeni Kisseljow eine eigenwillige Vorstellung von Pressefreiheit. Der Gussinski-Intimus war einst Persisch-Lehrer beim KGB und stilisiert sich gerne zum letzten Bannerträger der Medienvielfalt. Während Gussinski endgültig aus dem Spiel ist, übernimmt Kisseljow mit dem Segen von Boris Beresowski, der inzwischen im Kreml in Ungnade gefallen ist, im Frühjahr 2001 das Kommando bei dessen Sender TW-6 – und kehrt dort mit eisernem Besen. «Kisseljow macht bei uns jetzt das Gleiche, was sie mit ihm bei NTW gemacht haben – eine feindliche Übernahme», klagt eine TW-6-Journalistin.

Doch plötzlich geschehen auch beim neuen Sender seltsame

Dinge. Obwohl der Kanal mit dem neuen Team erstmals in die Gewinnzone kommt, zieht einer der Miteigentümer, ein Pensionsfonds des kremlnahen Ölkonzerns Lukoil, der 15 Prozent an dem Sender hält, vor Gericht. Aufgrund einer Gesetzesregelung (die zum Schutz von Kleinaktionären gegen Konkursverschleppung erlassen, nie angewandt und von der Duma bereits für die Zukunft gestrichen wurde) fordert der Fonds, den Sender für bankrott erklären zu lassen – weil die Schulden die Aktiva übersteigen. Das Schiedsgericht für Wirtschaftsstreitigkeiten entspricht der Klage. Es ist schwer zu verstehen, warum ein Ölkonzern einen Sender, der gerade die Gewinnzone erreicht hat und dessen Einnahmen ständig steigen, in den Bankrott treiben will. Der Lukoil-Konzern handelte aber sehr wohl vernünftig – auf Wunsch von oben.

Im Kreml selbst dagegen gilt weiter die alte Sprachregelung vom «Streit zweier wirtschaftlicher Objekte». Wladimir Putin lobt die Arbeit der TW-6 Journalisten, genauso wie er früher NTW gelobt hatte. Am 11. Januar 2002 erklärt das Oberste Schiedsgericht für Wirtschaftsstreitigkeiten Russlands die geplante Abschaltung von TW-6 für rechtmäßig. Putin rief zuvor beim Vorsitzenden an und gab die Urteils-Richtlinie vor, erzählte der Richter später einem bekannten russischen Politiker. Wenig später kündigt der Präsident öffentlich an, er werde alles tun, um den Journalisten von TW-6 zu helfen. Kurz darauf, Ende Januar 2002, lässt das Presseministerium TW-6 abschalten.

Im Inland wie im Ausland wird Kritik laut. Daraufhin beschließt der Kreml einen Kompromiss: Gemeinsam mit Ex-Premier Jewgeni Primakow, der nun die Handelskammer leitet, und dem Chef des Unternehmerverbandes gründen Wirtschaftsbosse, die Putin nahe stehen, einen neuen Sender unter dem Namen TWS. Dort bieten sie der alten Kisseljow-Truppe ab dem Frühjahr 2002 eine neue Obhut, offenbar frei nach dem Motto: Wenn du eine Oppositionsbewegung nicht zum Schweigen bringen kannst, dann bring wenigstens deine eigenen Leute an ihre Spitze. Zumindest halbwegs scheint die Rechnung aufzugehen. So geben sich die «Regimekritiker» um Kisseljow beim neuen Sender deutlich leiser. Dennoch gehören ihre Nachrichten noch immer zu den professionellsten und kritischsten im neuen Russland.

So kritisch, dass der Sender plötzlich wirtschaftliche Probleme bekommt. Obwohl die Einschaltquoten erstaunlich hoch sind und TWS etwa in Moskau gegen NTW um den dritten Platz in der Zuschauergunst kämpft, reichen die Werbeeinnahmen nicht aus; Video-International, der eng mit Presseminister Lessin verbandelte Marktführer auf dem TV-Werbemarkt, arbeitet nicht mit TWS zusammen – angeblich aufgrund politischer Differenzen. Die Eigentümer haben zunächst wenig Interesse an dem Sender, den sie auf Druck des Kreml gründeten, später streiten sie untereinander um Einfluss im Kanal. Monatelang erhalten die TWS-Journalisten keine Gehälter mehr, der Sender kann seine laufenden Rechnungen nicht mehr bezahlen. Im Frühling 2003 ist die Schließung beschlossene Sache. Chefredakteur Kisseljow bereitet die letzte Sendung seines Wochenmagazins «Itogi» vor und will sich auf dem Bildschirm von seinen Zuschauern verabschieden.

Doch wieder einmal geschieht alles im Handstreich: In der Nacht auf den 22. Juni 2003, mitten in einer Werbepause, verschwindet TWS plötzlich von den Bildschirmen. Offenbar fürchtet jemand, dass die TV-Journalisten wie einst bei NTW live auf Sendung um ihre Unabhängigkeit und ihren Sender kämpfen und dass es wieder zu Demonstrationen kommen könnte. Die Anweisung zum Abschalten kam aus Lessins Presseministerium – obwohl dies gesetzeswidrig ist: Nur per Gerichtsbeschluss dürfen Fernsehstationen vom Netz genommen werden.

Wieder einmal gilt die Diktatur des Gesetzes, die Putin Russland versprochen hat, nicht für die Mächtigen selbst. Mit TWS ist der letzte landesweit empfangbare Sender, der halbwegs unabhängig berichtet, abgeschaltet – pünktlich vor dem Auftakt zum Duma- und Präsidentschafts-Wahlkampf.

«All das ist eine große Schweinerei, und der Presseminister ist ein Schwein», ereifert sich TWS-Chefredakteur Jewgeni Kisseljow in der Zeitung «Kommersant»: Die Behörde sei eine gemeingefährliche Organisation, und die Journalisten hätten keine Möglichkeit gehabt, ohne Zensur zu arbeiten. Das Presseministerium begründet die Abschaltung damit, es habe die Interessen der Zuschauer und das «Prinzip der freien Verbreitung von Masseninformation» wahren müssen.

Boris Nemzow, einst Putins Bündnisgenosse und Fraktionschef der «Union Rechter Kräfte» in der Duma, fürchtet weit reichende Folgen: «TWS ist abgeschaltet, und im Land wird es mehr Morde geben, mehr Diebstahl, und im Winter wird in noch mehr Regionen das Heizungssystem ausfallen. Wenn die Mächtigen nicht eine ehrliche Beschreibung der Zustände sehen, sehen sie auch die Probleme nicht.»

Auf den verbliebenen staatlichen Kanälen ist in der Tat nicht viel Negatives zu hören – vor allem nicht über den Kreml. Die Konkurrenten verringern nach der TWS-Schließung erst einmal die Zahl ihrer Nachrichtensendungen, obwohl der Wahlkampf für Duma und Präsidentschaft beginnt. Die Informationsprogramme zur vollen Stunde haben manchmal kaum den Namen «Nachrichten» verdient – eher scheint es sich zuweilen um eine Sendung «Putin heute in Russland» zu handeln. Die mehrminütigen Mitschnitte der Zweiergespräche in Putins Amtszimmer im Kreml verlaufen meist nach demselben Muster, frei von jedem Nachrichtenwert: Der Präsident lässt sich berichten, erkennt ein Problem, weist seinen Gesprächspartner an, es zu beseitigen und Gutes zu tun. Der so Instruierte nickt mit dem Kopf und gelobt mit geneigtem, demutsvollem Blick, fortan alles richtig zu machen.

Amüsante Zwischenfälle, die den Präsidenten zwar menschlich sympathisch, aber nicht als makellosen Helden erscheinen lassen, werden verschwiegen. Etwa, als sich Wladimir Putin im Sommer 2002 in einem Flugsimulator des Kampfflieger-Werkes «Suchoi» in Moskau als Bruchpilot entpuppt. Die Landebahn ist auf dem Bildschirm schon in Sichtweite, da stocken plötzlich die Motoren. «Der Treibstoff ist alle», ruft der Fluglehrer entsetzt. Doch im letzten Moment rettet er geschickt die Situation: Ein Druck auf den Pauseknopf, das Bild auf der Mattscheibe erstarrt, und Pilot Putin kann erleichtert aus dem Simulator steigen. Wie sich herausstellt, war der Kreml-Herr aus Versehen den ganzen «Flug» über mit ausgefahrenem Brems-Fallschirm unterwegs. Die meisten Sender verlieren kein Wort über das Missgeschick oder lügen gar – sie melden brav eine «glückliche Landung».

Es fällt auch auf, dass Putin auf den offiziell verbreiteten Porträt-Bildern meist streng, zumindest aber ernst in die Kamera blickt – eine Pose, die durchaus nicht typisch für ihn ist. Im privaten Gespräch entwickelt der Staatschef beachtlichen Charme; auf nicht gestellten Aufnahmen wirkt er teilweise fröhlich, ja fast etwas schüchtern – wie der liebe Nachbarjunge von nebenan. «Er ist ja richtig sympathisch», wunderte sich ein Fotograf, der Putin zuvor nur aus Fernsehen und Zeitungen kannte, nach seiner ersten Begegnung mit dem Präsidenten. Offenbar scheinen solche Bilder nicht mit dem gewünschten Image Putins übereinzustimmen – und werden deshalb kaum verbreitet. Der russische Wähler wünscht sich in seiner Mehrheit einen Zar im Kreml – und keinen charmanten, sympathischen Gutwetter-Politiker.

Im Auftrag des Kreml soll sogar die Errichtung eines Zentrums zur Manipulation der öffentlichen Meinung geplant sein, das den «geeigneten propagandistischen Hintergrund für die Unterstützung der Administration» sicherstellen soll. Einem Bericht der Zeitung «Novije Iswestija» zufolge gibt es zudem Pläne, alle Medien zu lizenzieren und einer Zensurbehörde zu unterwerfen. Loyale Journalisten sollen auf Schlüsselpositionen in den Redaktionen gehievt, regimekritische dagegen diskriminiert werden. Wer zu viel kritisiert, muss mit dem Zorn der Mächtigen rechnen. So machte Medienminister Lessin bei einem Zusammentreffen mit der Presse unverhohlen klar, wer am längeren Hebel sitzt: «Wir hätten euch alle schon schließen können.» Im Duma-Wahlkampf im Herbst 2003 übten die Geheimdienste Druck auf lokale Radiosender aus, die Informationsprogramme von ausländischen Sendern wie der Deutschen Welle, BBC oder Radio Liberty übernehmen. Den Chefredakteuren wurde diskret bedeutet, sie sollten die Zusammenarbeit einstellen, wenn sie keine Schwierigkeiten bekommen wollen.

Wladimir Kara-Mursa, Ex-Starmoderator bei TWS, beteuert im Sommer 2003, er wolle auch als Privatmann nichts mehr wissen von der Mattscheibe: «Ich sehe mir dieses sowjetische Fernsehprogramm nicht mehr an, sondern nur noch Videos», erzählt er der englischsprachigen «Moscow Times». Aus Protest arbeite er als Hausmeister – für die Russen ein symbolträchtiger Schritt: «Ich denke, wir haben wieder ein Regime, unter dem es eine Schande ist, erfolgreich zu sein.» Kara-Mursa spielt damit an auf Sowjetzeiten, als sich viele intellektuelle Regimekritiker den Lebensunterhalt mit «Dreckarbeit» verdienten, dafür aber moralisch sauber blieben. Die Rückkehr zur Handarbeit ist freilich zumindest teilweise Show: Tatsächlich arbeitet Kara-Mursa weiter freiberuflich als Moderator.

Viele andere TWS-Journalisten, die sich noch kurz zuvor als letzte Instanz der Pressefreiheit ausgaben, wechseln sang- und klanglos auf die Gehaltslisten der kremltreuen Sender. Angesichts solcher Sprunghaftigkeit ist es nicht verwunderlich, wenn der Journalismus zu den am meisten verachteten Berufen in Russland zählt: Redakteure, Reporter und Kommentatoren gelten keineswegs als vierte Macht, als eine Instanz, die den Mächtigen und Reichen auf die Finger schaut und sie kontrolliert, sondern eher als deren Kettenhunde, die gegen entsprechendes Kommando oder Bezahlung selbst haarsträubende Fehlinformationen verbreiten.

Die Medien stehen in dem Ruf, eine der korruptesten Branchen in Russland zu sein. Selbst ausländische Korrespondenten bekommen zuweilen Angebote, passende Berichte gegen entsprechende Bezahlung in ihren Blättern unterzubringen. Wenn sie diese Offerten zurückweisen, sind die Auftraggeber meist überzeugt, dass lediglich die angebotene Summe zu gering war – andere Gründe scheinen nicht denkbar zu sein. Entsprechend abfällig behandeln viele Politiker und Unternehmer die Presse. An der journalistischen Fakultät der Moskauer Lomonossow-Universität etwa lehren Dozenten allen Ernstes, Journalismus sei ein Mittel im Machtkampf von Interessengruppen.

Auch abseits bezahlter «Auftragsarbeiten» ist das Niveau der Berichterstattung in Russland zuweilen erschreckend: Reportagen und Berichte sind manchmal frei erfunden, womit sich die Autoren im Kollegenkreis zuweilen auch noch brüsten. Ausländische Journalisten, die Themen aus den russischen Blättern aufgreifen möchten, stellen regelmäßig fest, dass sich bei Nachfragen viele der aufgeführten Fakten als falsch erweisen; zuweilen beklagten die zitierten Interviewpartner, ihre Aussagen seien völlig falsch wiedergegeben. Der «Schlendrian» ist auch darauf zurückzuführen, dass etwa Journalisten bei Zeitungen schlecht bezahlt werden, gute Mitarbeiter deshalb schnell in die Wirtschaft abwandern und Kollegen nachrücken, die oft weder Ausbildung noch eigenen Anspruch vorweisen können.

Der Ruf der Medien in Russland ist derart beschädigt, dass echte Skandale als solche nicht mehr wahrgenommen werden. «Wenn du zum vierten Mal in einer Zeitung unglaubliche Vorwürfe liest, zum vierten Mal einen deiner Staatsanwälte darauf ansetzt und der dir dann zum vierten Mal berichtet, dass alles, was in dem Bericht steht, erfunden ist, dann wirst du dir beim fünften Mal überlegen, ob du wieder eine Untersuchung einleitest», bringt Russlands früherer Generalstaatsanwalt Juri Skuratow das Problem auf den Punkt. Wirkt die neue Medienpolitik des Kreml auf die Menschen im Westen befremdlich, so stößt sie bei vielen Russen auf Verständnis und Zustimmung: Da die Journalisten in ihrer Mehrheit als korrupt und als Handlanger der Oligarchen gelten, haben die Menschen mit Reportern und Redakteuren kaum mehr Mitleid als mit bestechlichen Verkehrspolizisten, wenn sie ins Visier der Mächtigen geraten.

Die wenigen kritischen Journalisten müssen jedoch nicht nur damit rechnen, dass sie die Mächtigen und die Leser ignorieren – im schlimmsten Fall droht ihnen Gewalt. «Heute ist Russland das gefährlichste Land Europas für Journalisten», erklärte Robert Ménard, Generalsekretär der internationalen Menschenrechtsorganisation zur Verteidigung der Pressefreiheit, im Frühjahr 2002 in Paris. Dabei sind die «wirtschaftlichen Probleme», mit denen Kreml-Kritiker in Moskau zu rechnen haben, noch harmlos gegenüber den Schwierigkeiten, die unabhängigen Berichterstattern in den Regionen drohen. Viele Regionalfürsten unterbinden Hand in Hand mit örtlichen Größen aus Wirtschaft und Halbwelt jede kritische Berichterstattung; zahlreiche Journalisten aus der Provinz kamen nach kritischen Berichten unter rätselhaften Umständen ums Leben. Seit 1993 sind in Russland nach Angaben des Journalistenverbandes fast 150 Journalisten gewaltsam gestorben. Allein im Jahr 2002 wurden 19 Reporter getötet; daneben wurden in 99 Fällen Journalisten oder Redaktionen angegriffen – die zahlreichen Fälle von Drohung und Einschüchterung gar nicht mitgerechnet. In Toljatti an der Wolga etwa wurden mehrere Journalisten erschossen, nachdem sie über die Veruntreuung öffentlicher Gelder und die Kontakte des Bürgermeisters zu kriminellen Gruppen und der Drogenmafia sowie über Beziehungen von kriminellen Banden zur Lada-Schmiede Awto Was berichteten.

Deutsche im Visier Auch deutsche Journalisten wurden zur Zielscheibe der neuen Medienpolitik. Ein gewisser Oleg Blotzki bot Anfang 2000 zahlreichen ausländischen Journalisten ein Video an, das vermeintliche Massengräber in Tschetschenien zeigt. Der Moskauer PRO-7- und N-24-Korrespondent Frank Höfling kaufte das Band. Ein übliches Verfahren: Ausländische Journalisten gelangen nur unter starken Begrenzungen und Behörden-Aufsicht nach Tschetschenien, und ihre russischen Kollegen, die ihr Leben in der Kaukasus-Republik riskieren, bessern mit dem Verkauf von Videos und Informationen ihr Einkommen auf.

Höflings Beitrag erschütterte die Fernsehzuschauer in der ganzen Welt. Er zeigt Bilder, auf denen russische Soldaten einen toten Tschetschenen in ein Massengrab werfen, in dem Leichen mit abgeschnittenen Ohren liegen. Militärlaster schleifen Tote, deren Füße mit Draht zusammengeschnürt sind, über einen Acker. «Folgen von Folterungen», behauptet Höfling. «Der Verdacht liegt nahe, dass es Tschetschenen aus einem Lager sind, die hingerichtet wurden.» Eine falsche Information: Wie sich später herausstellte, sind keine Folteropfer zu sehen, sondern gefallene Tschetschenen.

Das Video beherrscht die Nachrichten weltweit. Auf Nachfrage beteuert Höfling plötzlich, er habe den Film selbst aufgenommen. Da tritt der wirkliche Autor auf, Oleg Blotzki, Journalist bei der «Iswestija», und entlarvt die Aussage des Korrespondenten als Lüge. «Herr Höfling, Sie lügen», titelt die «Iswestija» in zentimeterdicken Buchstaben, die an jedem Kiosk aushängen. Höfling flüchtet aus Angst vor Übergriffen in die deutsche Botschaft und reist unter Begleitschutz eines Diplomaten überhastet aus Russland aus. Das Außenministerium kündigt an, ihm die Akkreditierung zu entziehen. Niemand spricht mehr davon, dass die Bilder echt sind, dass sie – unabhängig von Höflings Fehlinformationen – zeigen, wie die russischen Militärs gefallene tschetschenische Krieger offenbar auch nach dem Tod noch malträtieren.

«Das ist die Fälschung des Jahres», schimpft Putin-Berater Sergej Jastrschembski, der im Kreml für die Tschetschenien-Berichterstattung zuständig ist. Die ausländischen Massenmedien hätten sich selbst diskreditiert, frohlockt ein hoher Beamter, etwas Besseres als der Fall Höfling habe Moskau gar nicht passieren können. Dass aber wieder einmal zum richtigen Zeitpunkt genau das Richtige passiert, wird durch einen weiteren Zufall überaus merkwürdig: Jener Oleg Blotzki, der Höfling die Tschetschenien-Bilder verkaufte, wird zum Hofbiographen von Wladimir Putin, zu dem er nach eigenen Angaben auch weiter guten Kontakt pflegt. Blotzki erklärt später, Sergej Jastrschembski habe bei dem Buchprojekt geholfen – also genau der Kreml-Sprecher, der Blotzkis Video-Käufer Höfling so harsch verurteilt hatte. Nach Informationen aus Kreml-Kreisen sind die beiden seit langem befreundet.

Der Verdacht, dass Höfling eine Falle gestellt wurde und Blotzki für seine Mithilfe mit dem Auftrag für die Biographie entlohnt wurde, lässt sich nicht von der Hand weisen: Hätte der Kreml jemanden als Hofbiographen Putins engagiert, der ausländischen Journalisten zuvor Videoaufnahmen verkaufte, die russische Truppen ins Zwielicht brachten? Als nach dem «Nord-Ost»-Geiseldrama wieder großer Unmut über die ausländische Presse in Moskau herrschte, hieß es aus Regierungskreisen, im Kreml gebe es, so wörtlich, «den Wunsch, wieder einen Fall Höfling zu schaffen und noch einmal ein Exempel zu statuieren». Selbst wenn es sich nur um ein Gerücht handeln sollte: Allein die Tatsache, dass solche Gerüchte verbreitet werden, verfehlt ihre Wirkung nicht und macht vielen Journalisten die unabhängige und kritische Berichterstattung nicht leichter.

Welchen Ärger kritische Berichte einbringen können, muss auch der Moskauer Korrespondent der Berliner «tageszeitung» (taz) erfahren. Unter der Überschrift «Kim Il Putin lässt sich feiern» verfasst Klaus-Helge Donath im Mai 2001 einen Bericht über den Personenkult um den Präsidenten. Er schreibt über ein Brettspiel mit dem Namen «Präsidentenjoker», bei dem «Patrioten» gegen «Feinde» spielen, die mit einem «Präsidentenjoker» zu stoppen sind. Der «Präsident» genieße in dem Spiel uneingeschränkte Macht und könne jedem Patrioten zur Hilfe eilen, schreibt Donath: «Einer von ihnen könnte der parteilose Student Michail Anischtschenko aus Tscheljabinsk sein, der seinem Idol eine Ode widmet.» Weiter zitiert Donath aus dem Werk: «Sage mir, Russland, antworte auf die Frage / warum du dem Präsidenten vertraust? / und spürst keine Tränen, wenn in die Augen ihm schaust, / ist deine Seele mit ihm in leidendem Bunde?» Aus eigenen Mitteln habe der Student die Orchester-Vertonung bezahlt, schreibt Donath weiter.

Diese kurze Passage ist für den jungen Hofdichter aus Sibirien Grund genug, gegen Donath wegen Ehrverletzung zu klagen und eine Entschädigung in Höhe von 10 000 Dollar zu fordern. In dem Bericht werde ihm unterstellt, er habe eine Belohnung von Putin erhalten, begründet Anischtschenko seine Klage – dabei ist offensichtlich, dass Donath nicht einmal eine entsprechende Andeutung machte. Abstruse Klagen dieser Art werden üblicherweise schnell zu den Akten gelegt. Die Moskauer Justiz indes nimmt den absurden Fall ernst; Donath muss zu einer Anhörung vor Gericht. Wegen Formfehlern wird Anischtschenkos Klage zunächst zurückgewiesen.

Doch der Student legt eine neue Klageschrift vor: Auf drei dicht bedruckten Seiten, die sich wie ein zu Sowjetzeiten vorab formuliertes Gerichtsurteil lesen, erklärt er sich selbst zum Verteidiger von Putin und behauptet unter anderem, Donath habe einen Bürger Russlands und seine patriotischen Gefühle kompromittieren wollen. Ging es Anischtschenko zuerst nur um eine Gegendarstellung und Geld, so fordert er nun, dem Korrespondenten die Akkreditierung zu entziehen, also ihn praktisch aus Russland auszuweisen. Der Kläger werde «von anderen Kräften instrumentalisiert», glaubt deshalb Donaths Anwalt, der prominente Moskauer Jurist Genry Resnik.

Die Regierungszeitung «Rossijskaja gaseta» schreibt über den Fall und zeigt Anischtschenko als Helden im Kampf für die Ehre Russlands. Der Student habe einen begeisterten Anruf aus dem Präsidialamt bekommen, heißt es in dem offiziellen Blatt. Es gehe auch um die Ehre des Präsidenten, der die Kassette mit der Vertonung persönlich erhalten habe. Der Autor des Artikels übernimmt ungeprüft die Aussagen Anischtschenkos und schreibt, die erste Anhörung sei wegen Nichterscheinens der Beklagten vertagt worden – obwohl taz-Mann Donath mitsamt seiner Anwältin erschienen war. Seine erste Rechtsvertreterin gibt den Fall nach der Veröffentlichung sofort auf: Die über 70-Jährige wittert einen «politischen Unterton», dem sie sich nicht mehr gewachsen fühlt.

Im Februar 2002 muss Donath vor dem Moskauer Gagarin-Bezirksgericht erscheinen. Nach Angaben russischer Bürgerrechtler ist er der erste ausländische Journalist, der seit dem Ende der Sowjetunion wegen eines kritischen Artikels vor den Richter zitiert wird. Der Kläger fordert, dass die taz-Leitung vor Gericht erscheinen soll. Statt der Farce endlich ein Ende zu setzen, vertagt die Richterin die Verhandlung erneut. Der Prozess hat einen merkwürdigen Beigeschmack: «In einer Verhandlung gegen einen ausländischen Journalisten, über die weltweit berichtet wird, wird nicht etwa nach dem Gesetz entschieden, sondern mit an Sicherheit grenzender Wahrscheinlichkeit nach dem Telefon – das, was die Mächtigen in den Hörer diktieren», glaubt ein bis vor kurzem hoch gestellter Beamter im russischen Justizapparat.

In der Geschichte gebe es merkwürdig viele Zufälle, kommentiert ein Korrespondent des Fernsehsenders TW-6: Zufällig übergibt der Student sein Putin-Gedicht dem Arbeitsminister, der es mit nach Moskau nimmt und an die staatliche Hymnen-Kommission weiterleitet. Von dort kommt die Mitteilung, das Lied gefalle – worauf sich ein Komponist findet, der es vertont, und ein Sänger, ein «Verdienter Künstler Russlands», der es interpretiert. Sogar ein Videoclip wird gedreht – und all das auf Kosten eines 23-jährigen Jura-Studenten aus der Provinz. Auch die hohen Ausgaben für die fünf Reisen zum Prozess im fernen Moskau bringt der junge Mann aus Sibirien problemlos auf.

Anfang November, kurz nach «Nord-Ost», steht endlich die Gerichtsentscheidung an. Der kleine Saal im Gagarin-Bezirksgericht kann die Menge der Journalisten aus Russland und dem Ausland kaum fassen. Bei so viel Aufmerksamkeit würde eine Verurteilung Donaths zu einem Aufschrei führen – prompt weist das Gericht die Klage zurück.

Mehr als ein Jahr lang musste der deutsche Journalist Zeit, Energie und Nerven für den abstrusen Prozess aufwenden. Viele ausländische Korrespondenten überlegten es sich fortan genau, bevor sie kritisch berichteten. Anstatt ein deutliches Zeichen zu setzen, beschwichtigt die deutsche Botschaft, zumindest nach außen. Die Angelegenheit werde zwar aufmerksam verfolgt, aber die Beziehungen zwischen beiden Ländern belaste sie nicht, erklärt der Botschafts-Sprecher gegenüber der Moskauer Deutschen Zeitung. Für ihn bedeutet die Klage kein Indiz für weniger Pressefreiheit in Russland: «Wir sind nicht der Meinung, dass einzelne Bürger die Pressefreiheit einschränken können.» Mit solchen Worten liegt die deutsche Vertretung erschreckend nahe an der Kremllinie.

Bei einem Bürgerforum im Kreml ermunterte Wladimir Putin die Journalisten im November 2001 ausdrücklich, «ständig und leidenschaftlich ausnahmslos alle Staatsorgane zu kritisieren», einschließlich seiner selbst. Mit dem zweitägigen Treffen mit mehr als 5000 Vertretern nichtstaatlicher Vereine und Organisationen, von Bienenzüchtern bis zu Menschenrechtlern, reagierte der Präsident auf Kritik, wonach die Zivilgesellschaft in Russland sich unter seiner Regierung nur schwach entwickelt habe. Einerseits zeigte das Forum das Bemühen des Präsidenten, mit den gesellschaftlichen Kräften in Kontakt zu treten. Andererseits wollte er diese aber offenbar auch enger an den Kreml anbinden: So wünschte er sich, dass die Organisationen ein «Zentralorgan» wählen, das sie im Kontakt mit dem Kreml vertritt – was vor allem die Menschenrechtler aus Angst vor Beeinflussung und Kontrolle ablehnten. Der Kreml hatte bereits in vielen anderen Bereichen, etwa bei den Wirtschaftsführern, versucht, potenzielle Widersacher in Organisationen zu drängen und sie so leichter kontrollierbar zu machen – ganz im Sinne der «gelenkten Demokratie». Kritiker wie der Liberale Wladimir Ryschkow bezeichneten das Bürgerforum als Pseudo-Dialog, mit dem der Kreml über die Missachtung der demokratischen Grundregeln hinwegtäuschen wolle.

Es müsse die Möglichkeit geben, angstfrei Kritik an den Mächtigen zu üben, betonte Putin auch bei einem Treffen mit deutschen Journalisten vor seinem Deutschland-Besuch im Frühjahr 2002: «Ich bin absolut überzeugt, dass es kein demokratisches Russland geben kann ohne Pressefreiheit.» Dass zwischen Anspruch und Wirklichkeit zuweilen Welten liegen, zeigt aber beispielhaft eine andere Aussage Putins bei der gleichen Zusammenkunft: Auf Tschetschenien angesprochen, äußerte sich der Präsident verwundert über Kritik: «Wir sind völlig offen für die Presse.» Journalisten könnten jederzeit in der Kaukasus-Republik reisen, sich dort unter Berücksichtigung von Sicherheitsfragen jederzeit frei bewegen, treffen, wen sie wollen, und sprechen, mit wem sie wollen, versicherte das Staatsoberhaupt.

Bei den Betroffenen selbst lösten diese Worte ein ungläubiges Kopfschütteln aus: Ohne eine Sonderakkreditierung von Putin-Sprecher Jastrschembski darf kein Auslandskorrespondent in das Krisengebiet, und selbst der Akkreditierungs-Ausweis aus dem

Kreml ist ohne die Begleitung Moskauer Offizieller nicht gültig. Ist der Präsident nur schlecht informiert? Ein russischer Politiker, der lange mit Putin zusammenarbeitete und ihm heute kritisch gegenübersteht, hat eine andere Erklärung: «Am Hof wird Normalität gespielt; es gibt Fragen, die stellt man dem Herrscher nicht, das gehört sich nicht; wenn man es trotzdem tut, ist man ein Dummkopf oder ein Provokateur – und entsprechend patzig fällt die Antwort aus.

Putins Wunsch nach Kritik mag aufrichtig sein. Aber was versteht er darunter? In seinem Verständnis erscheint die Grenze zwischen Kritik und «Staatsfeindlichkeit» fließend. Anders ist nicht zu erklären, dass er und seine Vertrauten schon zweifelnde Fragen und Kommentare zum «Nord-Ost»-Geiseldrama oder zu Tschetschenien mit Ausfällen und dem Ruf nach Verboten und Einschränkungen beantworteten. Abseits der Sonntagsreden wünscht sich Putin bei genauerem Hinhören auch offiziell gewisse Abstriche in der Meinungsvielfalt, wie er nach seinem Amtsantritt in einem Appell an Entscheidungsträger in den Medien andeutete: «Wir sind in einer schwierigen Phase, wir müssen uns zusammentun. Helft uns, eine gemeinsame Sache zu machen. Schimpft uns nicht aus. Verurteilt uns, wenn die Resultate da sind – aber helft jetzt mit!», bat der Präsident laut Alexej Wenediktow, dem Chefredakteur des kritischen Radiosenders «Echo Moskaus». Die Aussage verdeutlicht beispielhaft Putins Haltung: Pressefreiheit ist gut, aber kein absoluter Wert. Sie hat zurückzustehen, wenn es um die Interessen des Staates geht. Als ihm der renommierte Journalist Wenediktow bei einem späteren Treffen vorhielt, er schränke mit seiner Politik das Informationsrecht der Hörer ein, antwortete der Präsident mit aufrichtig wirkender Verärgerung: «Sie heucheln, Sie denken nicht an die Hörer – sondern an sich selbst!» Ein derartiges Misstrauen scheint Putin grundsätzlich eigen: «Egal was man ihm sagt, er fragt sich immer, warum sagt mir der das, was bezweckt der in Wirklichkeit damit», erzählt ein früherer Weggefährte.

Es scheint, als betrachte der Realist Wladimir Putin Fernsehen, Radio und Presse als das, was sie in Russland seit der Oktoberrevolution bis auf kurze Ausnahmen immer schon waren – keine unabhängige Kontroll-Instanz, sondern ein Instrument im Machtkampf. Da bei seinem Amtsantritt viele Fernsehsender und Zeitungen unter dem Einfluss der Oligarchen standen, brachte er geschickt die wichtigsten Medien unter seine eigene Kontrolle. Doch der Wandel erstreckte sich im Wesentlichen auf diejenigen Medien, die den Präsidenten kritisierten; selbst zaghafte Reformschritte unterblieben – es gab nicht einmal den Versuch, dem staatlichen Fernsehen ein wenig mehr Ausgewogenheit und Unabhängigkeit zu gewähren. Solche Schritte hätten einen Verzicht auf Kontrolle und damit ein erhebliches Risiko für den neu gewählten Präsidenten bedeutet.

Die Pressefreiheit wird vom Gesetz garantiert. Doch hinter dieser Fassade sind die entscheidenden Medien – die Fernsehsender – unter der Kontrolle des Staates. Die wichtigsten Zeitungen gehören großen Konzernen. Journalisten, die ihren Arbeitsplatz behalten wollen, schreiben vorsichtig – die Schere sitzt in den Köpfen. «Unsere Machthaber verstehen, dass sie die Zensur nicht wieder einführen können. Dafür kann man sich jetzt bequeme Eigentümer für die Medien aussuchen», sagt Sergej Kowaljow. «Sie wissen auch, dass sie den GULAG, die Lager in Sibirien, nicht wieder errichten können. Wozu auch? Sie haben begriffen, dass allein die Drohung mit so etwas reicht, um die Leute auf Linie zu halten!»

Der russische Soziologe Juri Lewada erklärt, die besondere Aufmerksamkeit, die der Präsident den Medien zukommen lasse, habe ihre Gründe in seinem Weg zur Macht. «Putin hat keinerlei Geschichte, keinerlei Partei, keinerlei Gruppe, auf die er sich stützen könnte – außer auf seinen Beliebtheitsgrad. Und den bestimmen zum größten Teil die Medien.» Schöne Bilder im Fernsehen ersetzen zunehmend die schwierige Realität, glaubt der Reformer

Boris Nemzow: «Alle demokratischen Errungenschaften werden imitiert. Putin ist der erste Fernseh-Präsident. Er verschärft die Zensur, dadurch fehlt die Kontrolle, er fängt an, selbst an das zu glauben, was er sieht – und so sind wir in einen Teufelskreis geraten.»

POTEMKINSCHE DEMOKRATIE

Die doppelte Kranzniederlegung Zwischen Moskau und dem Westen herrschte noch Kalter Krieg, und im Kreml hatten die Kommunisten das Sagen, da wollte eine Gruppe Dissidenten in Sankt Petersburg aus Protest gegen das Sowjetsystem an einem Denkmal von Peter dem Großen einen Kranz niederlegen. Zu allem Überfluss hatten die Regimegegner ausländische Diplomaten und Journalisten eingeladen, um ihrer Aktion weltweit Aufmerksamkeit zu verleihen. Eine heikle Aufgabe für die Staatsschützer vom KGB: Einerseits konnte man keinen offensichtlichen Zwang ausüben, das hätte den Regimegegnern nur noch mehr Publicity beschert. Auf der anderen Seite musste man die Aktion unterbinden. Zum Glück gab es bewährte Mittel für solche Situationen: Die Petersburger Geheimdienstler «doublierten» die Veranstaltung: «Was sollte man tun? Auseinander jagen durfte man das nicht, es gab keinen entsprechenden Befehl. Deshalb organisierte man selbst eine Kranzniederlegung, an genau dem Ort, wohin die Journalisten kommen sollten. Man rief die Verwaltung und die Gewerkschaften, ließ die Miliz alles absperren und legte dann selbst die Kränze nieder. Die Journalisten und die ausländischen Diplomaten standen da, haben zugeschaut, ein paar Mal gegähnt, und sind weggegangen», berichtet Wladimir Putin in dem Buch «Aus erster Hand» über den Kampf an der ideologischen Front in der zweiten russischen Hauptstadt, irgendwann in den siebziger oder achtziger Jahren. Die Dissidenten, die jenseits der Absperrungen warten mussten, wurden erst durchgelassen, als die Ausländer gegangen waren, berichtet Putin: Jetzt durften sie ihre Kränze niederlegen – und blieben unter sich.

Er kenne die Geschichte nur aus Erzählungen von Kollegen

und habe selbst nicht an der Aktion teilgenommen, betont der Präsident. Doch die Methode ist typisch für die Arbeit des KGB. Der Geheimdienst wandte sie landesweit an, im großen Stil. Als Mitte der achtziger Jahre klar wurde, dass das Machtmonopol der Kommunisten nicht mehr zu halten war, rief das «Komitee für Staatssicherheit», wie der KGB in Vollversion hieß, selbst oppositionelle Bewegungen ins Leben und setzte eigene Leute an deren Spitze. Eine der damals gegründeten Parteien sind die Liberaldemokraten von Wladimir Schirinowski; der geriert sich zwar nach außen als Polit-Clown, wettert bis heute öffentlich gegen den Kreml, verbreitet radikale Parolen, doch wenn es darauf ankam, etwa bei Abstimmungen in der Duma, war er immer auf der richtigen Seite.

Seit Wladimir Putin im Kreml regiert, ist die Imitation als politische Methode wieder aktueller denn je. Wie der Petersburger KGB damals eine potemkinsche Opposition aus den eigenen Reihen organisierte, um die echten Regimekritiker mundtot zu machen, inszeniert der Kreml heute ein künstliches politisches Leben im Land. Bürgerrechtler wie Alexej Simonow von der Glasnost-Stiftung klagen, sie hätten seit Putins Amtsantritt immer wieder mit neuen Konkurrenz-Organisationen zu tun, die sich offiziell um die Bürgerrechte kümmern wollen – tatsächlich aber das Gegenteil zu bezwecken scheinen.

Der aufmüpfige Journalisten-Verband bekam plötzlich eine Konkurrenz-Organisation vor die Nase gesetzt, die sich recht zahm im Umgang mit dem Kreml zeigte. Ausgerechnet die Kreml-Partei «Einheitliches Russland» schimpfte im Wahlkampf auf die Regierung – obwohl sie vom Kreml selbst eingesetzt wurde und Parteichef Gryslow und sein Vize Schoigu dem Kabinett als Minister angehören. Mit der eigenen, vorsichtigen Kritik nahm man den wirklichen Kritikern den Wind aus den Segeln. Die ohnehin handzahmen Kommunisten erhielten vor der Duma-Wahl im Dezember 2003 eine vom Kreml organisierte und kontrollierte Konkurrenz: die «patriotische Plattform» unter Führung des abtrünnigen Kommunisten Glasjew. Es ist ein Treppenwitz der Geschichte, dass die «echten» Kommunisten heute in der gleichen Position sind wie die Dissidenten bei der KGB-Aktion zur Sowjetzeit, die Putin schildert: Ausgesperrt, nicht durch Polizeiketten, sondern durch vom Kreml gesteuerte Medien, nicht von einem Denkmal und der ausländischen Presse, sondern von den heimischen Fernsehschirmen.

Nicht nur der Widerspruch wird arrangiert. Formell verfügt das neue Russland über alles, was eine Demokratie charakterisiert – von der Gewaltenteilung über ein Parlament bis hin zu einem Verfassungsgericht, einer Opposition, Parteien, Pressefreiheit und Pluralismus. Tatsächlich handelt es sich zu einem großen Teil um Scheininstitutionen, die den eigenen Wählern und vor allem dem Westen eine funktionierende Demokratie vorgaukeln – eine schauspielerische Leistung, die Historiker schon Peter dem Großen und Fürst Potemkin nachsagen und die auch die Sowjets mit ihrem angeblichen «Proletarier-Paradies» übernahmen. Da werden Reformen beschlossen und ehrgeizige neue Gesetze verabschiedet, die im Westen Beifall finden – nur hält sich kaum jemand daran, wenn die ausländischen Beobachter verschwunden sind. Da werden freie und gleiche Wahlen abgehalten, die sich bei genauerer Betrachtung als Farce entpuppen. Und da gibt es in Tschetschenien endlich eine politische Lösung des Konfliktes – die keine ist. Wie bei der erwähnten KGB-Aktion in Petersburg werden die Aktionen der Regimegegner nicht etwa verboten, es wird auch niemand wegen seiner politischen Meinung inhaftiert – man sorgt einfach dafür, dass die Abweichler keine Bühne bekommen. Und der Westen nimmt nur den inszenierten Teil zur Kenntnis und schaut weg, wenn die Wahrheit zutage tritt – wie etwa US-Präsident George W. Bush, der seinem Freund Wladimir Putin zuletzt im September 2003 große Erfolge bei der Demokratisierung bestätigte.

Hat sich Wladimir Putin in seinem Modell von der «gelenkten

Demokratie» am Vorbild der DDR orientiert, die er kennen lernte? Auch der Arbeiter- und Bauernstaat hatte seinen Untertanen sämtliche demokratischen Rechte und Freiheiten verfassungsmäßig garantiert. Auch im neuen Russland ist ständig von Demokratie die Rede – nur ist sie kaum zu sehen. Es wäre unfair, Putin zu unterstellen, dass er nicht die Wahrheit sagt, wenn er vor ausländischen Gesprächspartnern ein Bekenntnis zu Marktwirtschaft, Menschenrechten, Rechtsstaat und zur Demokratie ablegt. Nur scheint der ehemalige KGB-Offizier eine gänzlich andere Vorstellung von der Bedeutung dieser Begriffe zu haben. Die Menschenrechte gelten, solange sich die Bürger patriotisch verhalten; Rechtsstaat heißt, dass sich die Beamten in ihrer Willkür auf ein Gesetz berufen müssen; und Demokratie bedeutet nicht etwa, dass der Wille der Wähler entscheidet, sondern die Wähler die Machthaber im Amt bestätigen müssen.

Geisterstimmen Mit ängstlichem Blick verkündet der Mann im ausgefransten Anzug die Erfolgsmeldung: «Von 1200 Wahlberechtigten haben 905 gewählt, das sind rund 75 Prozent», sagt der Wahlleiter im Stimmlokal 377, einer Mittelschule im Lenin-Bezirk in der tschetschenischen Hauptstadt Grosny, und starrt beständig auf den Boden. Es ist der frühe Nachmittag des 23. März 2003. Wenn es nach dem Kreml geht, ist dieser Sonntag im kalten kaukasischen Frühjahr ein historischer Moment. Die Bewohner der abtrünnigen Kaukasus-Republik Tschetschenien sind heute aufgerufen, über eine neue Verfassung abzustimmen – und sich zu entscheiden, ob sie künftig mit Moskau in einem gemeinsamen Staat zusammenleben wollen. Aus dem Westen gab es Beifall für die Abstimmung: Bundeskanzler Gerhard Schröder bescheinigte Wladimir Putin schon vorab «gute Ansätze, die Unterstützung verdienten». Auch später fand der Kanzler lobende Worte für den Urnengang.

An den Fenstern im Wahllokal 377 stehen Militärs, mit den Gewehrläufen in Richtung Straße. Mit 75 Prozent Wahlbeteiligung schon am Nachmittag liegt das Stimmlokal 377 außerordentlich gut im Rennen. Doch die Unterschriften-Felder auf den Wählerlisten sind fast überall leer. Den Verzeichnissen auf den Tischen nach zu urteilen, haben kaum mehr als ein Viertel der Wähler abgestimmt.

Auf den Widerspruch zwischen den 70 Prozent Wahlbeteiligung und den leeren Wählerlisten angesprochen, erklärt der Wahlleiter, ein Tschetschene, es handle sich um höhere Mathematik. Wieder blickt er zur Seite, vorbei an den Kreml-Beamten, die alle ausländischen Journalisten bei der Pressereise durch Tschetschenien auf

Schritt und Tritt begleiten. Erst nach langem Zögern ist der tschetschenische Wahlleiter einverstanden, die Wahlzettel nachzählen zu lassen. Nach hastigem Zählmanöver mit viel Getuschel kommt er nur auf 420 Wähler – wo doch am Anfang von 900 die Rede war. Die restlichen 480 Stimmzettel seien einfach in «Krankenhäusern und Altenheimen und so weiter gesammelt» worden. Ob 480 Altersheim-Insassen und Krankenhaus-Patienten bei 1200 Wahlberechtigen nicht merkwürdig viel seien? Na ja, antwortet der Wahlvorstand viel sagend, berät sich auf Tschetschenisch mit seinen Kollegen und verweist dann auf «Zusatzlisten»: Wähler, die nicht in die Wählerverzeichnisse eingetragen sind. Zeigen könne er die Zusatzlisten nicht, da seine Helfer gerade mit ihnen in ein Krankenhaus gefahren seien.

Den Einwand, dass bei so einem Wahlverfahren keinerlei Kontrolle möglich ist, da ein und dieselbe Person in beliebig vielen Wahllokalen abstimmen kann, weist der Wahlvorsteher zurück: «In Russland geht es ehrlich zu, wir sind ein ehrliches Volk.» Es sei eben schwierig, nach dem Krieg vollständige Wählerverzeichnisse zu haben, schon deshalb, weil so viele Menschen geflohen seien und nicht mehr da wohnten, wo sie gemeldet waren, beteuert der Mann.

Doch selbst wenn es keine «Geisterstimmen» gegeben haben sollte und tatsächlich 480 ehrliche «Fremdwähler» ins Wahllokal Nummer 377 gekommen sind, kam die hohe Wahlbeteiligung nur dank eines mathematischen Hütchenspieler-Tricks zustande: «905 von 1205 Wahlberechtigten haben gewählt», womit die Wahlbeteiligung bei 75 Prozent lag, hatte der Wahlleiter verkündet. Der Kniff: Er hat die 480 «zusätzlichen Wähler» nur bei der Zahl der Stimmzettel, aber nicht bei der Zahl der Wahlberechtigten hinzugezählt. Auf diese Weise schrumpft die Zahl der Nicht-Wähler um die Hälfte, und statt auf korrekte 53,7 Prozent kommt man auf 75 Prozent Wahlbeteiligung. Als einer der Männer aus der Wahlkommission, der etwas abseits steht, die Prozentzahl «53» hört, mischt er sich hastig ins Gespräch ein: «Machen Sie sich keine Sorge, bis zum Abend kriegen wir die 80 Prozent hin. Alles wird sein, wie es uns gesagt wurde!»

Der Mann hält sein Versprechen. Das offizielle Ergebnis am Tag nach der Wahl laut Wahlkommission: 983 abgegebene Stimmen bei 1149 Wahlberechtigten im Wahllokal 377 – obwohl es am Vortag schon am frühen Nachmittag 1205 Wahlberechtigte plus 480 «Zusatzwähler» gegeben hat – also mindestens 1685 Wahlberechtigte. Der Sprecher des Wahlkomitees bestätigt dagegen auf Anfrage, es habe in diesem Wahllokal keine «Zusatzstimmen» gegeben. Es muss sich also um Geisterstimmen handeln. Moskau meldet am Abend für ganz Tschetschenien knapp 80 Prozent Wahlbeteiligung – genau die Zahl, die der Wahlhelfer im Wahllokal 377 schon am Nachmittag versprochen hatte; 96 Prozent der Wähler haben nach den offiziellen Angaben für die neue Verfassung gestimmt.

Wladimir Putin spricht in Moskau vor den Fernsehkameras von einer «höchst demokratischen» Entscheidung «für den Frieden». Das letzte große Problem in Bezug auf Russlands territoriale Integrität sei nun gelöst, sagt der Präsident: «Wir hatten ein positives Ergebnis erwartet, aber das übertrifft alle Erwartungen.» Anderthalb Monate nach der Wahl teilt die «Gemeinschaft der russisch-tschetschenischen Freundschaft» mit, der moskautreue amtierende Präsident Tschetscheniens, Achmat Kadyrow, habe im zentralen Wahlkomitee Mitarbeiter von Wahlkommissionen mit Geldprämien ausgezeichnet, die sich während des Referendums besonders gut bewährt hätten. Der erste Preis, dotiert mit 50 000 Rubeln, ca. 1500 Euro, geht an den Leiter des Wahllokales Nr. 377 im Lenin-Bezirk.

Das tschetschenische Grundgesetz, über das abgestimmt wurde, ist zugeschnitten auf den moskautreuen Verwaltungschef Kadyrow. «Er ist ein Bandit, aber er ist unser Bandit», wird dem ehemaligen Rebellen im Kreml nachgesagt. Das Maß an Selbständigkeit, das die neue Verfassung dem Kaukasusvolk zugesteht, bleibt weit hinter dem des islamischen Tatarstan in Zentralrussland an der Wolga zurück. So erlaubt sie etwa dem russischen Präsidenten in Artikel 72, seinen tschetschenischen Kollegen jederzeit zu entlassen; Artikel 95 besagt, dass nach der Entlassung des Präsidenten auch der Ministerrat von Moskau aus aufgelöst werden darf. Der Text der tschetschenischen Verfassung ist in Moskau entworfen – und in der Kaukasus-Republik, wo die Menschen nur ans Überleben denken, derart unbekannt, dass Moskau genauso gut die französische Verfassung oder das Libretto des Balletts «Schwanensee» zur Abstimmung hätte stellen können, schreibt der Historiker und Kaukasus-Experte Alexej Malaschenko vom Moskauer Carnegie-Center.

Nach dem Referendum verabschiedet Moskau eine Amnestie – die vierte in Tschetschenien. Ausgeschlossen sind nicht nur Freischärler, die sich schwerer Straftaten wie Mord oder Vergewaltigung schuldig gemacht haben. Anspruch auf Straffreiheit haben nach strenger Auslegung nur diejenigen, die von der Waffe nie wirklich Gebrauch gemacht haben – und damit eigentlich gar keine Rebellen sind. Der russische Staatsanwalt Tschetscheniens, Wladimir Krawtschenko, erwartet, dass nicht mehr als 400 Kämpfer um die Straffreiheit bitten und ihre Waffen niederlegen werden. Doch die Amnestie ist keinesfalls nur eine Farce, sondern dient offenbar einem konkreten Zweck: Die Straffreiheit gilt auch für russische Soldaten, die sich etwas zuschulden kommen ließen.

Das Verfassungsreferendum, die Amnestie und die tschetschenische Präsidentschaftswahl im Jahr 2003 sind Moskaus Reaktion auf «Nord-Ost»: eine «Normalisierungskampagne», nachdem das blutige Geiseldrama den Konflikt weltweit wieder in die Schlagzeilen gebracht hatte und sich der Kreml viel Kritik aus dem Ausland gefallen lassen musste. Kaum aber pries die Staatspropaganda das Verfassungsreferendum als endgültigen Sieg über den tschetschenischen Widerstand, folgte wieder eine schreckliche

Tragödie: Am 5. Juli 2003 sprengen sich zwei tschetschenische Selbstmordattentäterinnen bei einem Rockfestival im Moskauer Stadtteil Tuschino in die Luft; dabei sterben mehr als 18 Menschen und 30 werden verletzt.

Wie früher vermutet die Regierung die Hintermänner der neuen Anschläge sofort im islamistischen Ausland. Kritiker werfen dem Kreml dagegen vor, die Tschetschenen provoziert zu haben. Vor dem Referendum im März 2003 habe Moskau versprochen, bald auf Verhandlungen statt Gewalt zu setzen, behauptet ein hochrangiger Moskauer Politiker, der anonym bleiben möchte. Zwei der wichtigsten Kreml-Beamten seien dazu eigens in den Kaukasus geflogen und hätten ihr Wort gegeben: «Nur darum machten die Tschetschenen bei dem Urnengang mit und hielten still; deshalb haben auch wir in Moskau das Referendum unterstützt – aber der Kreml hat sie und uns verraten und seinen Teil der Abmachung nicht eingehalten.»

Nachdem sich die Politiker im Westen mit Kritik am Referendum auffallend zurückhielten, erreichte die Farce in Tschetschenien ein gutes halbes Jahr später einen neuen Höhepunkt. Der Kreml werde jeden Präsidenten akzeptieren, den die Tschetschenen wählen, hatte Wladimir Putin noch im Juli 2003 versprochen. Was dann am 5. Oktober in der Kaukasus-Republik über die Bühne ging, war weniger eine freie Präsidentschaftswahl als absurdes Theater: Alle ernst zu nehmenden Konkurrenten des Kreml-Favoriten Kadyrow wurden vor dem Urnengang aus dem Rennen gedrängt – obwohl keiner von ihnen zu den Separatisten gehörte, die ganz von der Wahl ausgeschlossen blieben. Ein Kandidat gab auf, nachdem Morddrohungen an seine Adresse gegangen waren; ein anderer trat von seiner Kandidatur zurück, nachdem Putin bei ihm angerufen und ihn zu seinem Berater ernannt hatte; kurz zuvor hatte er noch erklärt, nur eine Kugel könne seine Kandidatur verhindern; ein Dritter gab nach einem Anruf von Präsidialamtschef Woloschin auf; einen Vierten, der sich allen «Überredungsversuchen» widersetzte, disqualifizierte die Wahlkommission; angeblich hatte er gefälschte Unterstützer-Unterschriften vorgelegt. Im Rennen blieben nur noch chancenlose Zählkandidaten, die zu einem großen Teil Kadyrow nahe standen und offenbar in erster Linie den Auftrag hatten, wenigstens den Schein einer Wahl zu wahren. Einer der «Gegenkandidaten» war etwa ein Mitarbeiter von Kadyrows Pressestelle.

Für den heftigen Einsatz hatte der Kreml allen Grund: Moskaus Protegé, der ehemalige Freischärler und Mufti Kadyrow, ist äußerst unbeliebt bei seinen Landsleuten und gilt als ausgesprochen korrupt; Kritiker sehen genau darin den Grund dafür, dass Moskau auf ihn setzt – ist er doch völlig vom Kreml abhängig und erpressbar. Schon bei der Vorbereitung einer Pilgerreise Ende der achtziger Jahre habe er die Gläubigen um 200 000 Dollar geprellt und sei dafür ins Gefängnis gekommen, berichtete die «Frankfurter Rundschau». Inzwischen soll seine Verwaltung demzufolge Wiederaufbauhilfe im Wert von 20 Millionen Dollar in Komplizenschaft mit russischen Beamten unterschlagen haben; die Hälfte davon versickerte angeblich bereits in Moskau. Kadyrows Leibwache mit seinem Sohn an der Spitze zöge als Todesschwadron plündernd und raubend durch die gesamte Republik, kritisieren Menschenrechtler; sie werfen Moskau vor, die Bevölkerung Tschetscheniens einer kriminellen Regierung ausgeliefert zu haben. Moskau bewahrt Kadyrow demzufolge vor dem Gesetz, während er im Gegenzug die russische Zentralmacht stützt.

Kadyrows Presseminister erklärte, dass sein Chef bei freien Wahlen allenfalls fünf Prozent der Stimmen bekommen werde – und wurde prompt entlassen. Bewaffnete stürmten das Fernsehen, das fortan nur noch Kadyrows Werbespots zeigte. Bei Meinungsumfragen in der abtrünnigen Republik war vor der Wahl nur ein Ergebnis eindeutig: Mehr als zwei Drittel der Tschetschenen wollten in keinem Fall Kadyrow wählen. An einem Wahlsieg des Kreml-Statthalters, den Präsident Putin vor der Wahl medienwirksam zu einer persönlichen Visite empfing, gab es dennoch keine Zweifel. Anders als in den ersten Jahren nach Putins Amtsantritt bemüht sich das offizielle Moskau nicht einmal mehr, die zynische Inszenierung zu verschleiern. Das amtliche Ergebnis, 82 Prozent der Stimmen bei 80 Prozent Wahlbeteiligung, erinnert fast an Sowjetzeiten. Die Weigerung der «Organisation für Sicherheit und Zusammenarbeit in Europa», Beobachter zu dem Urnengang zu entsenden, kommentierte ein Sprecher des Moskauer Außenministeriums mit den Worten, dass diejenigen, «die die Gastfreundschaft der tschetschenischen Behörden ausschlagen, dieses Schlüsselerlebnis im Leben des tschetschenischen Volkes nicht kompetent beurteilen könnten».

Die Wahl-Farce wird im Kaukasus neuen Hass auf Moskau säen und die Menschen noch weiter in die Arme der Radikalen treiben. Auch wenn es keine einfachen Lösungen für den Konflikt in Tschetschenien gibt: Moskau hätte bei der Präsidentschaftswahl ein Zeichen setzen und den Menschen wenigstens eine gewisse Wahlfreiheit gewähren können – zumindest, indem man etwa den moskautreuen und in Tschetschenien hoch angesehenen Duma-Abgeordneten Aslanbek Aslachanow nicht in letzter Minute zu einem Rückzieher gedrängt hätte. Ein solcher Schritt hätte aber etwas Mut vom Kreml verlangt – und einen Verzicht auf die völlige Moskauer Kontrolle des Marionettenregimes in der Kaukasus-Republik.

Petersburger Fassaden Glaubt man der Legende, ging es schon Fürst Potemkin darum, dem Westen etwas vorzugaukeln: Weil hochrangige Gesandte aus ganz Europa angereist waren, wollten Russlands Mächtige Eindruck hinterlassen. Am Ufer des Dnjepr, auf dessen Wellen die hohen Damen und Herren auf die Krim reisten, ließ der Günstling der Zarin demzufolge 1787 Dorfattrappen errichten und ein und dieselben Jubelbauern den Ankommenden begeistert zuwinken. Selbst was Wahrheitsfindung und üble Nachrede angeht, scheint es damals in Russland ähnliche Probleme gegeben zu haben wie heute: Die Historiker gehen inzwischen davon aus, dass die Geschichte von den «potemkinschen Dörfern» eine Erfindung der Gegner des Fürsten war, mit der sie ihn bei der Zarin diskreditieren wollten.

216 Jahre später erlebt Russland ein Schauspiel, das in vieler Hinsicht der alten Legende gleicht – die unterschiedlichen Versionen und Verschwörungstheorien inklusive. Zur 300-Jahr-Feier seiner Heimatstadt Petersburg empfängt Wladimir Putin im Mai 2003 mehr als 40 Staatschefs aus aller Welt, unter ihnen US-Präsident George W. Bush. Die Zeitung «Moskowskaja Prawda» fühlt sich an die «totalitär-hysterische Vorbereitung» zu den Olympischen Spielen 1980 erinnert. Damals mussten Alkoholiker, «Unzuverlässige» und Schulkinder Moskau verlassen, damit die Stadt den vielen Ausländern einen anständigen Anblick bot. In Petersburg werden zur 300-Jahr-Feier Straßenkinder in Heime vor den Toren der Stadt verbannt, Professoren empfehlen ihren Studenten, rechtzeitig abzureisen, und die Ferien beginnen zwei Tage früher. Eltern sind gehalten, ihre Kinder aufs Land zu schicken – was die Schulen auf Antrag gleich für sie übernehmen. Obdachlose will

die Stadtverwaltung mit neuen Kleidern gipfeltauglich machen – oder aus der Stadt verbannen. Den Flughafen sperren die Behörden vier Tage lang für Normalsterbliche, nur offizielle Delegationen dürfen landen.

Damit die Staatsgäste, die Petersburg besuchen, weder die falschen Menschen noch die falschen Bilder zu Gesicht kriegen, werden entlang der Prominenten-Fahrtstrecke an der Wolchonskoe Chaussee baufällige Häuser mit riesigen Plakatwänden verdeckt. Und ebenso wie damals heißt es auch heute wieder, bei all den Vorwürfen handle es sich um Lügen und üble Nachreden – auch wenn etwa die Plakatwände nicht zu übersehen sind und der Teil der Stadt, der an der Fahrtroute der hohen Gäste liegt, kaum wiederzuerkennen ist – während 50 Meter abseits oft schon wieder der alte Zerfall herrscht.

Auch das Wetter wird nicht dem Zufall überlassen. Spezialflugzeuge sollen die Wolken vom Himmel vertreiben, damit für die Staatsgäste Sonnenschein herrscht. Wenn Regen im Anmarsch ist, streuen die Flieger Chemikalien vom Himmel. Das Pulver soll die Feuchtigkeit binden und die Wolken fernab von der Stadt zur Tröpfchenbildung anregen. Der Einsatz kostet Medienberichten zufolge rund 720 000 Euro – mehr Geld, als dem Wetterdienst von Petersburg mit seinen knapp fünf Millionen Einwohnern pro Jahr zusteht.

Damit die Feier nicht gestört wird, legen die Behörden sogar eine Leiche auf Eis: Aus Angst vor einem «Mafia-Spitzentreffen» dürfen die sterblichen Überreste des am 25. Mai 2003 in Moskau ermordeten Petersburger Mafia-Paten Kostja Jakowlew, Spitzname «Mogila» – das Grab –, nicht in seine Heimatstadt überführt werden, solange sich dort die Polit-Prominenz zum Feiern trifft. Der Kreml fürchtete, dass Unterwelt-Bosse aus ganz Russland «Mogila» das letzte Geleit geben könnten.

In dem Örtchen Strelna zwischen Petersburg und Petergof, der Sommerresidenz der Zaren, hat Präsident Putin den historischen, aber baufälligen Konstantinowski-Palast am Finnischen Meerbusen für rund 300 Millionen Dollar zum prunkvollen Gipfel-Standort ausbauen lassen – Schiffsanlegestelle, Hubschrauberlandeplatz und Villen für die Staatsgäste eingeschlossen. Gezahlt haben Russlands Reiche – «gezwungen freiwillig», wie Spötter die milden Finanzierungsgaben auf Bitten des Kreml nennen. Für die Feier in Putins Heimatstadt scheut der russische Staat keine Kosten. Die Spendierfreude weckte aber auch kriminelle Energien. Nach Angaben des russischen Innenministeriums verschwanden mehrere Millionen Euro in dunklen Kanälen.

Die gesteuerte Demokratie

Das Angebot verschlug dem sonst so wortgewaltigen Reform-Politiker und Duma-Abgeordneten fast die Sprache. Nach Sankt Petersburg? Bei den Gouverneurswahlen gegen die erklärte Favoritin von Präsident Putin in den Ring treten? Nein, um Gottes willen, so ein Abenteuer sei politischer Selbstmord, erschrak der prominente russische Demokrat bei dem Treffen im Hinterzimmer eines Moskauer Cafés, kaum einen Steinwurf vom Kreml entfernt. Der extra angereiste Unterhändler musste unverrichteter Dinge mit dem Nachtzug in Russlands zweite Hauptstadt zurückfahren.

Einflussreiche Geschäftsleute suchten im Juni 2003 einen prominenten Kandidaten für das Petersburger Rathaus, nachdem die Putin-Vertraute Walentina Matwijenko ihre Kandidatur für das hohe Amt angekündigt hatte. Wer der mächtigen Statthalterin des Präsidenten in Russlands Nord-West-Region in die Quere kam, musste mit Ärger rechnen – bei vielen Abtrünnigen klopften Staatsanwälte und Finanzbeamte an der Tür. Alle halbwegs prominenten Politiker scheuten vor der Fehde mit dem Kreml zurück – nur lokale Größen wagten es, der Frau mit der Föhnfrisur und dem robusten Charme die Stirn zu bieten.

Wie schon bei der 300-Jahr-Feier schien Fürst Potemkin in seinem heimischen Petersburg wieder lebendig zu werden. Tricks und Intrigen bestimmten den Wahlkampf in der Fünf-Millionen-Stadt. Die Sparkassen hätten sich geweigert, Spenden ihrer Anhänger anzunehmen, die Miliz habe ihre Flugblatt-Verteiler vom Newski-Prospekt vertrieben, und Beamte, die sich nicht von ihr lossagen, hätten um ihren Job fürchten müssen, klagte die Zweitplatzierte, eine frühere Polizei-Offizierin. Als der Präsident des

Fußball-Clubs Dinamo Petersburg Wahlkampf gegen die Kreml-Kandidatin machte, musste er prompt seinen Verbandsposten räumen. Ein Putin-Berater forderte die örtlichen Kasaken auf, ihr Kreuz an der richtigen Stelle zu machen.

Selbst die Gesetze schienen nicht für alle zu gelten: Nach neuen Vorschriften dürfen sich hohe Politiker und Staatsbeamte nicht in den Wahlkampf einmischen; Kandidaten müssen sich beurlauben lassen. Dennoch trat die beurlaubte Matwijenko, die stets im Mercedes mit zwei Begleitwagen durch Petersburg fährt, werbewirksam zum Rapport bei Präsident Putin im Kreml an. Bei dem Treffen wünschte ihr der Staatschef den Wahlsieg – vor laufenden Kameras. Die Gegenkandidaten erhoben gegen Putins rechtlich zweifelhafte Wahlhilfe Klage. Die Gerichte wiesen sie umgehend zurück. Die Kandidatin habe dem Präsidenten als Privatperson Bericht erstattet, so die Begründung der Richter.

Nicht nur an der Medienfront habe der Kreml in Putins Heimatstadt nichts dem Zufall überlassen wollen und das Schlagwort von der «gesteuerten Demokratie» wörtlich genommen, berichtete ein Petersburger Insider mit guten Kontakten in den Kreml: Rechtzeitig vor der Wahl wurde der Chef der örtlichen Wahlkommission wegen angeblicher Bestechlichkeit entlassen. Neuer Chef-Kontrolleur wurde ein ehemaliger Beamter des notorisch bestechlichen Zolls. Der Führungswechsel zeigte Wirkung. Schmutzige Wahlkampftricks «werden ausschließlich gegen eine Kandidatin gespielt – Matwijenko», erklärte prompt ein Sprecher des unparteiischen Wahlgremiums in den zentralen 20-Uhr-Nachrichten: Die Wähler hätten ihre Entscheidung so gut wie getroffen, und in Vorahnung ihrer Niederlage griffen die anderen Kandidaten zu illegalen Mitteln.

Trotz massiver Propaganda konnte sich der Kreml bei der Wahl in Putins Heimat, der als Testlauf für die anstehenden Wahlen der Duma und des Präsidenten galt, nicht durchsetzen: Matwijenko ließ zwar ihre Gegenkandidaten weit hinter sich, verfehlte aber trotz «Meistbegünstigungs-Klausel» im ersten Wahlgang die absolute Mehrheit und konnte erst in der Stichwahl siegen. Die Wähler in Petersburg reagierten auf das Wahlspektakel auf ihre Weise: Mit 28 Prozent erreichte die Wahlbeteiligung einen neuen Minus-Rekord und lag um nahezu 20 Prozentpunkte unter dem Ergebnis der letzten Gouverneurswahlen.

Fast 12 Prozent der Wähler machten von einer besonderen Möglichkeit Gebrauch, die das russische Wahlrecht den Bürgern bietet: Sie kamen extra an die Wahlurne, um gegen alle Kandidaten zu stimmen – ihr Ärger ist noch deutlich größer als bei jenen, die einfach zu Hause blieben. Gegenüber dem Jahr 2000 hat sich der Prozentsatz der Stimmen «gegen alle» verdreifacht. Das Ergebnis zeigt deutlich die Auswirkungen der «steuerbaren Demokratie» auf die Wähler: Auf der einen Seite steigt die Zahl derjenigen, die sich nicht mehr für den Politikbetrieb interessieren, andererseits wächst auch das Protestpotenzial.

Möglicherweise kam der Warnschuss aus Petersburg etwas zu spät. Einen Tag vor dem enttäuschenden Ergebnis des ersten Wahlgangs wurde Wladimir Putin auch im Duma-Wahlkampf aktiv: Am 20. September 2003 trat er in Moskau vor dem Parteitag der Kreml-Partei «Einiges Russland» im Säulensaal des Moskauer Gewerkschaftshauses auf, der Russen vor allem dadurch in Erinnerung ist, dass hier einst Stalins Leichnam aufgebahrt war. «Ich mache keinen Hehl daraus, dass ich vor vier Jahren für Ihre Partei stimmte», erklärte der Präsident den begeisterten Parteitags-Delegierten und wünschte ihnen Erfolg bei den Parlamentswahlen. Seine Wahlentscheidung von 1999 habe er nicht bereut, da «Einiges Russland» in der Duma immer eine «staatliche Position» bezogen habe.

Das neue russische Wahlgesetz, das die Unterschrift Putins trägt, verbietet hohen Beamten und Politikern jede Einmischung oder Parteinahme im Wahlkampf; wer sich nicht beurlauben lässt, darf nicht mitreden. Auch für die Medien setzt das Gesetz teilweise absurde Grenzen; es untersagt etwa jede Kommentierung und Berichterstattung über Kandidaten, die nicht mit ihrer Kandidatur zusammenhängen; wenn ein Bewerber um ein öffentliches Amt etwa wegen einer Straftat vor Gericht kommt, dürfen Journalisten nach dem Gesetz nicht darüber berichten – es sei denn, er hat die Straftat explizit als Kandidat begangen, etwa auf dem Weg zu einer Wahlkampfveranstaltung. Artikel über das Programm und die Wahlziele von Parteien sind ebenso verboten wie Analysen. Bei strenger Auslegung schafft das Gesetz die Grundlage für Zensur und macht jede politische Auseinandersetzung unmöglich. Der Maulkorb trifft in erster Linie die Opposition, da die Amtsinhaber ohnehin im Mittelpunkt der Berichterstattung stehen.

Die Wahlkommission und die Gerichte wenden das Regelwerk zwar zunächst nicht strikt an; aber als Drohmittel wirkt es allemal. Was Einmischung und Parteinahme sind, ist in dem neuen Gesetz nicht eindeutig formuliert – und damit von den Behörden zu entscheiden. Da Vorschriften und ihre Anwendungen in Russland oft weit auseinander gehen, bieten sich beste Möglichkeiten für Manipulationen. Laut Gesetz dürfen Minister keiner Partei angehören. Dennoch führt Innenminister und Putin-Intimus Gryslow die Kreml-Partei «Einiges Russland». Das Justizministerium bestätigte ihm, dass er zwar offiziell Parteichef, aber dennoch im rechtlichen Sinne kein Mitglied der Partei und erst recht nicht ihr Vorsitzender ist. Laut Gesetz dürfen russische Gouverneure maximal zwei Wahlperioden ununterbrochen im Amt sein, manche amtieren aber bereits drei Wahlperioden und dürften sich dank juristischer Finesse um eine weitere Amtszeit bemühen, weil die ersten einfach nicht mitgezählt werden.

Die gesteuerte Demokratie verkehrt das Prinzip der Volksherrschaft ins Absurde. Nicht die Wähler bestimmen, wer sie regiert, sondern die Regierenden, wo die Wähler ihr Kreuz zu machen haben.

Parteien aus der Retorte Westliche Parteien beschäftigen Werbeprofis, um ihre Wahlchancen zu erhöhen. In Russland schaffen Werbefachleute Parteien und politische Bewegungen, um die Wähler auf die richtige Seite zu ziehen. Oft werden sie im Auftrag des Kreml tätig.

Vize-Präsidialamtschef Wladislaw Surkow ist zuständig für die Kontakte mit den Parteien – und schmiedet Bündnisse oft je nach Bedarf und Lage. Er gilt als einer der geistigen Väter der Kreml-Partei «Einheit», die praktisch aus dem Nichts entstand und deren einziger politischer Zweck darin besteht, den Präsidenten zu unterstützen. Er war beteiligt am Zusammenschluss von «Einheit» mit dem einstigen Intimfeind, der «Vaterland»-Partei des Moskauer Bürgermeisters, zum Bündnis «Einiges Russland». Surkows Handschrift trägt auch das neu gegründete Kommunisten-Double unter dem Namen «Heimat» um kremltreue Politiker, das im Duma-Wahlkampf 2003 mit linken und patriotischen Parolen den echten Kommunisten Stimmen abnehmen sollte.

Wie das System funktioniert, zeigt beispielhaft ein anderes Kunstprodukt: die Jugendbewegung «Gemeinsam Gehende». Sie organisierte mehrere Pro-Putin-Demonstrationen und ließ mitten in Moskau vor dem Bolschoitheater eine meterhohe Klo-Attrappe aufbauen, um symbolisch Bücher bekannter russischer Autoren wie Wladimir Sorokin und Viktor Pelewin darin zu versenken – eine moderne Form der Bücherverbrennung. Es gehe um die «Reinhaltung der russischen Kultur», erklärten die Organisatoren, deren einziges klar formuliertes politisches Ziel in der Unterstützung für den Präsidenten besteht. Dem Schriftsteller Sorokin warf die Organisation Pornographie vor. Prompt griff die Staatsanwaltschaft die Vorwürfe auf. Monatelang wurde gegen den populären Autor ermittelt, er musste vor Gericht erscheinen, und erst nach einem langen Nervenkrieg und heftigen internationalen Protesten wurde das Verfahren eingestellt. Sorokin verhöhnte die «Gemeinsam Gehenden» als «SA in Puderzucker». Während die Nationalsozialisten aber wenigstens aus Überzeugung gehandelt hätten, gebe es für die neue Jugendorganisation nur eine Motivation – Bargeld, empörte sich der Schriftsteller.

Tatsächlich funktionieren die «Gemeinsam Gehenden» nach dem Schneeballprinzip. Wer fünf neue Mitglieder wirbt, wird zum Kommandeur dieser Fünfer-Gruppe und erhält kostenlos einen Pager, damit er Anweisungen von seinem Vorgesetzten erhalten kann. Wer 50 Mitglieder anwirbt, wird Kommandeur einer Einheit und bekommt ein Monatsgehalt von rund 50 Euro. Für die Aktivisten stehen Kinos, Internet-Cafés und Schwimmbäder kostenlos zur Verfügung – wenn sie sich an allen Aktionen beteiligen. Die Verlockungen wirken – die «Gemeinsam Gehenden» trommeln Tausende zusammen, als sie im Mai 2001 und 2002 direkt vor den Toren des Kreml die Jahrestage von Putins Vereidigung feiern – viele «Putinisten» tragen T-Shirts mit dem Porträt des Präsidenten. Auf Nachfragen von Journalisten können einige von ihnen zwar kaum richtig erklären, was genau sie feiern. Aber die Bilder von der großen Pro-Putin-Demonstration sind auf allen Fernsehkanälen zu betrachten.

Führender Kopf bei den «Gemeinsam Gehenden» ist aber ausgerechnet ein früherer Beamter aus dem Präsidialamt, der im Jahr 2000 für Putin Wahlkampf machte und dem gute Kontakte zu Partei-Züchter Skurkow nachgesagt werden: Wassili Jakemenko. Viele Moskauer Politiker vermuten, die «Gemeinsam Gehenden» seien auf Anregung des Kreml gegründet worden, als eine Art Neuauflage des alten sowjetischen Jugendverbandes «Komsomol». Nach dem Wahlsieg Putins im März 2000 habe Jakimenko eine entsprechende Anweisung erhalten und sei dazu eigens von seinem Posten im Kreml freigestellt worden, heißt es auf den Korridoren der Duma. Zuvor hat sich der Jungfunktionär im Wahlkampf nach Informationen von Eingeweihten mit so genannter «Schwarzer PR» verdient gemacht – der Diskreditierung des politischen Gegners. Opfer war in einem Fall der frühere Generalstaatsanwalt und Jelzin-Widersacher Skuratow, der – wie beschrieben – seinen Posten wegen eines Sex-Videos verlor, das ihn angeblich mit Prostituierten zeigte. Jakimenko organisierte diskret eine Demonstration der besonderen Art. Gegen bescheidenes Entgelt engagierte er ein knappes Dutzend Studentinnen, die bis zur Unkenntlichkeit geschminkt mitten in Moskau «für Skuratow» auf die Straße gingen und lautstark ihre Solidarität mit dem «Förderer der Prostitution» kundtaten – und den Präsidentschaftskandidaten Skuratow so im ganzen Land zum Gespött machten. Ein unwürdiges Schauspiel, von dem die staatlichen Sender als ernst zu nehmendem Ereignis berichteten.

Die Geschichte der Jugendbewegung ist beispielhaft für das Agieren der Präsidialverwaltung: Offiziell ist der Kreml in heiklen Fragen nicht zuständig und bezieht eine einwandfreie Position – für die Pressefreiheit, gegen Personenkult, für einen Rechtsstaat, stets über den Parteien und dem demokratischen Ideal verpflichtet. Leute, die enge Kontakte zum Präsidialamt unterhalten oder praktisch unter seiner Befehlsgewalt stehen, ziehen aber hinter den Kulissen diskret die Fäden – und oft genau in die entgegengesetzte Richtung. Der Kreml spricht sich gegen Personenkult aus – und die eifrigsten Schmeichler werden im Kreml empfangen, ernten Lob und Geld. Der Kreml beharrt auf Pressefreiheit – und Minister und Konzerne, die er kontrolliert, schalten missliebige Sender ab. Der Kreml sagt der Korruption den Kampf an – und befördert bestechliche Beamte. Der Kreml verspricht, die Menschenrechtsverletzungen in Tschetschenien zu unterbinden – und bringt die berüchtigtsten Tschetschenien-Generäle in höchste Ämter.

Den Politikern im Westen scheint die Inszenierung gelegen zu kommen: Sie tun so, als durchschauten sie das Schauspiel nicht. Dabei war der «Deutsche im Kreml», der heute von den USA und der EU hofiert wird, nach seinem Amtsantritt außenpolitisch noch auf erhebliche Widerstände gestoßen.

Der Drang nach Westen Nach dem Amtsantritt von George W. Bush Ende 2000 herrschte im Kreml Krisenstimmung: Der siegreiche Kandidat hatte in Abgrenzung zu seinem moskaufreundlichen Konkurrenten Al Gore mit Russland-Kritik Wahlkampf gemacht und die Streichung aller Finanzhilfen für Moskau gefordert für den Fall, dass Putin seine Tschetschenien-Politik nicht ändere. Bald nach Bushs Einzug ins Weiße Haus sprachen die ersten Beobachter schon von einem Wiederaufleben des Kalten Krieges: Washington kündigte an, auch gegen den Widerstand Moskaus einen Raketenabwehrschirm zu installieren, wies russische Diplomaten aus, attackierte Putin wegen seiner KGB-Vergangenheit und seiner Annäherung an vermeintliche «Schurkenstaaten».

So stark war die Besorgnis im Kreml, dass ausgerechnet der ungeliebte Ex-Präsident als Retter in der Not einspringen musste: Weil auf allen offiziellen Kanälen zwischen Moskau und Washington Funkstörung herrschte, reiste Michail Gorbatschow nach der Präsidentschaftswahl in den USA im Frühjahr 2001 in diskreter Mission nach Amerika – um bei Bush senior ein gutes Wort einzulegen. Die vertrauliche Bitte: Der frisch gewählte Sohn solle aufhören, Präsident Putin zu schneiden, und ihn nach Washington einladen. Wenig später wandelte sich der anfängliche Konflikt zu einem heftigen politischen Flirt: US-Präsident George W. Bush zeigte sich nach seinem ersten Zusammentreffen in Ljubljana im Juni 2001 begeistert von seinem russischen Kollegen: «Ich habe in die Augen dieses Menschen gesehen, und ich habe seine Seele erkannt.» Der US-Präsident lobte Putin als geradlinigen Menschen, der es verdiene, dass man ihm vertraut. Russland und die USA könnten starke Partner und Freunde sein.

Seine Einschätzung teilt der US-Präsident mit den meisten Gesprächspartnern Putins: Der russische Staatschef ist in der persönlichen Begegnung ausgesprochen charmant und einnehmend. Mit einem bescheidenen, fast etwas schüchtern wirkenden Charme und einer Nervosität, die ihn sehr menschlich macht, scheint er selbst Menschen zu überzeugen, die ihm zuvor kritisch gegenüberstanden. Dabei kommt Putin zugute, dass er es meisterhaft versteht, seinen Gesprächspartnern zu gefallen – was Kritiker seiner Geheimdienst-Schule zuschreiben: Beim Treffen mit dem US-Präsidenten Bush erscheint Putin noch eine Spur gläubiger als sonst; wenn er mit Bundeskanzler Schröder zusammenkommt, noch etwas Deutschland-freundlicher; empfängt er Kommunisten, schlägt sein Herz besonders links; und bei Unternehmern ist Putin Marktwirtschaftler mit der ganzen Seele.

Nach den Bombenanschlägen in Amerika am 11. September 2001 wurde aus der Annäherung zwischen den USA und Russland eine politische Allianz. Wladimir Putin war der erste ausländische Staatschef, der US-Präsident Bush sein Beileid aussprach und Unterstützung zusagte – anders als die meisten anderen Staatsmänner hatte er dank des roten Telefons einen direkten Draht zu seinem Kollegen. Im Frühling 2002 verbrachten die beiden Staatschefs gemeinsam drei Tage in Moskau und Petersburg, unterzeichneten einen Abrüstungsvertrag und besiegelten dann bei Rom eine neue Partnerschaft zwischen Moskau und der NATO. Das war der lange erwartete Dank für Russlands Hilfe in der Anti-Terror-Koalition.

Die neue Partnerschaft mit den USA bedeutet für Moskau eine Kurswende. Boris Jelzin war in den letzten Jahren seiner Amtszeit auf Distanz zum Westen gegangen; vor allem die Kosovo-Krise hatte zu einem Bruch zwischen Moskau und der NATO geführt. So weit ging die Entfremdung, dass der greise Jelzin im Dezember 1999 bei einem Besuch in China US-Präsident Bill Clinton mit dem Einsatz russischer Atomwaffen drohte. Ganz im Geiste der Rückbesinnung auf sowjetische Großmacht-Traditionen buhlte der frisch gewählte Präsident Putin im Jahr 2000 zunächst um alte Bündnisgenossen wie Kuba, Nordkorea und China – was im Westen als deutlicher Reflex einer ehemaligen Supermacht wahrgenommen wurde. Freilich war die Zuwendung zu den alten Genossen nicht ganz freiwillig, hatten doch die westlichen Regierungschefs dem Neuling im Kreml zunächst die kalte Schulter gezeigt und ihn wegen des Tschetschenien-Krieges und autoritärer Schritte in der Innenpolitik heftig kritisiert. Wladimir Putin, der sich als Europäer versteht, litt sehr unter der Zurückweisung; vor allem die unterkühlten Signale aus Berlin, von Bundeskanzler Gerhard Schröder und Außenminister Joschka Fischer, stießen dem neuen Kreml-Herrscher und seinen Vertrauten sehr bitter auf.

Putins Richtungswechsel in der Außenpolitik kam überraschend – und war innenpolitisch nicht ungefährlich: Hinter den Kulissen regte sich Unmut. «Mir sind keinerlei Vorteile der neuen Zusammenarbeit ersichtlich», klagte ein hoher Regierungsbeamter. In Moskau herrschen Zweifel, wie ernst es Washington mit der Partnerschaft nimmt. Warum die USA ihre Gefechtsköpfe nicht verschrotten würden, wurde Bush etwa 2002 in Sankt Petersburg gefragt. Weil man nicht wisse, wer in zehn Jahren russischer Präsident sein würde, antwortete der US-Präsident freimütig.

Auch außerhalb des Kreml herrscht in Russland weiter große Skepsis gegenüber den Absichten der USA. Fast 56 Prozent der Russen glauben, Moskau müsse die NATO fürchten, wie eine WZIOM-Umfrage im Jahr 2002 ergab. Der US-Präsident ist für die meisten Russen demzufolge eine Witzfigur: 57 Prozent halten Bush für «primitiv». Genüsslich zeigten die TV-Sender, wie der Texaner bei seinem ersten Moskau-Besuch 2002 am Verhandlungstisch im Kreml erst mit Verspätung seinen Kaugummi ausspuckte – als Putin schon mit der Begrüßung begonnen hatte. Bei der Kreml-Besichtigung habe Bush gar einen «Kulturschock» erlitten, hieß es spitz: Trotz offenem Mund brachte der US-Präsident angeblich nicht mehr heraus als viermal das Wort «wunderbar».

Vor allem die Stationierung amerikanischer Soldaten in ehemals sowjetischen Gebieten wie Zentralasien und dem Kaukasus galt vielen Anhängern der alten außenpolitischen Schule in Moskau als Affront. Wie zu Bismarcks Zeiten sehen viele Entscheidungsträger das Ringen auf der internationalen Bühne immer noch als Kampf mit wechselnden Koalitionen – und glauben, dass internationale Organisationen wie die NATO und die EU in Wahrheit traditioneller Bündnispolitik dienen. So hofften nach Putins Amtsantritt viele Diplomaten in Moskau auf eine besondere Beziehung zu Berlin auch abseits von der EU und waren verärgert über die deutsche Zurückhaltung. Ein Großteil der Moskauer Elite weigert sich hartnäckig, Russlands neue, geschrumpfte Rolle in der Welt anzuerkennen und sieht die historische Mission des Landes weiter in einer Rolle als Supermacht; da diese Ansprüche inzwischen jeder objektiven Grundlage entbehren, tröstet man sich allzu gerne mit Selbstbetrug und Realitätsflucht. Putin selbst dagegen scheint die Grenzen von Russlands Stärke zu kennen. Wenn Russland Großmacht sein wolle, sei das nur mit wirtschaftlicher Stärke möglich, mahnte er seine Landsleute mit bemerkenswertem Realismus.

Doch die neue West-Orientierung scheint eher Pragmatismus zu entspringen als einem grundlegenden Wertewandel in der Außenpolitik. Wo Russland noch die nötigen Druckmittel in der Hand hat, agiert Wladimir Putin eher nach sowjetischer Manier: Gegenüber den ehemaligen Sowjetrepubliken an seiner Grenze spielt der Kreml mit den Muskeln. Wer sich nicht klar zu Moskau bekennt, muss damit rechnen, dass seine Opposition Unterstützung aus Russland erhält. Als weiteres Druckmittel nützt Moskau seine Gas- oder Öllieferungen; auch Zölle werden als Waffe im außenpolitischen Gefecht genutzt. Das Ziel: Wirtschaftsimperium statt Sowjetreich. Der Nachbarrepublik Georgien drohte Putin gar mit Bombardements – wegen angeblicher Unterstützung der tschetschenischen Rebellen. Georgiens Präsident, der frühere sowjetische Außenminister und Gorbatschow-Weggefährte Eduard Schewardnadse, wirft dem Kreml vor, sein Land zum Sündenbock für die eigenen Misserfolge in Tschetschenien zu machen.

Dass Putin, der sich sonst bei Streitthemen meist bedeckt hält und kaum deutlichen Widerspruch zur öffentlichen Meinung wagt, in der Außenpolitik gegen alle Widerstände seinen eigenen Kurs verfolgt, hat mehrere Gründe. Anders als die vielen Anhänger eines russischen Sonderwegs zwischen Europa und Asien ist Putin schon seiner Herkunft wegen ein «Westler»: Er stammt aus Petersburg, Russlands traditionellem Fenster zu Europa, lebte jahrelang in Deutschland und fühlt sich persönlich zur europäischen Kultur stark hingezogen. Sein internationales Ansehen sei dem Präsidenten extrem wichtig, erzählt ein politischer Weggefährte: «Manchmal habe ich fast den Eindruck, dass ihm mehr an seinem Ruf im Westen liegt als an dem im eigenen Land.»

Anders als für seinen Vorgänger Boris Jelzin sind emotionale Momente für den Vernunftmenschen Putin aber kaum ausschlaggebend. Als Pragmatiker will er zwar alte Atomwaffen wieder hervorkramen – hat sich aber zumindest offiziell damit abgefunden, dass Russland allen laut vorgetragenen Großmacht-Ambitionen zum Trotz höchstens noch eine bedeutende Regionalmacht ist – und es sich wirtschaftlich und militärisch nicht mehr leisten kann, den USA die Stirn zu bieten, vor allem, weil die russische Wirtschaft ganz entscheidend auf Investitionen aus dem Westen angewiesen ist. Statt wie Jelzin auf internationaler Bühne aufzutrumpfen, sich dabei der Lächerlichkeit preiszugeben und selbst den geringen verbliebenen Einfluss zu verlieren, versucht Putin, die politischen Karten, die Russland verblieben sind, so geschickt wie möglich auszuspielen.

Bei nüchterner Betrachtung hat der Kreml keine Alternative zum Westkurs. Vor allem im Rohstoffsektor haben beide Seiten großes Interesse an einer Kooperation: Seit dem 11. September wollen die Amerikaner ihre Abhängigkeit von Rohstoff-Lieferungen aus islamischen Ländern verringern. Nach Experten-Schätzungen könnte Russland theoretisch fast die Hälfte des US-Ölbedarfs decken, realistisch wären 10 Prozent; 2003 kamen aber noch weniger als ein Prozent des in den USA verbrauchten Öls vom ehemaligen Erzfeind. Entsprechend groß ist auch das Interesse der russischen Konzerne an Putins Flirt mit dem Westen: Die meisten von ihnen sind im Gas- und Öl-Geschäft aktiv – eine gute Zusammenarbeit mit dem Westen bietet enorme Chancen. Eine Pipeline soll bald Öl nach Murmansk bringen – für Tanker Richtung USA.

Wie meisterhaft Putin das außenpolitische Spiel nach kurzer Zeit beherrschte und die ausländischen Staatschefs gegeneinander ausspielte, zeigte beispielhaft die Irak-Krise im Frühjahr 2003. Der russische Präsident veranstaltete einen Eiertanz der besonderen Art: Er protestierte offiziell an der Seite Berlins und Paris gegen den Krieg, vermied aber zugleich einen Bruch mit seinem Freund Bush. Moskau, so die Einsicht im Kreml, könne Washington ohnehin keinen Knüppel zwischen die Beine werfen, und Putin sei klug genug, es gar nicht erst zu versuchen.

Öffentlich warf der Kreml-Chef den USA Völkerrechtsbruch und «Faustrecht» vor. Damit war er zum einen der Unterstützung der kriegsscheuen und Amerika-skeptischen Mehrheit im eigenen Land gewiss, und er konnte Kredit für Russlands Rolle in Europa einspielen. Zudem sicherte er sich die Dankbarkeit des Bundeskanzlers, dem er eine Brücke aus der internationalen Isolation baute. Während Schröder und Chirac mit ihrem Kurs den Zorn Bushs hervorriefen und sich ihre Beziehungen zu Washington auf lange Zeit verschlechterten, telefonierte Putin regelmäßig mit seinem US-Kollegen, informierte ihn über seine Beweggründe und pflegte stets den engen persönlichen Kontakt. Er schickte seinen Präsidialamtschef Woloschin in diplomatischer Mission über den

Atlantik, dieser sollte bei Bush für gute Stimmung sorgen – und einen Preis für Moskaus Entgegenkommen aushandeln. Russland hat wegen Altschulden, ausstehender Schulden und lukrativen Aufträgen starke wirtschaftliche Interessen im Irak und möchte mitentscheiden, wenn nach dem Krieg die Karten im Zweistromland neu verteilt werden. Alte Bekannte berichten, Putin sei es schon in seiner Petersburger Zeit mehrmals gelungen, in Streitfällen beiden Konfliktparteien glaubhaft zu versichern, er sei in Wirklichkeit auf ihrer Seite, aber aus taktischen Gründen gezwungen, nach außen hin eine andere Position einzunehmen.

Neben wirtschaftlichen und strategischen Interessen bringt die runderneuerte Partnerschaft mit dem Westen für Moskau vor allem einen wichtigen Vorteil: Das Ausland hält sich mit Kritik am Tschetschenien-Krieg und am innenpolitischen Kurs des Kreml stark zurück. Galten die Sympathien der Politiker in den USA und der EU anfangs fast ausschließlich den Tschetschenen und kamen dabei auch manche begründete Sorgen Moskaus zu kurz, so vollzog der Westen nach dem 11. September seine eigene außenpolitische Kehrtwende: Der Krieg im Kaukasus war plötzlich nicht mehr eine brutale Militär-Aktion gegen ein abtrünniges Volk, sondern, ganz nach der Moskauer Sprachregelung, Kampf gegen Terroristen.

Das Land mit den größten Rohstoffvorkommen der Welt ist für den Westen ein entscheidender Partner; die USA, Europa und viele asiatische Länder buhlen um Russlands Öl und Gas, um von Lieferungen aus der instabilen, islamischen Golf-Region unabhängiger zu werden. Als strategisch entscheidendes Bindeglied zwischen Asien und Europa, zwischen christlicher und islamischer Welt, ist das Riesenreich zudem viel zu wichtig im Feldzug gegen den Terrorismus, als dass man wegen des kleinen Bergvolkes im Kaukasus die neue Partnerschaft aufs Spiel setzen würde. Der Westen habe die Tschetschenen in einem Kuhhandel verkauft und sie im Gegenzug für seine strategischen Interessen schutzlos den russischen Militärs ausgeliefert, kritisieren russische Menschenrechtsorganisationen.

«Früher war Tschetschenien die erste Frage, wenn wir uns mit Parlamentarier-Kollegen aus der EU getroffen haben; heute ist sie die letzte oder überhaupt kein Thema», klagte der liberale Duma-Abgeordnete Juri Schtschekotschichin im Frühjahr 2003. Wegsehen scheint das Hauptprinzip des Westens zu sein, wie man sowohl im Falle Tschetscheniens als auch in der Haltung zur russischen Innenpolitik feststellt: Moskau suggeriert eine politische Lösung im Kaukasus, Demokratie und Rechtstaat, und das Ausland tut so, als glaube es an die Inszenierung.

DIE HARTE HAND

Geheime Dienste

Am 18. Dezember 1999, dem «Tag des Tschekisten», wie die Geheimdienst-Mitarbeiter genannt werden, trat Putin vor das Kollegium des Inlandsgeheimdienstes FSB – wenige Tage bevor er die Macht im Kreml übernahm. Vor laufender Kamera versetzte er seine ehemaligen Kollegen am Moskauer Lubjanka-Platz in Begeisterung: «Erlauben Sie mir, Bericht zu erstatten, dass die von Ihnen getarnt in die Regierung abkommandierten Mitarbeiter des FSB ihre Aufgabe erfolgreich erfüllen!» Eine Bemerkung, die viele frühere Dissidenten schaudern ließ.

Knapp vier Monate später, am 26. März 2000, blieb den Reportern in Putins Moskauer Wahlkampfstab das Lachen im Hals stecken. Wenige Stunden zuvor hatten die Wahllokale geschlossen, Putins Sieg bei den Präsidentschaftswahlen deutete sich nach den ersten Hochrechnungen an, da kam Präsidialamtschef Alexander Woloschin in Jeans und Wollpullover zu den Journalisten ins nüchtern-moderne Alexander-Haus am Wodootwodnij-Kanal, einen Steinwurf vom Kreml entfernt. Der Mann mit dem schütteren Haar bleibt gewöhnlich lieber im Hintergrund, statt ins Rampenlicht zu treten. Woloschin drückte seine Arme fest an den Leib und zog seine Schultern Richtung Himmel, als im Foyer Journalisten auf ihn losstürzten und ihn fragten, wie es weitergehe mit Russland. Plötzlich ließ er seine Hände fallen und zog eine breite Grimasse: «Morgen führen wir die Diktatur ein.» Die Journalisten bemühten sich um ein Lächeln – nicht alle erfolgreich. «Und Energieminister Kaljuschni» – von dem bekannt war, dass er auf der Abschussliste des Kreml stand – «wird Ministerpräsident», fügte Woloschin hastig hinzu, um sicherzustellen, dass es sich wirklich um einen Scherz handelte.

Die bitteren Witze trafen die Ängste vieler Russen bis ins Mark. Sergej Grigorjanz von der Moskauer Glasnost-Stiftung etwa ist überzeugt, der KGB habe schon während der ersten Auflösungserscheinungen innerhalb der Sowjetunion alles unternommen, um die Macht in die Hände des Dienstes zu bekommen – wozu man Putin gezielt in den Kreml gebracht habe. Eine zweifelhafte These. Einen entsprechenden Plan mögen die Geheimdienstler durchaus vorbereitet haben. Aber man darf nicht das Chaos und die Planlosigkeit in der Jelzin-Ära unterschätzen, die sich auch auf die Geheimdienstzentrale an der Lubjanka erstreckten.

Der FSB mag Putin in seinem Aufstieg gefördert haben – doch es war die Jelzin-Familie, die ihn an die Macht beförderte. Sie hatte sich in den letzten Amtsjahren Jelzins immer mehr auf Geheimdienstleute gestützt. Dass Putin aus dem KGB stammte und mit der Unterstützung seiner Kollegen rechnen konnte, dürfte bei seiner Auswahl zum Kronprinzen eine nicht unwichtige Rolle gespielt haben. Aus der Angst um das eigene wirtschaftliche wie physische Überleben arrangierten sich die Oligarchen mit dem Geheimdienst. Sie übergaben einem Mann des Geheimdienstes die Macht in der Hoffnung auf eine Stabilität, die sie für ihre Geschäfte brauchten.

Einige Bemerkungen Putins kurz vor seinem Wechsel in den Kreml hatten die Demokraten aufhorchen lassen. So vorsichtig, wie politische Sonntagspredigten gemeinhin formuliert sind, fielen zwischen all den salbungsvollen und richtigen Worten ein paar Sätze in Putins erstem größeren Glaubensbekenntnis vom Dezember 1999 auf. Die «ersten Keimlinge einer gesellschaftlichen Eintracht» dürften nicht in der Hitze des politischen Gefechtes oder durch «diese oder jene Wahlen» zerstört werden, betonte Putin. Nach den Duma-Wahlen sei er überzeugt, dass sich alle politischen Kräfte den Interessen Russlands zuliebe konsolidieren und auf «enge Parteiinteressen und Stimmungsmache» verzichten würden. Dabei waren es gerade die Staatsmedien, die im Wahlkampf die Gegner mit Schmutz bewarfen.

Wo verläuft die Grenze zwischen notwendiger politischer Arbeit und «engen Parteiinteressen und Stimmungsmache» – und wer ist der Schiedsrichter, der diese Grenze zieht? Nur die letzte Frage ist leicht zu beantworten: Putin selbst. Wo genau sie verläuft, ist nicht zu erkennen.

«Die Reise geht zurück in die Vergangenheit. Wir bekommen irgendetwas zwischen China heute und Chile unter Pinochet», prophezeiten nach Putins Wahl Bürgerrechtler wie Alexej Simonow, Vorsitzender von einer der beiden Moskauer Glasnost-Stiftungen. Makabre Witze, diskrete Anspielungen und Putins undurchsichtiger Wahlkampf, als er kaum etwas von seinen Plänen verriet, um niemanden zu verprellen und für alle wählbar zu bleiben, führten dazu, dass Spekulationen Nachrichten ersetzten – und Ängste konkrete Prognosen. Nachdem der Präsident zuvor angedroht hatte, alle «hinter Gitter zu bringen», die die Situation «destabilisieren», zeigten sich viele «Systemkritiker» aus der Jelzin-Zeit plötzlich ungewohnt schweigsam. Die alten Stalin-Lager in Sibirien würden wieder «betriebsbereit» gemacht, so ging im Frühjahr 2000 das Gerücht unter Moskaus «Intelligenzia». Noch am Wahlabend malte Wladimir Schirinowski – selbst mit 2,7 Prozent kläglich gescheitert – den Teufel an die Wand: «Ob ich bei den nächsten Wahlen wieder mitmache? Leute, ist euch nicht klar, dass das die letzten Wahlen in Russland waren?» Ein Witz, ohne Zweifel; doch so abstrus Schirinowskis Humor ist – auch hier bleibt an diesem Abend bei einigen ein bitterer Nachgeschmack, nach dem Motto: «und wenn er doch Recht hat?». Das dezente Spielen mit den alten Ängsten vor Repressionen, die nach 70 Jahren Kommunismus noch sehr lebendig sind, waren sicher einer der wichtigsten Gründe dafür, dass kaum jemand Wladimir Putin ernsthaft Widerstand leistete und die überwiegende Mehrheit selbst seiner alten Gegner hastig in sein Lager überwechselte.

Großen Widerstand der Bevölkerung gegen ein strafferes Regime hatte Putin nicht zu erwarten: Nach einem knappen Jahrzehnt Jelzin waren im Jahr 2000 rund 80 Prozent der Russen bereit, der «Ordnung im Lande» zuliebe auf die Freiheit zu verzichten, wie das Meinungsforschungsinstitut WZIOM in Moskau ermittelte. Mitte der neunziger Jahre hielt der spätere Präsident noch große Stücke auf Pinochet, berichten zumindest Bekannte – und er unterstützte ein eigens gegründetes Organisationskomitee, das den gestürzten chilenischen Diktator in die zweite russische Hauptstadt einladen wollte. Unter Hinweis auf sein Amt habe Putin jedoch jegliche offizielle Hilfe für die Pinochet-Freunde unterlassen; die Besuchspläne scheiterten letztendlich am Widerstand des liberalen Petersburger Bürgermeisters und Putin-Förderers Sobtschak.

Die Angst vor einer neuen Diktatur erwies sich bislang als unbegründet. Wie die Demokratie nur gespielt wird, so waren auch die Drohungen mit Repressalien bislang in den meisten Fällen nur Bluff. Nach dem Chaos der Jelzin-Zeit ist der russische Staat in einem derart verwahrlosten Zustand und der Aderlass der Geheimdienste so groß, dass über Jahre hinweg alle Versuche, einen totalitären Staat aufzubauen, allein aus organisatorischen Gründen zum Scheitern verurteilt wären, meinen viele russische Politiker mit einem Augenzwinkern. So wäre es bei einem normalen Haftbefehl durchaus nicht sicher, ob er mit den richtigen Daten und korrekt ausgefüllt und rechtzeitig vom Gericht an die Polizei zugestellt wird; ob die Polizei, die etwa mit der Bewachung von Kasinos oder Supermärkten legal dazuverdient, genügend Personal zur Verfügung hat; und ob schließlich die beauftragten Beamten ihr Opfer nicht gegen ein Bestechungsgeld laufen lassen. Umgekehrt würden die Ordnungshüter wohl umgehend eine Person ohne richtige Personendaten und Gericht festnehmen, wenn der Befehl von ganz oben und mit dem nötigen Nachdruck einträfe.

Auch wenn sich die schlimmsten Befürchtungen bislang nicht bewahrheiteten, gab es doch Tendenzen zu mehr Überwachung.

«Die Kollegen stellen jetzt wieder in großem Maß Leute an, unter anderem zur Beobachtung der Presse; ich habe auch schon ein Angebot bekommen, zurückzukehren», verriet ein Ex-Geheimdienst-Offizier im Sommer 2000 im vertraulichen Gespräch. Putin setzte ein Gesetz in Kraft, das den Sicherheitsbehörden vom Geheimdienst über den Zoll und die Steuerpolizei bis hin zum Kreml-Sicherheitsdienst Zugriff auf den gesamten Datenverkehr im Internet ermöglicht, die Abhörtechnik müssen die Internet-Provider auf eigene Kosten zur Verfügung stellen. Als erwünschter Nebeneffekt sind die zusätzlichen Kosten ein deutlicher Wettbewerbsnachteil vor allem für kleine, unabhängige Provider. Offiziell geht es bei der Überwachung um den Kampf gegen die Kriminalität; merkwürdigerweise gibt es aber Fälle, in denen kritische Berichte von Internet-Seiten verschwinden.

Das Innenministerium wies die Polizisten an, künftig regelmäßig alle Wohnungen in ihrem Sprengel zu besuchen, mit den Bewohnern zu sprechen und Verdachtsmomente zu melden. Psychiatrisch Auffällige sollten die Beamten dabei «prophylaktisch bearbeiten» – ein dehnbarer Begriff, der vor allem deshalb böse Erinnerungen weckt, weil in der Sowjetunion regelmäßig Regimekritiker als psychisch krank diffamiert oder gar zwangsbehandelt wurden. (Seit Februar 2002 bearbeitet der Geheimdienst nach Sowjetmanier auch wieder anonyme Hinweise.)

Auch organisatorisch stärkte Putin, der den Geheimdienst nach eigenen Worten als Stütze der Demokratie betrachtet, die von seinem Vorgänger Boris Jelzin zerschlagenen Dienste wieder deutlich. Im März 2003 verleibte er dem KGB-Nachfolger FSB die 185 000 Mann starken Grenztruppen und den Kommunikations-Geheimdienst FAPSI ein, der unter anderem für das Abhören von Telefonen und Internet zuständig ist. Presseberichten zufolge soll die Behörde auch das elektronische Wahlsystem «Wybory» kontrollieren, mit dem Wählerstimmen ausgezählt werden. Die Behörde selbst dementierte diese Angaben. Während die Vollmachten der Nachrichtendienste wachsen und allein der FSB dank der «Neuzugänge» die Zahl seiner Mitarbeiter von 80 000 auf 315 000 mehr als vervierfachte, gibt es praktisch wie zu Sowjetzeiten keinerlei Kontrolle der geheimen Behörden. Kritische Stimmen sind nur vereinzelt zu hören. Selbst liberale Politiker bezeichneten etwa den Zusammenschluss von FSB, Grenztruppen und FAPSI als notwendigen Schritt, um die Effektivität der Geheimdienste zu erhöhen.

Dass die alten KGB-Methoden wieder Schule machen, ist kein Zufall. Ob in der Politik, in der Verwaltung oder in der Wirtschaft – nach Putins Amtsantritt gelangten immer mehr Uniformträger in wichtige Positionen. 77 Prozent der neuen Staatselite stammen aus der alten Nomenklatur, wie eine im Sommer 2003 veröffentlichte Untersuchung der Soziologin Olga Kryschtanowskaja von der Russischen Akademie der Wissenschaften ergab. Trug 1988 noch jedes 20. Regierungsmitglied eine Uniform und war es 1999 jeder Fünfte, so bekleidet unter Putin fast ein Drittel des Kabinetts Offiziers- oder Generalsränge. Unter den höchsten Entscheidungsträgern in Moskau wuchs der Anteil der Uniformierten gar von 4,8 Prozent 1988 um das Zwölffache – auf 58,3 Prozent im Jahr 2002. Schon unter Jelzin blieb die alte sowjetische Machtelite weitgehend unter sich, auch wenn sie kurzfristig Seiteneinsteigern eine Chance gewährte. Unter Putin schließt sich dieses Fenster nun wieder, die alte Sowjet-Nomenklatur ist wieder versammelt.

Weil Menschen, deren Denken und Handeln noch im alten sowjetischen Apparat geprägt wurde, weiter in Machtpositionen sitzen, erscheint es nur folgerichtig, dass der Umbruch in Russland ganz anders verläuft als in osteuropäischen Staaten wie Polen, Tschechien oder Ungarn. Gab es dort nach dem Fall des Eisernen Vorhangs einen radikalen Elitenwechsel, der es Dissidenten ermöglichte, in die Präsidentenpaläste und Parlamente einzurücken, blieb in Russland ein großer Teil der alten Parteielite geradezu auf ihren Amtssesseln kleben.

Ein Viertel der höchsten Entscheidungsträger hat Putin in den ersten drei Jahren seiner Amtszeit ausgewechselt. Die Mehrzahl der «Neuberufenen» stammt aus den Nachrichtendiensten. Dass der neue Präsident auf seine ehemaligen Kollegen setzt, hat abseits von persönlichen Motiven rationale Gründe: Die Agenten gelten als disziplinierter und weniger korrupt als die Mehrzahl der russischen Staatsbeamten; Geheimdienstkritiker sagen ihnen aber auch einen besonderen Hang zum Zynismus nach. Allein im Föderationsrat stehen oder standen der Untersuchung zufolge 15 Prozent der Mitglieder auf der Gehaltsliste der Sicherheitsdienste. Jeder zehnte Regionalfürst ist aktiver oder ehemaliger Uniformträger, und gar jeder zweite Mitglied des Sicherheitsrates. In jedem Ministerium trägt mindestens einer der Vize-Minister Schulterklappen, im gesamten Regierungsapparat ist jeder Vierte ein «Silowik», wie die Vertreter von Militär, Miliz und Geheimdienst genannt werden und was sich herleitet von «diejenigen, die Gewalt (in der Hand) haben». Besonders dominant sind die «Uniformierten» im Kommunikations-, Industrie- und Wirtschaftsministerium vertreten, offenbar als Aufpasser und Kontrolleure. Die kremlnahe «Partei des Lebens», geführt von Putins Petersburger Bekannten, Föderationsratssprecher Mironow, hat ihre Ortsverbände auf der Basis privater Sicherheitsdienste aufgebaut; die Mehrzahl dieser Firmen wurde von ehemaligen Agenten gegründet und beschäftigt zahlreiche Ex-Geheimdienstler.

Auch in Putins Leben ist der Geheimdienst eine prägende Konstante. Wenige Wochen vor seiner Ernennung zum Ministerpräsidenten legt er im Juni 1999 Blumen auf das Grab von Juri Andropow. Kurz vor dem Wechsel in den Kreml enthüllt er im Dezember 1999 am «Tag des Tschekisten» auf der Lubjanka eine Gedenktafel für den früheren KGB-Chef und Generalsekretär – eine «Wiedereröffnung», weil das zu Sowjetzeiten 1984 angebrachte Porträt nach dem Augustputsch 1991 entfernt worden war. Obgleich die neue Verehrung für Andropow bei Bürgerrechtlern und westlichen

Beobachtern Erinnerung an den Ost-West-Konflikt, die Unterdrückung von Andersdenkenden und den Überwachungsstaat auslöst, erinnern sich viele Sowjetbürger daran, dass der Geheimdienst unter Andropow als die am wenigsten bestechliche Institution im Land galt. Die Agenten waren zwar vielen verhasst, aber galten doch als eine Art Elite in der Gesellschaft: gebildet, beherrscht, auf ihre Art korrekt. Der KGB hatte Zugang zu unabhängigen Informationen und konnte sich ein authentisches Bild machen von den erschreckenden Zuständen im Land; der Geheimdienst war es denn auch, der Anfang und Mitte der achtziger Jahre wenn schon nicht auf Reformen, so doch wenigstens auf Einschnitte drängte, so die Bekämpfung der Korruption.

«Die Arbeit beim KGB hat natürlich Spuren an ihm hinterlassen, eine gewisse Verschlossenheit kann man ihm nicht absprechen», berichtet Putins langjähriger Freund Stepaschin, sein Vorgänger als Premierminister und heute Chef des russischen Rechnungshofes. Schon Putins Großvater hatte einst als Leibkoch von Lenin und Stalin auf deren Datschen gedient, und es ist kaum vorstellbar, dass jemand an die Speisen der Sowjet-Zaren Hand anlegen durfte, ohne auf der Gehaltsliste des Geheimdiensts NKWD zu stehen, wie der KGB-Vorläufer damals hieß. Auch der Vater des Präsidenten diente im Zweiten Weltkrieg zunächst bei einer Einheit des NKWD. Zu Hause auf dem Dorf besaß Wladimir Putin senior den Ruf eines Casanovas und «Ikonen-Zerstörers» – weil er den Aufruf der Sowjets, alles Religiöse auszurotten, besonders wörtlich nahm.

Dem jungen Putin hatten es nach eigener Auskunft die Agentenfilme im sowjetischen Fernsehen so angetan, dass er sich in der neunten Klasse auf eigene Faust auf den Weg machte in die Petersburger KGB-Zentrale am Liteini-Prospekt, einem grauen, massiven Betonsarg, der im Volksmund auch «Das große Haus» genannt wird. «Ich will bei Ihnen arbeiten», soll Putin im Sprechzimmer zum Dienst habenden KGB-Offizier gesagt haben, wenn man seinem Buch «Aus erster Hand» glaubt. Auf Eigenbewerbungen reagiere man nicht, antwortete der Geheimdienstler, Putin solle abwarten und am besten Jura studieren, wenn er Agent werden wolle. Über die dunklen Seiten des KGB, über den Stalin'schen Terror der dreißiger Jahre und die Verfolgung anders Denkender habe er sich nie Gedanken gemacht, bekennt Putin: Er sei in dieser Hinsicht ein «Produkt der sowjetischen patriotischen Erziehung».

Jahre später bekommt der junge Mann während seines Jura-Studiums tatsächlich einen mysteriösen Anruf, ein Unbekannter bittet ihn um ein Treffen in der Universitäts-Lobby. Prompt erhält Putin eine Einladung zum Geheimdienst. So lautet zumindest die offizielle Version. Putin will seine Einstellung feiern und lädt einen Freund zu einem festlichen Essen ein, ohne ihm vom Anlass zu erzählen – eine kuriose Szene.

Putins Arbeit beim KGB in Petersburg gibt Rätsel auf. Der Präsident selbst erzählt in dem Buch «Aus erster Hand», er habe seine Tätigkeit bei dem Nachrichtendienst 1975 im Sekretariat der Verwaltung begonnen und sei dann für fünf Monate in die Spionageabwehr beordert worden.

Bei einer Weiterbildung wurden die Leiter der Auslandsabteilung auf ihn aufmerksam, berichtet Putin: «Mir wurde sofort klar, dass sie mich für die Arbeit in Deutschland vorbereiteten, weil ich ständig Deutsch lernen musste.» Eine erstaunliche Fügung – klagt der Präsident doch selbst, dass es in der Auslandsabteilung damals «sehr viele Leute» gab, die nur über Beziehungen an ihren Job gekommen waren. Eine Arbeit jenseits der Grenze war in der hermetisch abgeriegelten Sowjetunion der größte aller Karriere-Träume, und zahlreiche hoch gestellte Funktionäre setzten ihren ganzen Einfluss ein, um ihre Kinder auf die rar gesäten Auslandsposten zu bringen – gerade auch beim KGB. So litt etwa die Stasi jahrelang darunter, dass zwei völlig unfähige Russen in Berlin auf höchsten KGB-Posten residierten: Ihre einzige Qualifikation waren verwandtschaftliche Bande zu Generalsekretär Breschnew.

Nach der offiziellen Version musste der junge Jurist Putin nie gegen Regimegegner vorgehen, sondern kümmerte sich um Ausländer, die Petersburg besuchten, und um Sowjetbürger, die ins Ausland reisten. Beim Anwerben von Fremden setzte der KGB unter anderem auf Erpressung. Von Verheirateten etwa, die in der UdSSR Vergnügungen suchten, über Geschäftsleute, die schwarz Rubel tauschten, bis hin zu Studenten, die verbotene Bücher über die Grenzen schmuggelten: Bei kleinen und großen Sünden konnten Ausländer diskreten Besuch von unauffälligen Männern bekommen, die wiederum diskret Hilfe anboten, im Austausch gegen künftigen Informationsfluss.

Es ist schwer zu erklären, warum ausgerechnet der junge Arbeitersohn Putin 1975 eine Ausnahme vom System gewesen sein soll und sich nicht erst in einem weniger beliebten Bereich seine Sporen beim KGB verdienen musste – etwa in der fünften Abteilung, die sich mit anders Denkenden und Dissidenten befasste.

Die Kastration der Provinzfürsten Nach Einbruch der Dunkelheit marschierten Uniformierte in der Stadt auf. Männer mit Maschinenpistolen gingen vor dem Fernsehsender und der Radiostation in Stellung. Kurz vor Mitternacht war auf dem Kanal des Staatsfernsehens nur noch Rauschen zu hören. Dann erschien plötzlich auf dem Bildschirm eine bleiche Frau vor einer Staatsflagge und las mit dünner Stimme einen Text vor.

Ort des Geschehens: Kursk in Zentralrussland. Die Ansagerin: die Vorsitzende der örtlichen Wahlkommission. Ihre Botschaft: «Der Name von Amtsinhaber Alexander Ruzkoi muss per Hand von den Stimmzetteln für die Gouverneurswahlen gestrichen werden.» Kurz vor der TV-Ankündigung – knapp 13 Stunden vor Öffnung der Wahllokale – hatte ein Bezirksgericht den Amtsinhaber im Herbst 2000 von der Regionalwahl ausgeschlossen, weil er bei den Angaben zu seinem Vermögen die Größe seiner zwei Wohnungen und ein Auto nicht korrekt aufgeführt haben soll – für russische Verhältnisse eine Lappalie. Ex-General Ruzkoi versuchte sein Schicksal abzuwenden – vergeblich. Diese Erfahrung des früheren russischen Vizepräsidenten ist der Albtraum der meisten Regionalfürsten in Russland: Kaum hatte Wladimir Putin das Erbe des siechen Boris Jelzin übernommen, räumt er in den 89 russischen Regionen und Teilrepubliken mit harter Hand auf. Bei Wahlen versucht Moskau seither regelmäßig, seine Kandidaten durchzusetzen, darunter auffällig viele Geheimdienstleute und Militärs.

Liberale wie der Duma-Abgeordnete Wladimir Ryschkow beklagen einen Generalangriff auf den Föderalismus. Wie einst die Zaren und die Sowjetherrscher versuchte Putin nach seinem Amtsantritt, das größte Flächenland der Erde mit seinen mehr als

100 verschiedenen Nationalitäten und Sprachen ganz im Sinne der von ihm angestrebten «Machtvertikale», also einer strikten Befehlskette, von Moskau aus zu steuern. Im Mai 2000 setzte er den Provinzfürsten sieben Bevollmächtigte als Aufpasser vor die Nase – fünf davon Militärs und Geheimdienstler. Kurz darauf mussten die Gouverneure auch ihre Sessel im Föderationsrat räumen; sie verloren damit den Schutz vor Strafverfolgung. Zudem erhielt der Staatschef das Recht, kompromittierte Provinzfürsten zu entlassen. Die Neuerungen kamen nicht durch eine Verfassungsänderung mit Zwei-Drittel-Mehrheit zustande, sondern per Präsidialerlass und einfachem Gesetz. Damit wurde eines der wichtigsten Verfassungsprinzipien mit simplem Mehrheitsentscheid wesentlich eingeschränkt.

Was auf den ersten Blick wie ein grundloser Angriff auf den Föderalismus wirken mag, ist in Wirklichkeit die Reaktion auf erhebliche Missstände. «Die neue Politik ist nichts Überraschendes. Jeder, der neu in den Kreml gekommen wäre, hätte in Russland endlich Ordnung herstellen müssen», glaubt der Präsident der russischen Teilrepublik Tatarstan, Mintimer Schaimijew, einer der hartnäckigsten Kämpfer für die Eigenständigkeit der Regionen. Ihren Machtverlust haben die meisten Gouverneure und Regionalpräsidenten in der Tat selbst mitverschuldet. Jelzins einstigen Aufruf – «Nehmt euch so viel Souveränität, wie ihr schlucken könnt» – nahmen viele allzu wörtlich.

Ob Bürgermeister, Gouverneur oder Präsident: Nicht wenige regierten wie mittelalterliche Lehnsfürsten. Ruzkoj, den der Oberste Sowjet 1993 im Verfassungsstreit zum Nachfolger Jelzins ausgerufen hatte und der dafür später bis zu einer Amnestie monatelang in Haft saß, soll nach Ansicht von Ermittlern Verwandte mit lukrativen Stellen versorgt haben – ein Vorgehen, das wohl eher die Regel als die Ausnahme ist. «In Russland gibt es nur einen Gouverneur, den Nowgoroder Michail Prussak, der seinen Angehörigen keine gewinnträchtigen Posten in seiner Region verschafft hat – und auch das nur deshalb, weil er wegen seines jugendlichen Alters noch keine erwachsenen Verwandten hat und seine Kinder noch nicht alt genug sind», glaubt etwa der Duma-Abgeordnete Wladimir Lyssenko.

Waren die Provinzfürsten ursprünglich verärgert, dass Wladimir Putin sie aus dem Föderationsrat vertrieben hatte, so konnten sie der Neuregelung bald positive Seiten abgewinnen: Ein bis drei Millionen Dollar Bestechungsgeld hätten ihm Interessenten angeboten, wenn er sie zu ihrem Vertreter im Föderationsrat und damit zum Senator ernenne, berichtet einer der russischen Gouverneure empört.

Viele seiner Kollegen konnten der Versuchung offenbar nicht widerstehen. Es fällt auf, dass zahlreiche Regionen in den Föderationsrat Vertreter entsenden, die dort alles andere als verwurzelt sind. Manche sollen die Region, deren Interessen sie vertreten müssen, vor ihrer Bestellung zum Senator gar nie gesehen haben. Die sibirische Provinz Tuwa an der Grenze zur Mongolei etwa wird in der mehrere Tausend Kilometer entfernten Hauptstadt vom Moskauer Bankier und Multimillionär Pugatschjow und von Ludmila Narussowa vertreten, der Witwe von Putins früherem Chef, dem Petersburger Bürgermeister Sobtschak. Ein Sitz im Senat dient nicht allein dem Prestige – er gewährt auch den Schutz vor Strafverfolgung. Das hohe Haus gleicht eher einer Interessenvertretung der Wirtschaft und der Bürokratie denn einer Regionalkammer, wie sie die Verfassung vorschreibt, 15 Prozent der Senatoren stammen aus dem Sicherheitsapparat.

Schon unter Jelzin war die Kooperation zwischen Moskau und den Regionen ein Spielfeld unterschiedlicher Machtinteressen. Jelzin hatte mit den Provinzfürsten anfangs einen riskanten Burgfrieden geschlossen: Dafür, dass sich die Gouverneure und Präsidenten der russischen Teilrepubliken loyal gegenüber dem Kreml verhielten, gewährte das Zentrum ihnen weitgehende Freiheit in ihren Regionen. Die regionalen Eliten hielten Jelzin zwar oft den

Rücken frei, indem sie im Föderationsrat die oppositionelle Duma überstimmten. Dennoch blieben sie stets unsichere Kantonisten; Jelzin konnte nie bedingungslos auf sie zählen, und je schwächer der alte Präsident wurde, umso mehr forderten sie das Zentrum heraus und versuchten, eine eigenständige politische Rolle zu spielen. In der Partei «Vaterland – Ganz Russland» traten vor den Duma-Wahlen 1999 Dutzende Gouverneure in direkte Opposition zum Kreml.

Von einem einheitlichen Rechts- und Wirtschaftsraum in Russland konnte fortan nicht mehr die Rede sein. Selbst an die russische Verfassung hielten sich die Regionalfürsten nur bedingt, vom föderalen Recht ganz zu schweigen. Etwa ein Fünftel aller regionalen Gesetze widersprach dem Bundesrecht. So erließ das Amur-Gebiet eigene Regeln für den Grenzverkehr an der russisch-chinesischen Grenze – etwa so, als würde Brandenburg ein eigenes Grenzregime mit Polen errichten. Die Republik Tuwa in Ostsibirien behielt sich das Recht vor, Krieg und Frieden zu erklären. Smolensk erhob Wegezoll für Autofahrer – getarnt als «Abgasabgabe für Transitverkehr». Moskau führte – gegen das Urteil des Verfassungsgerichts – eine Meldepflicht für alle Nicht-Moskauer ein, Woronesch verbot die Ausfuhr von Zucker, und die Gebietsfürsten in Krasnodar untersagten es, Weizen aus der Region zu exportieren. Die Sonderregelungen entsprangen oft purer Not – weil Moskau seinen Zahlungsverpflichtungen gegenüber den Provinzen nicht nachkam. So drohte etwa der inzwischen tödlich verunglückte General Alexander Lebed, Gouverneur im sibirschen Krasnojarsk, die Raketen-Streitkräfte in seinem Gebiet seinem eigenen Befehl zu unterstellen, falls Moskau den Militärs weiterhin ihre Gehälter nicht zahlen könne.

Die Kleinstaaterei machte ein vernünftiges Wirtschaften für viele Unternehmer unmöglich und schuf die Voraussetzung für Korruption vor Ort. So arteten etwa die Ausfuhrverbote in Wegelagerei durch Beamte aus. Selbst für einfachste Warenlieferungen wurden Geschäftsleute oft tagelang an der Grenze zwischen zwei Regionen aufgehalten und durften erst weiterreisen, wenn sie sich den Beamten gegenüber erkenntlich zeigten. Der Unternehmer Alexej Sidorow hatte einen Vertrag für eine Weizenlieferung von Krasnodar im Nordkaukasus nach Moskau abgeschlossen. An der Grenze zur Nachbarregion Rostow stoppten Uniformierte den Geschäftsmann mitsamt einer Lastwagenladung. Das Provinzgesetz kostete Sidorow zwei Arbeitstage, ein kräftiges Bestechungsgeld und viel Nerven. «Solange so ein Saustall herrscht, kriegen wir in Russland nie etwas auf die Beine», schimpfte Sidorow – ein Leitspruch, den sich auch Wladimir Putin zu Herzen genommen hat.

Während Jelzin die Probleme zu ignorieren schien, setzte Putin schon im ersten Amtsjahr einen großen Teil der abweichenden Regionalgesetze außer Kraft. In Moskau gilt es als ausgemacht, dass der Kreml hinter der Gerichtsentscheidung gegen den Gouverneur Ruzkoi steckte. An dem «Helden der Sowjetunion» wollte das Präsidialamt ein Exempel statuieren – und den anderen Gouverneuren zeigen, was ihnen drohte, wenn sie sich nicht an die neuen Spielregeln halten: ein Foul auf der Zielgerade. Die russischen Wahlgesetze sind so unpräzise gehalten, dass es im Prinzip nicht schwierig ist, einem Bewerber Regelverstöße nachzuweisen.

Doch im Gegensatz zu den örtlichen Wahlkommissionen zeigten sich die Wähler zuweilen widerborstig unfügsam. In Kursk unterlag Putins Favorit, ein Geheimdienst-General, einem Kommunisten.

Im ersten Amtsjahr vermittelte Putin noch den Eindruck, als wolle er die Provinzfürsten entmachten. Doch bald lief alles auf eine neue, ungeschriebene Vereinbarung zwischen Moskau und den Regionen hinaus. Strikter als Jelzin fordert der neue Präsident bundespolitische Enthaltsamkeit und Gehorsam in allen Fragen, die das Zentrum betreffen, etwa beim Weiterleiten der erhobenen Steuern an das Finanzministerium. Im Gegenzug dürfen die Gouverneure und Präsidenten in ihren Regionen aber weiter unumschränkt regieren, und müssen zumeist auch nicht mit der Kontrolle durch Aufsichtsbehörden und Staatsanwaltschaft rechnen. Im Sinne der «Machtvertikale» erhielten die Provinzfürsten ihrerseits gegenüber den lokalen Behörden und Gremien deutlich stärkere Vollmachten; genauso wie Putin selbst jetzt die Gouverneure praktisch mit etwas juristischer Finesse entlassen darf, können diese ihrerseits Bürgermeister und Landräte unter bestimmten Voraussetzungen aufs Altenteil schicken.

Regionalpolitiker wie der tatarische Präsident Schaimijew sehen den neuen Zentralismus mit großer Sorge. Russland mit seinen mehr als 100 Völkern und Sprachen habe nur als Bundesstaat eine Zukunft, warnt der ehemalige KPdSU-Funktionär, der in Tatarstan selbst nach Gutsherren-Art regiert: «Viele glauben, man kann schnell Ordnung schaffen und das ganze Land in Reih und Glied aufstellen. Aber das funktioniert nicht.»

Schaimijew selbst stand Anfang der neunziger Jahre kurz vor einer Konfrontation mit Moskaus Truppen. Die Tataren forderten damals die Unabhängigkeit; anders als in Tschetschenien setzten sich aber die moderaten Kräfte durch. Doch seit Putin die Zügel straff in die Hand nimmt, herrscht in der russischen Teilrepublik an der Wolga mit ihren rund 3,7 Millionen Einwohnern wieder Unruhe. Männer wie der Mathematik-Professor Mars Schamsudinow und seine Mitstreiter vom «Alltatarischen Gesellschaftszentrum», der tatarischen Nationalbewegung, träumen von einem eigenen tatarischen Staat. «Eigenständigkeit ist vielleicht nicht realistisch. Aber Moskau nimmt uns unter Putin immer mehr an die Leine, macht uns wieder zur Kolonie. Notfalls sind wir bereit, für unsere Freiheit zu kämpfen», kündigt Schamsudinow im Winter 2001 im Hauptquartier des Gesellschaftszentrums in der tatarischen Hauptstadt Kasan an.

Zum Jahrestag der Eroberung Tatarstans durch Iwan den Schrecklichen im Jahre 1552 gingen 2001 mehrere Tausend Demonstranten in Kasan auf die Straße. Mit Plakaten wie «Bush und Putin – ihr seid die größten Terroristen» und «Hände weg von den islamischen Staaten Afghanistan und Tschetschenien» machten sie gegen die Zentralmacht Stimmung. In Nabereschnije Tschelny fand sich gar eine Gruppe von gut 20 tatarischen Freiwilligen, die in Afghanistan gegen die US-Truppen kämpfen wollten. Dabei ist es oft genug Moskau selbst, das den Separatisten in der Provinz Auftrieb verschafft. Im Juni 2002 stimmte die Staatsduma für eine Gesetzesänderung, die die Völker der Russischen Föderation verpflichtet, ihre Sprachen künftig nur noch in kyrillischem Alphabet zu schreiben; im Dezember 2002 bestätigte der Föderationsrat die Vorlage – also ausgerechnet die Kammer, die die Regionen vertreten soll. Grund für den Beschluss war die Entscheidung der Tataren, ihre Muttersprache künftig mit lateinischen Buchstaben zu schreiben; so wollten sie die Verbundenheit mit den anderen Turkvölkern dokumentieren, die nach dem Auseinanderbrechen der Sowjetunion eigenständige Staaten geworden waren und ebenfalls das lateinische Alphabet offiziell eingeführt hatten.

Kritiker bezeichnen das Sprach-Gesetz als Willkür und Verfassungsbruch – überlässt doch das russische Grundgesetz den Teilrepubliken die Entscheidung über ihre Amtssprachen. Offenbar hat Moskau Angst davor, dass die Moslems bei Übernahme der lateinischen Schrift im Zeitalter des Internets zunehmend in den Einfluss von kulturellen Zentren außerhalb Russlands geraten könnten. Die Tataren, mit sieben Millionen Menschen das zweitgrößte Volk in der russischen Föderation, würden das neue Gesetz als unnötige Bevormundung durch das Zentrum empfinden, mahnt der tatarische Duma-Abgeordnete Fandas Safiullin: Standen Fundamentalisten in Tatarstan, das eine traditionell tolerante islamische Gesellschaft war, bisher auf verlorenen Posten, verschafft ihnen Moskau mit seinem Zwang neuen Zuspruch. Präsident Schaimijew, in der Vergangenheit stets ein Wortführer der regionalen Eigenständigkeit und Vorkämpfer für die lateinische

Schrift, gab sich im September 2002 plötzlich auffallend kleinlaut: Man habe von außerhalb lebenden Tataren viele Klagen erhalten, dass sie lateinische Texte aus Tatarstan nicht mehr lesen könnten. Eine Denkpause sei deshalb angezeigt.

Handzahme Duma

Doch nicht nur die Regionen werden Moskaus strengem Regiment unterworfen. Die Duma verwandelte sich von einer Gesetzgebungs- und Kontrollinstanz in ein schlichtes Ausführungsorgan. Dank der Überläufer, die nach den Parlamentswahlen im Dezember 1999 rasch das politische Lager wechselten, und des komplizierten russischen Wahlrechtes gelangten die kremltreuen Kräfte, die es gemeinsam kaum auf ein Drittel der Stimmen gebracht hatten, zu einer stabilen Mehrheit in dem hohen Haus. «Das ist eine Revolution. Es ist das erste Mal, dass nicht das Parlament die Regierung, sondern die Regierung das Parlament gewählt hat», wetterte der Abgeordnete und Regisseur Sergej Goworuchin.

Mit der Kreml-Partei «Einheit» zogen Männer in das Parlament ein, die über keinerlei politische Erfahrung verfügten; weil die Retorten-Partei keinen gewachsenen Personalstamm besaß, hatten die Funktionäre die Kandidatenliste oft nach dem Zufallsprinzip zusammengestellt – zahlreiche hochrangige Beamte und Unternehmer ließen ihre Stellvertreter zwangsverpflichten. In der Duma erhielt «Einheit» schnell den Beinamen «Pager-Fraktion», weil die Abgeordneten lange Zeit vor wichtigen Abstimmungen unisono stets ihre Pager zückten – offenbar erhielten sie auf diesem Wege Anweisungen, wie sie zu stimmen hatten.

Die neue Realität entsprach ganz den Vorstellungen von «Einheit»-Spitzenkandidat Alexander Gurow, der bereits im Wahlkampf 1999 im Vier-Augen-Gespräch forderte, das Parlament müsse aufhören, Politik zu betreiben und stattdessen den Präsidenten unterstützen – eine Aussage, die beispielhaft deutlich macht, wie weit die westliche Vorstellung von Demokratie und

Gewaltenteilung und die russische Auffassung von Politik auseinander liegen.

Der Wunsch, die Duma gefügig zu machen, kam nicht von ungefähr: Bereits unter Boris Jelzin war die Volksvertretung eine weitgehend korrupte Institution. Abgeordnete und ganze Fraktionen verkauften ihre Stimmen und ließen Wirtschaftsgesetze zuweilen dem Meistbietenden auf den Leib schneidern, Abgeordneten-Mandate wurden für hohe Dollarbeträge gehandelt, und auf der Suche nach Schutz vor Strafverfolgung zog es zahlreiche Kriminelle in das hohe Haus; 20 Prozent der Duma-Abgeordneten sind nach einer Schätzung von Europol dem kriminellen Milieu zuzuordnen.

Die Aussicht auf Immunität und Einfluss lockte immer mehr zwielichtige Gestalten in die Volksvertretung. «Die Verbrechenswelt strebt nach der Macht«, warnte Sergej Mitrochin von der demokratischen Jabloko-Partei vor der Duma-Wahl 1999. In Jekaterinburg im Ural, wo Boris Jelzin einst seine Parteikarriere begonnen hatte, machten sich die Unterweltler vor der Wahl nicht einmal die Mühe, ihre Herkunft zu verschleiern. So kandidieren Mitglieder der «Uralmasch«-Mafia unter ihrem Namen, mit dem Zusatz «Gesellschaftlich-Politische Union». Dass die Resozialisierung auf russische Art funktioniert, bewies schon der Anlagebetrüger Sergej Mawrodi. Als sein Finanzimperium MMM 1994 einstürzte und 20 Millionen Anleger ihre Ersparnisse verloren, kam der Mathematiker in Untersuchungshaft. Die Wähler im Moskauer Vorort Mytischtschi schickten ihn trotzdem in die Duma. Dort ließ er sich nur zweimal blicken und verlor prompt 1995 sein Mandat. Eine Ausnahme: Meist zeigen sich die Volksvertreter solidarisch und stimmen gegen die Strafverfolgung von Kollegen – wenn die Vorwürfe nicht so handfest sind wie im Falle des Volksvertreters und Wodka-Produzenten Sergej Skorotschkin, der 1994 zwei Menschen erschossen haben soll und 1995 selbst einem Mordkomplott zum Opfer fiel.

Viele Parteien stocken die Wahlkampfkasse auf, indem sie Kandidaten gegen Bezahlung auf ihre Liste setzen, ohne sie streng unter die Lupe zu nehmen. So treten für die Kommunisten zahlreiche Unternehmer an – auch mit Millionenvermögen. Von den mehr als 8000 Duma-Kandidaten 1999 waren fast 90 vorbestraft. Vier Kandidaten konnten ihre Unterlagen nicht persönlich abgeben, weil sie zur Fahndung ausgeschrieben waren. «In anderen Ländern versucht die Organisierte Kriminalität auch Einfluss auf das Parlament zu nehmen. Dass sie aber so offen nach der Macht strebt, um sich selbst und ihr Kapital in Sicherheit zu bringen, ist ein russisches Phänomen«, glaubt Mafia-Spezialist und «Einheit»-Spitzenkandidat Alexander Gurow.

Das Parlament galt bei den Menschen nicht etwa als Garant der Gewaltenteilung und Vertretung ihrer Interessen – eher im Gegenteil. Die Eingliederung der Duma in Putins Machtvertikale empfand daher die Mehrheit der Russen weniger als Angriff auf demokratische Grundprinzipien denn vielmehr als Abschaffung eines Missstandes – ebenso wie die Maßregelung der Gouverneure und die Kontrolle der Medien.

Putin in Bronze Im Frühjahr 2001 trat Wladimir Putin die Nachfolge von Josef Stalin an – in der Guss- und Maschinenbaufabrik der Kleinstadt Kussa im Ural. «Die letzten Büsten haben wir in den vierziger Jahren gegossen – das war Stalin», verkündete der Direktor des Unternehmens, Michail Worobjow, nicht ohne Stolz: «Die Kunst des Büsten-Gießens drohte verloren zu gehen. Wir lassen sie jetzt wieder aufleben.» Worobjow lag ganz im Trend: Ob in Öl auf Leinwand, auf T-Shirts oder als guter Onkel in Schulbüchern, Putin ist ein begehrter Markenartikel geworden. Hatte der Petersburger im Wahlkampf noch abgelehnt, zwischen «Tampax und Snickers» im TV-Werbeblock zu erscheinen, so helfen Bürokraten, Unternehmer und Künstler mittlerweile mit Kräften, den Personenkult zu fördern.

«Ich kann das nicht verbieten», rechtfertigt sich Putin im Gespräch im Kreml, blickt auf die massive Tischplatte und spielt mit seinem silberfarbenen Stift, als wolle er die Miene herausschießen: «Wenn man diesen Leuten Aufmerksamkeit schenkt, in Dialog mit ihnen tritt – und viele haben ja kommerzielle Ziele –, dann macht man nur Reklame. Ich ziehe es vor, das nicht zu bemerken.» Anders als der Personenkult sowjetischer Machart ist der Putin-Kult nicht von oben gesteuert. Er hat seine Wurzeln eher in Geschäftemacherei, vorauseilendem Gehorsam und den Strategien der «Imageberater» im Kreml. Aktive Unterwerfung waren die Menschen in Russland schon aus den Zeiten der Zaren gewohnt, die oft wie Halbgötter verehrt wurden. Auch der Lenin- und Stalin-Kult trug fanatische, religiöse Züge; die Kommunisten hofften, auf diese Weise ihre Macht zu legitimieren.

Die meisten Menschen in Russland glauben weniger an Ideen,

Institutionen und Ideologien als an Persönlichkeiten. Einer muss die Macht haben, einer muss es richten, und im Zweifelsfall ist einer schuld. So verkam die neue Demokratie unter Jelzin zu einer Wahl-Monarchie. Nachdem Zar Boris die Rolle des Imperators immer weniger glaubhaft ausfüllen konnte, wünschte sich die Mehrheit der Russen, ein neuer Führer möge dem Staat erneut Glanz, Ruhm und Ehre verschaffen. So wurde Putin zum Hoffnungsträger, zur Ikone des neuen Russlands.

Der Personenkult sei nicht gewollt, wiegelt auch Präsidialamtschef Woloschin ab: «Da wird viel Unsinn betrieben; das ist teils Mode, teils Berechnung. Wir hoffen, dass diese Erscheinungen ebenso von selbst aufhören, wie sie von selbst gekommen sind.» Doch wer nicht mitmacht bei der Putin-Verehrung, bekommt schnell ein schlechtes Gewissen. Bei einem Betriebsbesuch in einer Fleischfabrik in der Provinz an der Wolga wird der Direktor gefragt, warum kein Bild von Putin in seinem Arbeitszimmer hinge: «Das liegt nur an den Malerarbeiten, ich schwöre es, der hing gestern noch da an der Wand und wird morgen wieder hängen! Jetzt hängt er bei meinem Stellvertreter, Sie können ihn sehen!» Der zuvor eher zurückhaltende Mann lädt sofort zum Mittagessen ein und lässt zum Abschied als Geschenk trotz heftigen Widerstands allerlei Fleisch-Delikatessen einpacken: «Hier, nehmen Sie das noch mit!» Bei der Bitte um seine Visitenkarte wird das Gesicht des Direktors dunkelrot wie seine Blutwurst in der Vitrine: «Meine Visitenkarte? Nein, bitte nennen Sie nicht meinen Namen!»

Um nicht in solche peinlichen Situationen zu geraten, überschlagen sich liebedienerische Beamte, Manager und Künstler in Moskau und vor allem in der Provinz geradezu mit Gunstbezeugungen an den Kreml-Herrscher. «Konjunkturschtschiki» nennt der Volksmund jene Leute, die sich dem Zar zu Füßen werfen. Ein Charakterzug, der nicht nur in Russland verbreitet ist – aber dort besonders gut gedeiht, wo viel Macht in einer Hand konzentriert ist und wo die Launen der Mächtigen über Lebensläufe entscheiden können. Unter Boris Jelzin machten Regionalbeamte zuweilen allein deshalb Karriere in Moskau, weil sie dem Präsidenten bei Besuchen in der Provinz angenehm aufgefallen waren. So hatte Jelzin den Regionalpolitiker Pawel Borodin aus dem sibirischen Jakutsk nach Moskau geholt, weil er so viel trinken konnte, und machte ihn später zum Kreml-Verwaltungschef. In Kenntnis solcher Gefahren verhinderte der Petersburger Bürgermeister Sobtschak nach Auskunft von Freunden Mitte der neunziger Jahre eifersüchtig einen Abstecher Jelzins in die Festung Kronstadt an der Ostsee: Deren Bürgermeister war ganz aus dem Holz geschnitzt, das Jelzin so liebte, und hielt bei Sitzungen gelegentlich Träger bereit für den Fall, dass er den Verhandlungstisch nur noch in der Horizontalen verlassen konnte.

Die Gunst des nüchternen Putin ist mit Wodka nicht zu gewinnen, und so greifen die Staatsdiener im weiten Land zu anderen Mitteln. Keine Idee scheint zu abstrus. In der mittelalterlichen Festung Isborsk in der vernachlässigten Region Pskow bietet das heruntergekommene Freilichtmuseum nach dem Besuch des Präsidenten im Museumsprogramm eine Führung «Auf Putins Pfaden» an; wissbegierige Besucher können da erfahren, was sie schon immer wissen wollten – wo der Präsident bei seinem Besuch in Isborsk stand, wo er einer Babuschka eine Gurke abkaufte und wo er Wasser aus einer Quelle trank. Im Museum einer Stahlschmiede in Magnitogorsk ist eine Dauerausstellung über den Präsidenten zu bewundern – mitsamt der Schutzkleidung, die er bei seinem Besuch trug. In Irkutsk wollen Eifrige in einer Behörde ein Putin-Museum errichten. In Sankt Petersburg legte die Putin-Partei «Einheit» eine Helden-Broschüre für Schulkinder auf. Als Klein-Wladimir noch nicht Präsident war, «half er den Guten und konnte die Bösen nicht ausstehen», heißt es in dem Werk – wie einst zu Sowjetzeiten über Lenin.

Mehr ums Geschäft geht es wohl einem Musikduo mit dem Namen «Gemeinsam singen»: «Ich will einen wie Putin», schmettern zwei junge Frauen mit dünnen Stimmen: «Einen voller Kraft, der nicht trinkt und nicht wegläuft». Mit Putin habe Russland erstmals seit Zar Nikolai II. wieder einen Herrscher, in dem das schwache Geschlecht «in erster Linie einen Mann sieht», schreibt die «Komsomolskaja Prawda». Die Leserinnen des Boulevard-Blattes wählen Putin im Dezember 2000 in einer Umfrage zum begehrenswertesten Mann zwischen Kaliningrad und Wladiwostok. Vor allem sein Gang, seine Energie, seine Macht und seine Vergangenheit als KGB-Agent machen den 48-Jährigen demzufolge zum Sex-Symbol. «Er ist der Traum jeder Sowjet-Frau», schreibt eine Leserin: «Trinkt nicht, raucht nicht, treibt Sport, liebt Frau und Kinder – was will man mehr.»

Die junge Moskauer Schriftstellerin Linor Goralik erblickt in Putin einen «Traum-Präsidenten»: Massenhaft, so lautet ihre Analyse, erscheine der Staatschef russischen Frauen als guter, lieber, braver und politisch korrekter Vertreter des starken Geschlechts im Schlaf – bescheiden zuweilen, meistens aber in der romantischen Tradition als stürmischer Verehrer. Das Traum-Phänomen müsse an unlauterer Reklame liegen, am allgemeinen Sex-Appeal der Macht oder einem gigantischen Schlaf-Experiment, mit dem der Staat auch nachts die Gedanken seiner Bürger kontrolliere, kommentiert Goralik spitz. Ironisch schlägt sie vor, aus den Putin-Träumen wie einst aus den Eingeweiden von Vögeln die Zukunft zu lesen: Wenn der Traum-Putin heiratet, drohen Tränen, wenn er kommt, um seine Schulden zu bezahlen, Armut, wenn er auf einem Pferd daherreitet, drohen Einsparungen beim öffentlichen Nahverkehr, und wenn er einer anderen Frau hinterherstellt, eine Allianz mit Saddam Hussein.

Auch bei den Männern gilt Putin als stilbildend – zumindest in der Freizeit: Nachdem unter dem tennisbegeisterten Boris Jelzin der weiße Sport die große Mode-Erscheinung in Russland war, setzt unter Judoka Putin der Kampfsport zum Höhenflug an. Bereits anderthalb Jahre nach dem Amtsantritt des Petersburgers ist die Zahl der Judo-Sportler in Russland um 50 Prozent gestiegen, wie Verbandspräsident Wladimir Schestakow im Herbst 2002 berichtet. Auch den Sponsoren liegt das Geld lockerer in der Tasche.

Nur selten schiebt Moskau dem Präsidenten-Kult einen Riegel vor: etwa als sich eine heruntergekommene «Lenin-Kolchose» in Sibirien in «Putin-Kolchose» umbenennt – in der Hoffnung, die Behörden würden sie unterstützen. Welcher Beamte würde es schließlich riskieren wollen, dass in der «Putin-Kolchose» ein Stall zusammenbricht? Im sibirischen Tscheljabinsk wollen zwei geschäftstüchtige Studentinnen ein Jugendcafé nach Putin benennen und Speisen anbieten wie «Süßer Wowa», ein Eis, und «Vertikale der Macht», einen Schaschlik-Spieß. Kaum äußert Putin auf einer Pressekonferenz Unmut über das Café, das seinen Namen trägt, besucht ein Beamter die beiden Betreiberinnen und fordert sie auf, es umzubenennen. Putin selbst kontert den Kult um die eigene Person oft mit Humor: Als ihn ein bekannter Astronaut mit dem Fürsten «Wladimir Schönes Sönnchen» vergleicht, erwidert der Präsident, er als Weltraumfahrer müsse natürlich mehr von der Sonne verstehen.

Die Putin-Verehrung mag für westliche Betrachter skurril und anstößig erscheinen. Dabei muss man aber auch in Betracht ziehen, welche Ausmaße der Personenkult in der UdSSR erreicht hatte und welche Blüten er bis heute in einigen früheren Sowjetrepubliken treibt, etwa in Turkmenistan, wo Präsident Saparmurat Nijasow seiner eigenen Mutter ein Denkmal setzte. Vor diesem Hintergrund wirkt die Huldigung des russischen Präsidenten fast schon bescheiden.

Auch wenn die Nachfrage nach Putin-Devotionalien nachlässt, hat der Wirbel um seine Person doch auch den Präsidenten beeindruckt, glauben zumindest seine Kritiker: «Er ist zu Bronze erstarrt», glaubt Boris Nemzow, Chef der «Union Rechter Kräfte»: «Alle um ihn herum loben ihn nur. Er ist nicht mehr bereit, richtig zu arbeiten, er zieht es vor, zu posieren.»

Wolodja als Führer Allzu entschieden scheint man sich im Kreml gegen den Putin-Kult nicht zu wehren. Gegen den Willen des Präsidenten wäre wohl kaum die Putin-Biographie in bislang zwei Bänden entstanden, für die er selbst zahlreiche Gespräche mit dem Autor führte – ausgerechnet jenem Oleg Blotzki, der im Jahr 2000 dem Pro-7-Korrespondenten Frank Höfling die Tschetschenien-Skandal-Videos verkaufte.

Nicht einmal sowjetische Generalsekretäre konnten zu Lebzeiten eine derartig ausführliche Biographie vorlegen, in der selbst ihr Stammbaum und ihre Verwandtschaftsverhältnisse ausführlich beleuchtet werden. Blotzki zufolge bestach schon der Großvater des Präsidenten dadurch, dass er in einer verdorbenen Umgebung der nahezu einzig tugendhafte Mensch war. Ließen andere Arbeiter in den ärmlichen zwanziger Jahren von ihrem Arbeitsplatz in der Küche «alles nach Hause mitgehen, was nicht niet- und nagelfest war», so konnte Putins Großvater «an so etwas nicht einmal denken», heißt es in dem Werk. Für Blotzki bilden die Putins eine rühmliche Ausnahme vom russischen Sprichwort, wonach es «keine Familie ohne Missgeburt» gibt: Quer durch den Stammbaum zeichne sich die Präsidenten-Sippe durch Rechtschaffenheit aus. So oft ist von der Ehrlichkeit die Rede, dass die Biographie fast wie eine Heiligenchronik erscheint.

Auch für andere Episoden in Putins Leben werden einfache Erklärungen angeboten: So gelangte er etwa schon in jungen Jahren an einen Wagen der Marke Saporoshez, Moskaus Antwort auf den Trabant, mit Viertakter zwar, aber ohne Ohrenschützer kaum zu fahren. Für russische Verhältnisse dennoch ein gewaltiger Luxus – den Putins Eltern im Lotto gewonnen haben sollen, wie bei Blotzki zu erfahren ist. Keine Rede von möglichen Privilegien Putins als künftiger KGB-Mann.

Putins Führungsanspruch wurde schon in seiner Kindheit offenbar. Auffallend oft redet der Präsident im Gespräch mit seinen Hofschreibern davon, er habe schon als kleiner, schmächtiger Junge unter Gleichaltrigen eine «Führerposition» eingenommen. Auch habe er als Jugendlicher die Kampfsportarten Judo und Sambo gelernt, um in der Schule «Führer zu bleiben». Aussagen, die schwer zu überprüfen sind, wie die meisten Episoden aus Putins Kindheit: Kaum einer der einstigen Klassenkameraden hat ein Interesse daran, dem Präsidenten zu widersprechen. Anatoli Rochlin, Putins erster Kampfsport-Trainer, zeigte sich dagegen in einem Interview mit der Zeitung «Nesawissimaja gaseta» unbeeindruckt: «Er war natürlich kein Führer, ich meine, kein Mensch, der andere hinter sich versammelt. Er war schmal, schmächtig, nichts, was ihn von den anderen unterschied.»

In seinem Buch «Aus erster Hand» erzählt der Petersburger erstmals von seiner Zeit in der DDR – wenn auch sehr oberflächlich. Wie alles anfing, lässt sich deshalb nur aus den Berichten von KGB-Kollegen schließen. Wie die muss der junge Geheimdienstler 1984 wohl einen dezenten Hinweis von der Personalabteilung seines Arbeitgebers erhalten haben – des KGB. Ein Vorgesetzter bestellte ihn dann nach Moskau ein – zu einer bestimmten Uhrzeit an einer bestimmten U-Bahn-Station, tief unter der Hauptstadt. Hier stieß er vermutlich auf seine Kollegen; gemeinsam stiegen sie oben auf der Straße in einen Bus, dessen Fenster verhängt waren, der dann in unbekannter Richtung wegfuhr. So ungewöhnlich begann das Studium am Rotbanner-Institut in Moskau – der Auslands-Agentenschmiede des KGB.

Wer wie Putin ohne Beziehungen einen der begehrten Ausbildungsplätze bekam, musste im Geheimdienst Besonderes geleistet haben. Selbst im Hochsommer habe Genosse «Platow» – so Putins Tarnname bei der Ausbildung – im Dreiteiler mit Krawatte im

Studiensaal gesessen, erinnert sich der ehemalige Institutsleiter. 1986 bekommt der spätere Präsident endlich den lange ersehnten Auslandsjob; statt dem wohl erhofften «Hauptgewinn» – der Bundesrepublik – erhält er aber nur den Trostpreis, eine Stationierung in der DDR. Ostdeutschland gilt beim KGB als Abstellgleis – auch wenn Putin beteuert, er sei absichtlich nicht nach Westdeutschland gegangen, weil er für einen entsprechenden Auftrag noch zwei, drei Jahre in der Zentrale hätte arbeiten müssen, es ihn aber an die Front zog. Auch in der DDR erhält Putin keinen Platz an der Sonne: Er kommt nicht etwa nach Ost-Berlin, in die Frontstadt des Kalten Krieges, sondern nach Dresden. Für Geheimdienstler tiefste Provinz, aber doch nichts Ehrenrühriges, wurden doch selbst beim KGB die Posten eher nach Beziehungen vergeben als nach Leistung.

In Dresden bezieht Putin mit seiner schwangeren Frau und seiner ersten Tochter eine Wohnung in einem Stasi-Haus. Für den Sowjetbürger muss die DDR damals in vielem wie eine bessere Welt erschienen sein: Alles sei ganz anders gewesen als zu Hause, die sauberen Straßen, die Fenster, die jede Woche gereinigt werden, die große Auswahl in den Geschäften, begeistert sich Ljudmila Putina noch Jahre später im Wahlkampfbuch ihres Mannes. Es gab weniger Warteschlangen, die Busse fuhren pünktlich. «Unser Leben war gleichmäßig, geregelt, gewöhnlich und einseitig», erinnert sich Ljudmila Putina. Die DDR übernahm oft unverändert die sowjetischen Standards und setzte sie mit deutscher Gründlichkeit um – obwohl sie doch den russischen Verhältnissen entsprangen, wo Vorschriften üblicherweise nicht ganz so streng befolgt werden.

Auch wenn Putin Gefallen an deutscher Ordnung und Disziplin findet, sehnt er sich nach der Heimat. Noch mehr als in der Sowjetunion muss er sich jeden Schritt zweimal überlegen, ständig aufmerksam sein, darf die engen Grenzen nicht überschreiten. Dafür ist die Auslandsreise lukrativ: Die Agenten bekommen einen

Teil ihres Gehaltes in Westmark und in Dollar ausgezahlt; Wladimir Putin spart es für seinen heiß begehrten «Wolga». Einige Gewohnheiten aus Deutschland bringt er später mit nach Petersburg zurück: Statt zur Begrüßung mürrisch «Guten Tag» zu sagen, wie in Russland üblich, fragt er nach deutscher Manier «Wie geht's?» – was ihm stets Sympathien einbringt.

Er sei nie wie Agenten im Film durch Kanalisationsschächte gekrochen, beteuerte er in der Talkshow «Boulevard Bio» im Frühjahr 2002. Trotz aller Bitten im Vorfeld der Sendung hatte er sich nicht überreden lassen, allein zur Show anzutreten, sondern bestand auf die Begleitung durch Bundeskanzler Gerhard Schröder. Mehr als eine kurze Einführung wollte er auch nicht auf Deutsch sagen – der Präsident beherrscht die Sprache Goethes zwar exzellent, hat aber einen leichten Akzent und macht auch gelegentlich Fehler.

Bis auf die Rede vor dem Deutschen Bundestag im Frühjahr 2002, die er vom Blatt abliest, spricht Putin vor größerem Publikum kaum einmal länger auf Deutsch, was allerdings bei internationalen Treffen auch eine Frage des Protokolls ist. Zu seiner Zeit als Vize-Bürgermeister von Petersburg machte er sich einst einen Spaß daraus, Gespräche mit Deutschen übersetzen zu lassen – um sich am Ende in bestem Deutsch von ihnen zu verabschieden.

In Dresden muss Putin nach eigenen Angaben als «politischer Agent» Informationen über Politiker und die Pläne des potenziellen Gegners besorgen – also auch der Bundesrepublik. Die innerdeutsche Grenze habe er aber nie Richtung Westen überschritten, beteuert der Präsident später. Er sei mit Routine-Arbeit beschäftigt gewesen, habe unter anderem «Informationsquellen» angeworben und Informationen über Parteien bis hin zum Außenministerium gesammelt. Kleinkram und Spitzeldienste statt großer weiter Welt, mehr Buchhalter als James Bond: Die Arbeit der KGB-Agenten in der ostdeutschen Provinz bestand unter anderem darin, immer wieder Berichte zu schreiben; zudem mussten

Informanten angeworben werden – etwa bei der Leipziger Messe oder in den großen Devisen-Hotels, wo die Prostituierten in der Regel auch auf der Gehaltsliste der Stasi standen.

Natürlich entspricht solche Arbeit keineswegs dem Image des furchtlosen Geheimagenten und mutigen Draufgängers. So tauchten schnell die verschiedensten Gerüchte auf, die Putin mal zum Superspion, mal zum Agenten in Westdeutschland erklärten – was bei nüchterner Betrachtung unwahrscheinlich erscheint. Immer wieder sind Spekulationen zu hören, der spätere Präsident sei an der KGB-Geheimoperation «Lutsch» beteiligt gewesen: Sie hatte angeblich zum Ziel, in der DDR eine Perestroika nach Moskauer Vorbild und einen Generationswechsel an der Parteispitze in Gang zu setzen. Dazu warben ausgesuchte KGB-Agenten gezielt reformorientierte Entscheidungsträger in der DDR an, die nach einem Putsch in der Parteispitze wichtige Posten bekleiden sollten.

Nach Putins Ernennung zum Ministerpräsidenten hieß es gar, der Geheimdienstler sei einer der Leiter dieser Sonderaktion gewesen – Unsinn, wie der damalige KGB-Chef Krjutschkow später in der russischen Presse versicherte. Er kannte den späteren Präsidenten aus seiner damaligen Zeit in der DDR nicht, also habe Putin auch keine wichtige Rolle spielen können, so die Schlussfolgerung Krjutschkows. Auch Markus Wolf, der Chef der DDR-Auslandsaufklärung, den er später in den Kreml einlud, konnte sich zunächst nicht an Putin erinnern.

Ingesamt gibt es keine Hinweise darauf, dass der spätere Präsident an der angeblichen «Geheimaktion Lutsch», auf Deutsch «Strahl», beteiligt war. Zum einen gäbe es keinen Grund für ihn, heute einen solchen Einsatz für Glasnost und Perestroika zu verschweigen – eher im Gegenteil. Andererseits würde ein Einsatz von Putin als «Lutsch»-Agent keinesfalls das Image des Reformers festigen können – in den achtziger Jahren war bei der Aufgaben-Verteilung unter KGB-Agenten wohl kaum entscheidend, ob sie in ihrem Innersten Reformer waren oder nicht.

Glaubwürdig dagegen klingt die Geschichte eines Stasi-Obersten, der nach Informationen der «Sächsischen Zeitung» mit Putin in der Dresdner Bezirksverwaltung zusammenarbeitete. Nach seinen Worten war der spätere Präsident für Aufklärung nach Westen zuständig. Seine hervorragenden Sprachkenntnisse machten den jungen Major zum idealen Mann für Sonderaufgaben – Putin beherrschte angeblich mehrere deutsche Dialekte und konnte aus Heinrich Heines «Wintermärchen» erzählen: Mehrmals war er demzufolge im geheimen Auftrag im Westen. Auch befasste sich Putin offenbar mit der Anwerbung ausreisewilliger DDR-Wissenschaftler: Sie sollten nach der Übersiedlung in die Bundesrepublik Industriespionage und illegale High-Tech-Transfers betreiben – der Raum Dresden galt damals als das High-Tech-Zentrum der DDR.

Viele DDR-Kollegen wunderten sich über Putins «deutsche Charaktereigenschaften» wie Ordnungsliebe und Disziplin. Bei einem Empfang schüttete der KGB-Offizier streng nach Gorbatschows Anti-Alkohol-Linie zur Überraschung der anderen Gäste seinen Wodka in einen Blumentopf. Beim Trinken soll er stets drei Glas Rückstand gehalten haben. Kollegen schildern ihn in der russischen Presse als «fähigen Karrieristen», der einen so geschulten Blick habe, dass es seinem Gegenüber fast unmöglich sei, zu lügen.

In der Tat blickt Wladimir Putin seinen Gesprächspartnern oft lange nicht in die Augen, fixiert sie dann aber für ein paar Sekunden mit einem stechenden, fast unheimlichen Blick. Putin war sehr vorsichtig, glaubte keinem Ehrenwort und blieb stets unauffällig im Hintergrund, erinnerten sich die Kollegen in der Presse. Putins Spitzname war «Mol» – die Motte. Er sei stolz darauf gewesen, dass sein Großvater an der Oktoberrevolution teilnahm und er ein Vertreter der roten Aristokratie sei. Den Fall der Mauer habe er schon damals als unausweichlich betrachtet, behauptet Putin heute.

Der Präsident selbst beteuert, er habe nie technische Spionage betrieben und nie gegen die Interessen Deutschlands gearbeitet. «Wozu erfindet man so viel über mich? Das ist alles völliger Blödsinn», empört er sich im Gespräch mit seinem Biographen. Für Putins Schweigsamkeit, was seine Zeit in der DDR angeht, könnte es einen besonderen Grund geben. In russischen Geheimdienstkreisen kursieren Gerüchte, denen zufolge der heutige Präsident 1990 vorzeitig wegen eigener Fehler von seinem Auslandsaufenthalt nach Hause abberufen und in die «aktive Reserve» versetzt worden sei. Tatsächlich galt der Posten als Assistent des Hochschul-Rektors in Sankt Petersburg, den er nach seiner Rückkehr bekleidete, auf der KGB-Dienstleiter eher als Abstieg.

Wie der «Focus» später herausfand, hat Putin während seiner Zeit in der DDR eigene Agenten geführt. So bat er in einem vertraulichen Schreiben den Chef der Stasi-Bezirksverwaltung in Dresden um einen Telefonanschluss für einen Kriminalbeamten, den er als «Führungs-IM» bezeichnete. Kurz nach der Wende wollte Putin aus alten Stasi-Leuten einen neuen KGB-Agentenring aufbauen, wie deutschen Geheimdienst-Quellen zu entnehmen war.

Der Stasi-Offizier Klaus Zuchold spielte gerade Fußball, als im Herbst 1985 zwei Russen zum Platz kamen. Der jüngere, klein und kräftig, stellte sich als «Wolodja» vor und wollte mitspielen. Auf dem Rasen beginnt so eine mehrjährige Freundschaft: Zuchold und Putin besuchen sich gegenseitig, oft mit ihren Frauen.

Aus der Freundschaft wird Zusammenarbeit: Nach dem Fall der Mauer lässt Wladimir Putin in Zucholds Wohnung die Sektkorken knallen und drückt ihm feierlich die Hand – der DDR-Offizier hat eine Verpflichtungserklärung für den Moskauer Geheimdienst unterschrieben. Der spätere Präsident nennt dem frisch gebackenen KGB-Spion die Namen seiner Führungsagenten – und verpflichtet ihn zu Stillschweigen; andernfalls drohten strenge Strafen. Die schienen Zuchold nicht zu schrecken: Ehe er auch nur einen Auftrag aus Moskau bekam, machte er elf Monate nach dem Handschlag rüber in den Westen und offenbarte sich den Staatsschützern; er bringt sie auf die Spur von Putins Spionage-Clique – 15 ostdeutschen Agenten. Nach dem Verrat versteckt sich Zuchold ein Jahr lang – aus Angst vor Strafaktionen Moskaus.

Von Putin schwärmt der Mann, der im Westen eine Arbeit als Wachmann fand, heute in höchsten Tönen: «Ein Super-Typ. Ich habe es immer geahnt. Aus dem wird mal was.» Solch Lob ist für Putin sicher ein schwacher Trost für den Spionage-GAU. Der Präsident selbst äußert sich in seiner Biographie zu solchen Berichten ausweichend: «Die Arbeit mit den Informationsquellen wurde aus Sicherheitsgründen eingestellt, die Unterlagen vernichtet oder archiviert. Amen.»

ZAR UND ZAUDERER

Kursk

Korvettenkapitän Andrej Scholochow stockte der Atem, als er vor sich auf dem Meeresboden, 108 Meter unter den Fluten der Barentssee, die Schatten eines Wracks ausmachte. Je näher er mit seinem Rettungstauchboot «Pris» heranfuhr und je deutlicher er die Umrisse ausmachte, umso mehr erschrak er: Dem Schiff, das da vor ihm im finsteren Meerwasser lag, fehlte der Bug. Es sah so aus, als sei er mit einem Messer abgeschnitten. Dennoch waren offenbar Klopfzeichen aus dem Wrack zu hören. Scholochow war Kommandant des russischen Rettungstauchbootes «Pris» – und einer der ersten Männer, die nach dem Untergang des Atom-Untersee-Kreuzers «Kursk» die Überreste des Schiffes sahen. Verzweifelt versuchte er mit seinen Kollegen immer wieder, an einer Rettungsluke im hinteren Teil des Schiffes anzudocken. Vergeblich.

Am 12. August 2000 war das Atom-U-Boot «Kursk» mit 118 Mann an Bord aus seinem Heimathafen Widjajewo bei Murmansk zu einem Manöver in die Barentssee ausgelaufen. Um 11.28 Uhr Moskauer Zeit schlagen in der seismologischen Messstation des Norsar-Institutes im benachbarten Norwegen die Zeiger der Geräte aus: Eine Explosion im Gebiet der Koordinaten 69°38' Nord, 37°19' Ost, Stärke 1,5 auf der Richterskala. Zwei Minuten später registrieren die Geräte erneut eine Explosion: an der gleichen Stelle, mit Stärke 3,5.

Obwohl der Funkkontakt mit dem besten Schiff der Flotte abgebrochen ist, bleibt die Manöver-Leitung untätig. Erst sechseinhalb Stunden später gibt der Flottenkommandant Rettungsalarm. Gegenüber der Presse erklärt er, das Manöver sei erfolgreich abgeschlossen. Offenbar ebenso ahnungslos wie alle anderen fliegt Präsident Putin in den Süden: Auf der Datscha Botscharow Rutschej in Sotschi, dem russischen Nizza, will er ein paar Tage Urlaub machen. Erst am nächsten Morgen um 7 Uhr erfährt der Präsident von dem Unfall. Wie ein Kreml-Beamter später berichtet, spricht Verteidigungsminister Sergejew bei seinem Rapport nicht davon, dass den Seeleuten Gefahr drohe. Wenig später melden die Militärs dem Präsidenten, die Mannschaft werde nun bald evakuiert.

Die Öffentlichkeit ahnt zu diesem Zeitpunkt noch nichts von der Tragödie, die sich im eisigen Nordmeer abspielt. Erst zwei Tage nach dem Untergang gibt es im Fernsehen die erste Meldung. Das Unglück habe sich am Vortag ereignet, heißt es. Es handle sich nur um ein technisches Problem, die Besatzung habe ihr Schiff selbst sinken lassen, Luft und Strom seien an Bord vorhanden, die Matrosen hätten den Kernreaktor selbst abgeschaltet, es gebe Funkkontakt mit ihnen, und die Außenwand des Schiffes sei unbeschädigt.

Diese Äußerungen der Militärs sind nur ein Teil der haarsträubenden Lügen nach dem «Kursk»-Untergang. Die Uniformträger sind noch aus Sowjetzeiten auf Verschwiegenheit und Desinformation getrimmt. Hunderte Angehörige der «Kursk»-Besatzung bekommen nach dem Untergang des Schiffes die Arroganz der Macht zu spüren. Die meisten erfahren erst aus den Medien vom Schicksal ihrer Verwandten. Letzte Gewissheit, wer an Bord ist, gibt ihnen nicht etwa die Militärführung, sondern die Zeitung «Komsomolskaja Prawda»: Sechs Tage nach dem Untergang veröffentlicht sie die erste Namensliste der Besatzung – für ein Bestechungsgeld habe man die Angaben von einem Militär bekommen, schreiben die Journalisten.

Wie zu Sowjetzeiten suchen die Admiräle die Ursache des Unglücks jenseits der eigenen Grenze. Immer wieder sprechen sie von einem ausländischen U-Boot, das die «Kursk» gerammt haben soll. Je länger die Marine schweigt und falsch informiert, desto mehr Gerüchte kommen auf. Möglicherweise habe die Flottenführung zwei Tage lang geschwiegen, weil sie in erster Linie über die Rettung des angeblich eine Milliarde Dollar teuren Schiffes nachdachte, mutmaßt die Zeitung «Wremja MN».

Aus Stolz und Angst vor Spionage schlagen Politiker und Generäle die Hilfsangebote von Briten, Norwegern und Amerikanern aus. «Unsere Rettungsmittel sind die besten der Welt», versichert Vize-Premier Ilja Klebanow. Eine Lüge, wie sich bald herausstellt. Kostbare Zeit verstreicht. Die Angehörigen sind verzweifelt. Auch Wladimir Putin scheint nach dem Unglück in der Barentssee nervös, er hüllt sich in seinem Urlaubsort Sotschi am Schwarzen Meer in Schweigen.

Ganz Russland fragt sich: «Wo ist der Präsident?» Die Angehörigen warten auf ein erlösendes Machtwort, auf den guten Zaren, der den Albtraum beendet, der seine bösen Admiräle zurechtweist, der ausländische Hilfe annimmt, der an Ort und Stelle die Rettungsaktion leitet, der mit seinem Volk leidet. Ausgerechnet jetzt, in der Stunde der Not, ist er untergetaucht. «Wenn keine Gefahr drohte und Kameras da waren, stand er immer an der vordersten Front. Jetzt kämpfen unsere Leute im Eismeer um das Leben ihrer Kameraden, und der Präsident sonnt sich im warmen Süden», ärgert sich ein Offizier.

Erst am fünften Tag nach dem Unglück tritt der Präsident vor die Kamera – immer noch im Urlaub, in Sotschi, braun gebrannt, heiter, im hellen Sommerhemd. Für einen kurzen Augenblick fängt die Kamera ein Lächeln des Staatschefs ein, bevor er wieder erstarrt. Während die Angehörigen und Millionen Menschen in aller Welt um das Leben der Seeleute bangen, fällt Putins Kommentar nüchtern aus: Die Situation sei kritisch, aber unter Kontrolle, es werde alles Mögliche zur Rettung der Matrosen unternommen. Wie zuvor im Tschetschenien-Krieg demonstriert der Präsident auch diesmal Härte – in einem Moment, in dem die Nation Mitgefühl erwartet. Er zeigt Nüchternheit, wo die Menschen Gefühle sehen möchten.

Dabei lässt die äußere Erstarrung nicht auf Gefühlskälte schließen. Schon in seiner Jugend war es Putin schwer gefallen, Gefühle zu zeigen. Als er seinen Job beim KGB antrat, konnte er nicht richtig lachen – wie zumindest ein Ausbilder später Journalisten erzählte: «Die Psychologen bemerkten, dass sein Gesicht immer steif blieb und er keine Emotionen zeigen konnte.» Offenbar hatte der spätere Präsident als Kampfsportler seine Gesichtsmuskeln ständig unter Kontrolle, und es dauerte eine Weile, bis die Ausbilder dem jungen Putin das Lächeln beibrachten, das er für seine Arbeit als Agent benötigte. Jetzt, nach dem Unglück der «Kursk», ist vielen Russen das Pokerface des Präsidenten nicht ganz geheuer.

Er sei nicht ans Nordmeer gefahren, damit sich die Aufmerksamkeit der Militärs nicht auf ihn, den Präsidenten, sondern auf die Rettungsarbeiten konzentrieren konnte, rechtfertigt sich Putin später. Doch offenbar gab es für seinen Verbleib am Urlaubsort noch andere Gründe: Seine Berater fürchteten, bei einem Misserfolg der Rettungsaktion könnten die Menschen ihre negativen Reaktionen auf den Staatschef übertragen, wenn er selbst vor Ort Verantwortung übernimmt oder auch nur vor die Kamera tritt. Genauso wie der Kreml bei schlechten Nachrichten gerne deren Überbringer, die Journalisten, für die Schuldigen hält, fürchtete man nun, der Tod der Seeleute könnte Putin selbst schaden, wenn er nicht weit genug vom Unglück entfernt bleibe.

«Gibt es noch Überlebende an Bord der ‹Kursk›?» ist die Frage, die sich ganz Russland, die ganze Welt in diesen dramatischen August-Tagen stellt. Weil die Militärführung ständig widersprüchliche Angaben macht, führen Dutzende Experten ihre eigenen Berechnungen an, wie lange der Sauerstoffvorrat an Bord reicht und was die Klopfzeichen bedeuten. Die Bergungsarbeiten im hohen Norden sind ein Wettlauf mit der Zeit, und sie geraten von Tag zu Tag mehr zum Fiasko. Dringend benötigte Technik trifft entweder zu spät ein, ist für den Einsatz nicht geeignet oder aus Geldmangel seit Jahren auf Halde gelegt. In der gesamten Nordflotte findet sich kein einziger einsatzbereiter Tiefseetaucher.

Erst als die Empörung der Angehörigen und der Medien immer größer wird, erlaubt Putin am Mittwoch, vier Tage nach dem Untergang, ausländische Hilfe anzunehmen. Hastig fliegen britische Rettungskräfte ein Mini-U-Boot ins norwegische Trondheim, von wo es auf den langen Weg zur Unglücksstelle geschickt wird – 2400 Kilometer entfernt. Warum das Flugzeug mit dem Mini-U-Boot an Bord nicht den russischen Hafen in Murmansk anfliegen darf, obwohl die Rettungstechnik von dort einen Tag schneller an den Unglücksort hätte gelangen können, ist eines der vielen Rätsel um den Untergang der «Kursk». Wieder geht kostbare Zeit verloren. In Brüssel lehnt eine russische Delegation im NATO-Hauptquartier zusätzliche Hilfe aus dem Westen ab – auch den Einsatz von britischen fallschirmtauglichen Tieftauchspezialisten, die ohne Taucherglocken Rettungseinsätze in großer Tiefe durchführen können.

Am Freitag, sechs Tage nach dem Unglück, bricht Putin endlich seinen Urlaub ab. Als die norwegischen Taucher am Samstag am Unglücksort eintreffen, müssen sie noch einmal einen halben Tag warten: Medienberichten zufolge machten die russischen Militärboote ihre Positionen nicht rechtzeitig frei. Die Norweger und Briten äußern sich später entsetzt über den desolaten Zustand der russischen Nordflotte und beklagen die schlechte Zusammenarbeit mit den russischen Behörden. Erst als sie drohen, die Tauchoperation abzubrechen, dürfen sie auf persönliche Weisung von Admiral Popow auf eine russische Marinebasis fliegen, um an einem baugleichen Schiff den Einstieg in die «Kursk» zu üben. Russische Stellen hätten die Bergungsarbeiten durch Fehlinformationen behindert, etwa indem sie eine falsche Schlagseite des Wracks meldeten, erklären die Norweger später; dadurch habe die Nordflotte auch das Leben der Tiefseetaucher in Gefahr gebracht. Russische Offiziere hätten ihnen zudem verboten, zu einem anderen als dem neunten hintersten Abschnitt des U-Bootes zu schwimmen. Offenbar habe Moskau etwas zu verbergen. Wer Russland kennt, kann sich statt bösem Willen eine weitere Erklärung für die Rettungspannen gut vorstellen: Schlendrian und Chaos.

Am Montag erhalten die Angehörigen traurige Gewissheit. Wie meist in solchen Situationen verkündet sie weder der Präsident noch der Chef der Seestreitkräfte oder auch nur der Flottenkommandant: Schließlich gibt Vizeadmiral Mozak, Stabschef der Nordflotte, bekannt, die «Kursk» sei möglicherweise geflutet, in diesem Falle wären alle 118 Mann tot. Die norwegischen Tiefseetaucher stellen fest, dass die achte Rettungsluke beschädigt war und die Russen mit ihrem Gerät keine Chance hatten anzudocken. Den Norwegern gelingt innerhalb kurzer Zeit, was die Russen aufgrund fehlender Technik und mangels Personals tagelang nicht geschafft haben – in den hinteren Teil der «Kursk» vorzudringen.

Um 21 Uhr erklärt die Nordseeflotte die Mannschaft der «Kursk» endgültig für tot.

Die kritischen Stimmen werden immer lauter. Angehörige von Opfern erwägen, gegen den Staat vor Gericht zu ziehen. «Wenn die Besatzung gleich tot war, haben die Verantwortlichen gelogen. Wenn die Seeleute dagegen noch am Leben waren, wurde nicht rechtzeitig Hilfe geleistet. Beides ist strafbar», sagt die Moskauer Rechtsanwältin Vera Mischtschenko.

Als Vorab-Kommando schickt Putin seinen Vize-Premier Ilja Klebanow zu einem Treffen mit den Angehörigen in den «Kursk»-Heimathafen Widjajewo, eine Plattenbausiedlung am Eismeer. Der hohe Gast bekommt die Wut der Menschen persönlich zu spüren. Die verzweifelte Mutter eines der vermissten Matrosen stürzt sich auf den Vize-Regierungschef, greift nach seiner Krawatte und würgt ihn: «Fahr selbst da raus und rette die.»

Auch Nadeschda Tylik, eine hagere blonde Frau Mitte vierzig, deren Sohn draußen tot im Wrack liegt, verliert die Nerven und beschimpft Klebanow als Lügner: «Wie lange sollen wir eure Lügen noch ertragen?» Kaum hat sie die Worte ausgesprochen, tritt eine Frau von hinten an sie heran. Plötzlich ist Nadeschda Tylik ganz ruhig. «Ich habe gar nicht gespürt, was los war, merkte nur, dass ich mich mit einem Mal so seltsam fühlte. Später erzählten mir Augenzeugen, dass mir eine Ärztin einfach eine Beruhigungsspritze verpasst hat – ohne mich zu fragen», erinnert sich Tylik. Das Bild der verzweifelten Angehörigen und der Krankenschwester, die sie mit einer Spritze gegen ihren Willen ruhig stellt, geht um die Welt. Ihr Mann habe um die Spritze für Nadeschda Tylik gebeten, damit sie sich nicht aufrege, heißt es später – eine Lüge, wie die Tyliks beide versichern.

Aus Angst vor solchen Zwischenfällen herrscht Sicherheitsstufe eins in Widjajewo, als Wladimir Putin kurz nach Klebanow in das kleine Garnisonsstädtchen kommt. Ganz in Schwarz gekleidet, trifft er sich im eilig herausgeputzten Saal des Offiziersclubs mit 500 Verwandten der toten Seeleute – unter ihnen jede Menge Sicherheitsbeamte, Geheimdienst-Agenten und Offiziere. Zusehen und zuhören darf nur der Staatssender RTR. Es zensiert der Chefredakteur persönlich.

Nur weil RTR die Technik fehlt und sie sich beim deutschen Sender RTL eine Satellitenschüssel leihen müssen, geraten die Szenen doch an die Öffentlichkeit. Der Präsident verspricht den Angehörigen Geld und Wohnungen. «15 Jahre hat mein Sohn in der Flotte gedient. Nie gab es etwas. Ich hätte nicht gedacht, dass er erst sterben muss, um eine Wohnung zu bekommen», entgegnet ihm eine Mutter hysterisch. Zwei Männer führen die Frau aus dem Saal. «Katastrophen-Medizin» steht auf ihren Jacken.

Nicht nur die Mediziner entsorgen Kritik – offenbar herrscht eine strenge Regie, die den Präsidenten vor unangenehmen Überraschungen bewahren soll. «Das Treffen wurde so inszeniert, dass wir zuerst an den anderen Verantwortlichen unseren Dampf abgelassen haben», erinnert sich Nadeschda Tylik: «Putin beließ es dann bei allgemeinen Phrasen, scherzte sogar. Aber insgesamt wirkte er betroffen und ehrlich.» Die Angehörigen gehen hart ins Gericht mit dem Präsidenten: «Warum haben Sie so spät reagiert, wie konnten Sie dem Militär nur glauben?» Die Versammelten weigern sich, mit Putin zu einer Trauerfeier auf das offene Meer zu fahren und einen Kranz zu versenken: Erst wenn ihre Söhne geborgen sind, wollen sie Abschied nehmen.

Putin schlägt Worte an, die man von einem Kreml-Chef zuvor kaum vernehmen konnte: «Ich empfinde bei dieser Tragödie ein Gefühl der vollen Verantwortung und der Schuld.» Putin sagt großzügige Hilfe und die Bergung des Wracks zu. Dass sich der Präsident mit Opfern trifft, ist ein Novum in der russischen Geschichte; bislang behielten die Herrschenden in Moskau stets Distanz. Es wäre für Michail Gorbatschow undenkbar gewesen, sich 1986 mit einigen Hundert Angehörigen der Tschernobyl-Opfer zu treffen.

Andererseits ist nicht bekannt, dass sich Putin jemals offiziell im großen Stil mit den Hinterbliebenen von Soldaten traf, die in Tschetschenien fielen, oder mit Opfern russischer Militärgewalt im Kaukasus. Der Besuch im hohen Norden entsprang wohl kaum reinem Mitgefühl. Taktische Überlegungen dürften die entscheidende Rolle gespielt haben. Dass Putin offenbar dennoch aufrichtig zu den Angehörigen sprach, zeigt die ambivalente Persönlichkeit des russischen Präsidenten. Wladimir Putin gibt den Befehl zu immer neuen Militäreinsätzen in Tschetschenien und trauert aufrichtig um die Opfer. Er lässt das Musical-Theater «Nord-Ost» stürmen, alle Terroristen erschießen, hält die Zusammensetzung des eingesetzten Gases geheim, obwohl das die Behandlung der Verletzten erschwert, und zeigt dann beim Krankenbesuch echte Anteilnahme. Er versichert Generalstaatsanwalt Skuratow, wie sehr ihm die Erpressung mit dem Sex-Video zuwider sei – und ist im Hintergrund an der Aktion beteiligt.

Wladimir Putin verkörpert beides, Härte wie Mitgefühl: Sein eiserner Blick, seine harten Gesichtszüge, seine äußerliche Kälte scheinen vor allem einen Zweck zu erfüllen – sein eher sentimentales Inneres zu verstecken. Im privaten Gespräch wirkt der «eiserne Mann» zurückhaltend, schüchtern, ja fast verklemmt. Auch in der Öffentlichkeit verrutscht die Maske gelegentlich: Mehrmals kann er seine Tränen selbst vor den Fernsehkameras nicht verbergen – eher ungewöhnlich in Russland, wo Emotionalität immer noch als Frauensache gilt und echte Kerle allenfalls feuchte Augen haben, wenn sie sich den Wodka mit Pfefferschoten runterspülen. Auf der anderen Seite ist es der KGB-Mann gewöhnt, menschliche Regungen zu unterdrücken, wenn es darauf ankommt.

Die Auseinandersetzung mit der Not der Angehörigen setzt dem Präsidenten offenbar zu: Es seien die schwersten Stunden seines Lebens gewesen, erklärt Putin später. Fluchtartig fliegt er nach dem Treffen um 4 Uhr morgens zurück nach Moskau.

Mit den Militärs zeigt der Präsident Nachsicht. Verteidigungsminister Sergejew, der Oberkommandierende der gesamten Kriegsflotte und der Chef der Nordflotte reichen zwar pro forma ihren Rücktritt ein – doch Putin lehnt dies ab. Die Militärführung habe ihn nach dem Unglück zwar schon mal belogen – aber er wolle das «nicht verurteilen», so Putin erstaunlich sanftmütig. Da ihm der politische Wind kalt ins Gesicht weht, will er die Loyalität der Generäle nicht auf die Probe stellen.

Das Geheimnis auf dem Meeresboden Schreibt man so, wenn man in den letzten Atemzügen liegt? Immer wieder stellt sich Roman Kolesnikow diese Frage. Der Kapitän a. D. sitzt im August 2001, ein Jahr nach dem Untergang der «Kursk», in seiner Wohnung in einer Petersburger Plattenbausiedlung auf dem Sofa und betrachtet die letzten Notizen seines Sohnes Dmitri. Die letzten Worte, geschrieben in 108 Meter Tiefe auf dem Boden der Barentssee, an Bord der «Kursk». «Dmitri schrieb mit sauberer, kräftiger Handschrift. Sie war nicht vom Tod gezeichnet, wie die Militärs mir damals weismachen wollten», klagt Kolesnikow. Waren sein Sohn und dessen 22 Kameraden in der neunten Kammer des U-Bootes wirklich schnell tot? Mussten sie sich wirklich nicht lange quälen, wie die Flottenführung versicherte? Wäre wirklich jede Hilfe zu spät gekommen, wie es aus dem Kreml heißt? Viele offene Fragen, doch Roman Kolesnikow erhält keine Antworten. Auch ein Jahr nach der Katastrophe verschweigen die Politiker und Admiräle die Wahrheit. Wie der pensionierte Kapitän fühlen sich viele der Angehörigen der 118 «Kursk»-Toten vom russischen Staat betrogen. Die Militärführung hat immer noch keine überzeugende Antwort auf die Frage, warum das modernste Schiff der Flotte verunglückte.

Für Geheimhaltung haben die Flottenadmiräle auch gute Gründe, glaubt Nikolaj Tylik, dessen Sohn ebenfalls an Bord des Atom-U-Boots umkam. Der nachdenkliche 45-jährige Marineoffizier wohnte bis zu dem Unglück im «Kursk»-Heimathafen Widjajewo und hat sich früh aufs Altenteil ins warme Anapa am Schwarzen Meer zurückgezogen. «Kameraden erzählten mir, dass sich Kapitän Ljatschin vor dem Auslaufen der ‹Kursk› beschwerte, einer der

Torpedos sei undicht, mit dem Wasserstoff gebe es Probleme. Ljatschin wusste nicht, was er machen sollte, und wollte deshalb im Hafen bleiben», berichtet Tylik. «Der Kapitän kam vor dem Auslaufen jeden Tag an Bord, war sehr nervös, da stimmte was nicht. Für mich ist es auch ein Rätsel, warum er seinen Sohn nicht mit an Bord genommen hat.» Merkwürdig findet der Seemann im Ruhestand auch, dass der für die Torpedos zuständige Offizier drei Stunden vor dem Auslaufen das Boot verließ. Nach der Tragödie wurde er demzufolge befördert und sprach mit niemandem mehr ein Wort über die «Kursk». Russische Journalisten hätten keinerlei Interesse an solchen Informationen, klagt Tylik. «Nur Ausländer befragen uns; Fernsehleute von NTW waren bei uns, aber auf den Bildschirm kam nichts.» Die Flotte bewahrt Stillschweigen, was das Schicksal des Torpedo-Offiziers angeht: Gerüchte kommentiere man nicht, lautet die einzige Antwort der Pressestelle auf entsprechende Nachfrage.

Am ersten Jahrestag der Katastrophe im August 2001 untersagt der Kreml Nahaufnahmen von trauernden Witwen und Interviews – aus Angst vor kritischen Berichten. Angehörige erzählen, dass ihnen zuvor schon bei einer Ordensverleihung verboten wurde, mit Journalisten zu sprechen. «Die haben mich regelrecht eingekreist und nicht zu den Presseleuten gelassen», beschwert sich etwa die Matrosenmutter Tylik. Putin entlässt mehrere Admiräle. Tatsächlich aber werden die meisten Hauptverantwortlichen für die Tragödie und das Informationschaos nicht etwa bestraft, sondern befördert. Der Chef der Nordflotte, Admiral Popow, wechselte als Senator in den Föderationsrat nach Moskau.

Im Februar 2002 legt die staatliche Untersuchungskommission ihren Abschlussbericht vor. Demnach hat ein defekter Übungstorpedo die Explosion veranlasst. Generalstaatsanwalt Ustinow erklärt, die Untersuchung habe schwere Nachlässigkeiten der Chefs der Nordmeerflotte und der «Kursk»-Besatzung aufgezeigt. Im Juli 2002 wird das Strafverfahren gegen die Marineführung eingestellt.

Die offizielle Begründung: Die gesamte Besatzung sei innerhalb weniger Stunden nach der Explosion gestorben, und niemand könne für das Unglück verantwortlich gemacht werden. Putin lobt den Abschlussbericht als «beispiellos gründlich und objektiv». Niemand kommt vor Gericht. Die Behörden erklären die Unterlagen bis auf die Schlussfolgerungen für 25 Jahre als geheim.

Es gab immer wieder Gerüchte über die wahren Unglücksursachen. Von einem Steuerfehler oder technischen Ausfällen in der Steuerhydraulik ist ebenso die Rede wie vom Test einer neuen Unterwasser-Waffe wie den neuen, hochgeheimen «Schkwal»-Torpedos; immer wieder wird spekuliert, die «Kursk» sei versehentlich vom Raketenkreuzer «Peter der Große» versenkt worden oder auf eine Seemine gefahren. Selbst die Version, derzufolge drei Männer aus dem Kaukasus an Bord die «Kursk» aus Protest gegen den Tschetschenien-Krieg angeblich sabotierten, findet über die Grenzen Russlands hinaus Anhänger.

Weniger abwegig erscheint die Erklärung, technische Unzulänglichkeiten und Wartungsmängel seien für das Unglück verantwortlich gewesen; so soll schon beim Bau der «Kursk» 1994 am Nötigsten gespart worden sein. Unter anderem wurden teure, hochwertige Metalle und Stahlsorten durch billigere ersetzt und zahlreiche Teile und Geräte entweder aus den Konstruktionsplänen gestrichen oder durch billigere oder gebrauchte ersetzt, wie Mitarbeiter des «Kursk»-Konstruktionsbüros Rubin erzählen. Nach der Fertigstellung des Unterwasserkreuzers fehlte es an Geld für die Wartung. So mussten in der Nordflotte Matrosen oft selbst ihre Rettungswesten von ihrem eigenen Geld kaufen; der Rost nagte am Schiffsrumpf, Dichtungen hatten Risse, die Rettungsboje war festgeschweißt, damit sie sich nicht unbeabsichtigt lösen könnte. Hartnäckig halten sich Spekulationen, die «Kursk» habe ihre Notstrom-Batterien nicht an Bord gehabt.

Die plausibelste Erklärung für das tragische Ende der «Kursk» ergibt sich, wenn man den offiziellen Untersuchungsbericht und die Erzählungen der Angehörigen im Zusammenhang betrachtet: In der Tat explodierte ein Torpedo, wie Generalstaatsanwalt Ustinow offenbarte – es gibt aber noch einen zweiten Teil der Wahrheit: Bereits vor dem Auslaufen der «Kursk» waren Probleme mit der Waffe bekannt geworden, und der Kapitän musste möglicherweise erst auf Anweisung der Flottenführung gegen seinen Willen auslaufen. Dies würde die strikte Geheimhaltung und die Vertuschungs-Taktik der Militärs erklären.

Dazu kam der desolate Zustand der russischen Streitkräfte: Geldmangel, Schlendrian und die fehlende Professionalität in der gesamten Armee. Aus Geld- und Treibstoffmangel konnte die «Kursk» viel zu selten auslaufen, die Mannschaft war aus der Übung, das Bordbuch gefälscht, um pro forma den Anforderungen zu genügen.

Der größte Wunsch der Angehörigen ist, dass sich nach der «Kursk»-Tragödie etwas zum Besseren ändert, bei der Armee, im Land – dann, so sagen sie, hätten sie wenigstens den Trost, dass ihre Kinder nicht ganz umsonst gestorben sind.

Wie sehr die Hoffnung trügt, zeigt sich drei Jahre später. «Atom-U-Boot in der Barentssee untergegangen», melden die Nachrichtenagenturen am 30. August 2003, «neun von zehn Besatzungsmitgliedern tot». Wieder kommen haarsträubende Sicherheitsmängel zutage, Fehler bei der Rettungsaktion, Lügen der Militärs.

Das neuerliche Unglück in der Barentssee selbst scheint die Menschen weniger zu erschrecken als die Erinnerung an die «Kursk», die wachgerufen wird. Der Untergang des modernsten Schiffes der russischen Flotte hat Russland im August 2000 nicht weniger erschüttert als die Finanzkrise 1998 und die Bombenattentate von 1999. Ein kollektives Gefühl der Ohnmacht und der Hilflosigkeit erfüllte die Menschen, die dank Putins Versprechen gerade wieder begonnen hatten, an die neue Stärke Russlands zu glauben: Nachdem bereits wenige Tage zuvor am 8. August 2000 bei einer Bombenexplosion am Moskauer Puschkin-Platz in der Nähe des Kreml zwölf Menschen ums Leben gekommen waren, wurde den Menschen eine Woche lang Stunde für Stunde vorgeführt, wie ihre Obrigkeit sie belügt und die Staatsräson wichtiger zu sein scheint als Menschenleben. «Wir alle sitzen heute in einer ‹Kursk›, und wir wissen, dass uns niemand retten wird», brachte ein Kommentator die Stimmung auf den Punkt.

Anders als bei den Bombenattentaten von 1999 konnte im Falle der «Kursk» kein äußerer Feind verantwortlich gemacht werden, die Schuld lag bei den eigenen Leuten. Zwei Wochen nach der Tragödie in der Barentssee geschah wieder ein Unglück: Der Fernsehturm in Ostankino, Stolz der russischen Hauptstadt, stand in Flammen. Ein Kabelbrand, der durch Schlendrian und Sicherheitsmängel zur Katastrophe wurde.

So hinterließ der Katastrophen-August 2000 tiefe Spuren – auch, weil der neue starke Mann und Hoffnungsträger, Wladimir Putin, die Erwartungen der Menschen nicht zu erfüllen schien. Der Präsident zeigte sich nach dem Untergang der «Kursk» erstmals überfordert. Doch die verbreitete Annahme jener Tage, dass die Katastrophe Putins Image dauerhaft beschädigen könnte, erfüllte sich nicht: Die Menschen müssen zwar erkennen, dass der strahlende Held von gestern keine Wunder vollbringt und Fehler macht – aber das lässt ihn auch ein bisschen sympathisch erscheinen. Noch immer verkörpert der Präsident für die meisten Russen die Hoffnung auf ein besseres Leben – und wer möchte schon diese Hoffnung begraben, wegen eines untergegangenen Schiffes. Putins Popularität bleibt ungebrochen: Nur 22 Prozent der Russen sprechen ihm eine Schuld zu, fast zwei Drittel sind weiterhin von seiner Amtsführung überzeugt.

Wenn die «Kursk»-Katastrophe das Bild der Russen von Putin nicht grundlegend ändern konnte, so scheint er seine Lektion gelernt zu haben. Durfte der Präsident sich bisher als Liebling des Volkes und der Medien fühlen, so spürte er nach dem Untergang der «Kursk», wie gefährdet seine Popularität sein konnte. Die Euphorie der ersten Monate war vorüber, das politische Vertrauen des Präsidenten in sein Volk erschüttert. Putin zeigte sich gekränkt; statt Selbstkritik zu üben oder in der Flotte Konsequenzen zu ziehen, suchte er nach Schuldigen außerhalb des Staatsapparates – und wurde bei den Oligarchen und den Medien fündig. Noch bei seinem Treffen mit den Angehörigen machte der Präsident die Superreichen indirekt für den schlechten Zustand der verarmten Flotte verantwortlich; die Kritik der Medien sei die Rache der Oligarchen und ihrer hauseigenen Journalisten, klagte der Präsident. Wenig später überwarf sich Putin mit Boris Beresowski, weil dessen Fernsehsender ORT kritisch über die «Kursk» berichtete. Kurz darauf muss Beresowski seine Anteile an dem Sender an den loyalen Oligarchen und früheren «Bankier der Jelzin-Familie» Roman Abramowitsch verkaufen.

Als ihn einen knappen Monat nach dem Unglück Larry King in einem Interview für den US-Sender CNN fragt, was mit der «Kursk» geschehen sei, antwortet Putin launig: «Sie ist untergegangen!» So empörend das Krisenmanagement nach dem Unglück war – man darf Putins Vorgehen nicht mit westlichen Maßstäben allein messen. Zu Sowjetzeiten waren Treffen mit Angehörigen undenkbar, Hilfszusagen die Ausnahmen. Anders als nach der «Kursk»-Katastrophe gab es meist Schauprozesse wie nach Tschernobyl oder Bestrafungen ohne Richter – wobei es oft mehr darum ging, einen Schuldigen auf mittlerer Ebene zu finden und die Verantwortlichen aus dem Schussfeld zu nehmen.

Die «Kursk»-Katastrophe ist ein Musterbeispiel für die gewaltigen Widersprüche, die sich durch die russische Gesellschaft ziehen: Verhängnisvolle sowjetische Traditionen und Verhaltensmuster auf der einen und westliche Erwartungen auf der anderen Seite. Armut und Selbstüberschätzung. Der Anspruch, Großmacht zu sein – und der Kapitän mit 300 Dollar Monatsgehalt, der die Verantwortung für das Eine-Milliarde-Dollar-Schiff trägt.

Faust auf dem Tisch Während der «Kursk»-Tragödie stießen die Russen erstmals auf einen Charakterzug ihres neuen Präsidenten, der seinem bisherigen Image völlig entgegenstand. Als Wladimir Putin am 8. August 2000 nach dem Bombenanschlag am Moskauer Puschkin-Platz 20 Stunden weder zu sehen noch zu hören war, machte sich darüber noch kaum jemand Gedanken – vielleicht war der Staatschef ja wirklich verhindert. Als der Präsident nach der Tragödie in der Barentssee fünf Tage lang schwieg und sich dann erst nach weiteren fünf Tagen auf den Weg in den hohen Norden machte, wurde Empörung laut. Im Oktober 2002 wunderte es dann niemanden mehr, dass nichts vom Präsidenten zu vernehmen war, als tschetschenische Selbstmord-Attentäter im Musical-Theater «Nord-Ost» mehr als 800 Menschen als Geiseln nahmen. Als bei der Aktion gegen den Jukos-Konzern 2003 mehrere Mitarbeiter unter zwielichtigen Umständen festgenommen wurden, hüllte sich Putin erneut in Schweigen.

Wenn unerwartete, wichtige Ereignisse geschehen, die das ganze Land in Atem halten, verschwindet Wladimir Putin regelmäßig von der Bildfläche. Dabei fällt sein Schweigen gerade in Russland, wo der Präsident nahezu alle Vollmachten besitzt und als «Übervater» der Nation gilt, besonders ins Gewicht.

Hatten seine Imageberater den Präsidenten im Wahlkampf als einen Mann gezeigt, der es versteht, mit der Faust auf den Tisch zu schlagen, so stellte sich heraus, dass die Fernsehkameras nur den Aufprall dokumentierten – nicht aber, wie der Petersburger zuvor minutenlang mit der Hand in verschiedene Richtungen durch die Luft fuhr, grübelte und sich beraten ließ, wo seine Faust niederzufahren hatte. Entschied sein Vorgänger Boris Jelzin selbst wichtigste Fragen aus dem Bauch heraus und verließ sich auf seine Intuition, so lässt sich Putin gerne bis ins kleinste Detail informieren. Verließ sich Jelzin selbst in wichtigen Fragen oft auf den Rat der Hofschranzen, die gerade am höchsten in seiner Gunst standen, so lässt sich der neue Präsident mit Vorliebe von den unterschiedlichsten Experten instruieren und hört sich die gegensätzlichsten Meinungen an. Als Perfektionist graut ihm vor dem Gedanken, irgendeinen wichtigen Aspekt nicht zu erfahren und außer Acht zu lassen. Alles Eigenschaften, die sich viele Menschen im Westen von ihren Politikern wünschen.

Die russischen Wähler haben jedoch ganz andere Vorlieben, wie ein Blick in die jüngere russische Vergangenheit zeigt. Michail Gorbatschow, im Westen hoch geachtet, ist bis heute für die meisten Russen der unbeliebteste Politiker schlechthin. Paradoxerweise liegt sein Ansehen bei vielen Menschen noch unter dem von Stalin. Dem Diktator sagen viele nach, er habe Russlands Staat gefestigt, das Reich vergrößert und die Wirtschaft in Gang gebracht. So ist es kein Wunder, dass gerade gegen Ende der Jelzin-Ära, also im Chaos, die Beliebtheit des Tyrannen, der «Ordnung schuf», wieder deutlich zunahm; auch Putin selbst, der schon mal sehr ungehalten war, als sein Personal auf einer Datscha ausgerechnet im Sterberaum des Diktators eine Speisetafel für Gäste gedeckt hatte, hält sich mit Äußerungen über Stalin auffallend zurück. Das mag weniger seiner persönlichen Einstellung zum Diktator entspringen als vielmehr seiner allgemeinen Tendenz, bei strittigen und heiklen Fragen in Deckung zu gehen oder, wie man in Russland sagt, seinen Kopf nicht herauszustrecken. Anders als in Deutschland gab es in Russland nie eine ernste Auseinandersetzung mit der eigenen diktatorischen Vergangenheit. Putin selbst scheint an einer Aufarbeitung der Verbrechen der Sowjetzeit wenig gelegen; er neigt eher zu Sowjet-Nostalgie, wie sich zeigte, als er die alte Sowjethymne wieder zur offiziellen Staatshymne machte – wenn auch mit neuem Text.

Mit dem Namen Gorbatschow verbinden die meisten Russen den Zerfall der Sowjetunion, eine schwache Staatsmacht, die ihren globalen Anspruch und die Kontrolle über das Land verlor. Ganz besonders aber schien viele zu stören, dass Gorbatschow ein besonnener Mann war, der lieber zwischen verschiedenen Argumenten abwog, statt mit der Faust auf den Tisch zu schlagen. Dass viele von Gorbatschows langwierig vorgetragenen Standpunkten bei genauerer Betrachtung durchaus vernünftig waren, dass sein Zögern oft taktischen Überlegungen entsprang und er sich meist nur millimeterweise vorwärts bewegen konnte, um keinen Gegenschlag des allmächtigen Apparates zu riskieren, schien kaum jemanden zu interessieren.

Boris Jelzins Erfolgsrezept war nicht zuletzt, dass er das genaue Gegenteil von Gorbatschow verkörperte. Wo der Sowjet-Präsident schwierige und nicht immer gelungene Relativsätze bildete, versprach der frühere Gebietssekretär aus dem Ural mit seiner robusten, rabiaten Sprache schnelle und einfache Lösungen. Als Jelzin nach dem Putsch von Altkommunisten 1991 die kommunistische Partei verbieten wollte und Gorbatschow ihm entgegenhielt, ob das der neue Pluralismus sei, den er anstrebe, schien ihn Jelzin gar nicht zu verstehen. Es war, als begegneten sich zwei Menschen von verschiedenen Sternen.

Gorbatschow gestand Ratlosigkeit ein, statt Allwissenheit vorzutäuschen, er zauderte, statt zu hadern, und er gab Macht ab, statt sich krampfhaft an seine Herrschaft zu klammern. Er war seiner Zeit voraus. Jelzin gab Allwissenheit vor, statt Ratlosigkeit einzugestehen, er haderte, aber zauderte nicht, er klammerte sich jahrelang krampfhaft an seine Herrschaft, statt Macht abzugeben. Jelzin passte zu seiner Zeit. Mit ihm erhielten die Russen zumindest in den ersten Jahren das, was sie sich gewünscht hatten – endlich wieder einen Zaren im Kreml, einen «Muschik», also einen ganzen Kerl, mit allen Vorzügen und Nachteilen. Jelzin bezeichnete sich zwar selbst als Demokrat; langwierige Diskussionen, Absprachen oder gar die Teilung seiner Macht mit so lästigen Einrichtungen wie dem Parlament und dem Verfassungsgericht waren ihm aber zuwider. Jelzins Anhänger sind davon überzeugt, der erste russische Präsident habe vor allem dank seines Durchsetzungsvermögens und seiner Entschlossenheit zu Beginn seiner Amtszeit schwierige Reformen durchsetzen können; Kritiker halten entgegen, die Reformschritte seien oft übereilt und verfehlt gewesen. Putin teilt zwar allem Anschein nach Jelzins tiefes Misstrauen gegen demokratische Institutionen, die nicht von ihm gesteuert sind. Aber wo sein Vorgänger keiner Konfrontation auswich, sucht der neue Präsident den Kompromiss; wo Jelzin mit der Axt zuschlug, geht Putin diskret mit dem Skalpell oder mit dem Betäubungsgewehr vor. Rüdere Einsätze wie die zweifelhafte Attacke gegen Jukos im Jahr 2003 lässt er von anderen, etwa seinen Häschern in der Staatsanwaltschaft, erledigen.

«Russlands Fass ist voll, was soziale und wirtschaftliche Erschütterungen angeht, Kataklysmen und radikale Änderungen», hatte Putin kurz vor seinem Amtsantritt im Kreml seinen Landsleuten in seiner ersten großen Lage-Bestimmung versichert: «Nur Fanatiker oder politische Kräfte, denen Russland völlig egal ist, können zu weiteren Revolutionen aufrufen.» Gleich ob unter kommunistischen, national-patriotischen oder radikal-liberalen Losungen – eine nochmalige radikale Umgestaltung würden Staat und Volk nicht mehr verkraften, betonte Putin: Nicht so sehr die politische Richtung war entscheidend, sondern die Tatsache, dass Russland fortan langsamer voranschreiten sollte.

Diesem Prinzip blieb der Präsident während seiner ersten vier Amtsjahre weitgehend treu. Und nach den tragischen Erfahrungen Russlands mit gewaltsamen Umstürzen stieß diese Politik der kleinen Schritte auf große Zustimmung.

Krake Korruption Wladimir Putin neigt dazu, alles zur Chefsache zu machen. Selbst weniger wichtige Fragen entscheidet er mit Vorliebe persönlich: ein Ehrgeiz, der verständlich ist, weil ohne die Kontrolle des Präsidenten die meisten Initiativen im Sand der Bürokratie verlaufen; aber zugleich ein allzu hoher Anspruch angesichts der vielen Aufgaben, die in Russland zu bewältigen sind. Wenn schnelle Entscheidungen notwendig sind, erweist sich Putins Liebe zum Detail als hinderlich. Der Präsident neigt zum Abwarten. Und er tut sich schwer mit klaren, richtungweisenden Entscheidungen – sofern sie sich nicht auf bloße Worte beschränken.

Regelmäßig sagt Putin in Sonntagsreden der Korruption den Kampf an – doch außer ein paar Alibi-Aktionen wie zu Sowjetzeiten geschieht wenig. Selbst dubiose Politiker können in Putins Russland eher mit der Beförderung als mit Ermittlungen rechnen – wie der Sankt Petersburger Gouverneur Jakowlew, den Putin zum Vize-Premierminister ernannte. Berichte über Luxusvillen der Regierungsmitglieder, die ein Tausendfaches ihrer Gehälter kosten, gibt es zuhauf – doch so gut wie nie Anlass zu Untersuchungen, solange die Besitzer brav auf Kreml-Linie sind.

In dem Maße, wie Putin den Staat und damit die Bürokratie stärkte, schuf er die Voraussetzungen für mehr Korruption. Allein auf Bundesebene gibt es heute doppelt so viele Beamte wie zur Sowjetzeit, rund 1,5 Millionen. Jeder hundertste Russe ist damit Staatsdiener. In mehr als 60 Kontrollbehörden wollen viele von ihnen mit Aufmerksamkeiten von Blumen bis zu Bargeld verwöhnt werden. Selbst die Abgabe einer Steuererklärung ist oft nur nach tagelangem Warten möglich; schneller geht es, wenn man sich dem Finanzbeamten gegenüber erkenntlich zeigt. Größere Firmen müssen in der Regel zwei Buchhalter extra beschäftigen, die hauptsächlich dazu da sind, beim Finanzamt Schlange zu stehen. Wollen ausländische Journalisten oder Diplomaten eine Dienstwohnung mieten, umfasst allein die Liste der im Regelfall benötigten Unterlagen eine DIN-A4-Seite, die einem beim Durchlesen schon einen Schrecken einjagt: vom Gründungsdokument mitsamt Handelsregisterauszug aus dem Heimatland und dem Beschluss über die Eröffnung einer Vertretung in Moskau über die Genehmigung des Außenministeriums und der russischen Handelskammer sowie dem Beschluss über die Ernennung des Leiters der Vertretung und die Vollmacht zum Unterschreiben des Mietvertrages inklusive Beglaubigung im Heimatland und deren notariell beglaubigter Übersetzung bis hin zu einer Bankauskunft, dem Steuer-Nachweis, dem Eintrag ins staatliche Zentralregister und der anschließenden Registrierung des Vertrages beim Justizministerium. Alles das ist notwendig für einen einfachen Mietvertrag, für den in Deutschland eine Unterschrift reicht. Nach einem Bericht des Wirtschaftsministeriums sind für ein und dieselben Umweltkontrollen gleichzeitig 18 Regierungsbehörden zuständig; die Beamten des Landwirtschaftsministeriums haben die schwere Pflicht, den Geschmack aller alkoholischen Getränke zu prüfen, und allein auf Bundesebene sind fünf Behörden mit der Wasserkontrolle in Industriebetrieben beschäftigt – zusammen mit den örtlichen Ämtern existieren damit bis zu 25 Instanzen zur Wasserprüfung.

Vor allem den kleinen und mittleren Unternehmen macht die Bürokratie zu schaffen. Zu umgehen ist sie fast immer, wenn nur der Rubel rollt und man einen der begehrten «Kanäle» findet: So nennen die Russen jeden, der den Kontakt zu den Beamten diskret herstellt – schließlich kann man das Bakschisch nicht überall bar auf die Hand zahlen wie bei der Verkehrspolizei. Jeder Verwaltungsakt hat seinen Schwarzmarktpreis: von der Gesundheitsbescheinigung, die für jeden Eintritt in ein Schwimmbad notwendig ist (ab 10 Dollar), über die TÜV-Plakette (ab 100 Dollar) bis hin zur Untauglichkeits-Bescheinigung der Musterungs-Kommission (3000 Dollar, bei wirklich vorhandener Krankheit Rabatt). Nach Schätzungen des Moskauer Soziologie-Institutes INDEM zahlen die Russen jedes Jahr mehr als 30 Milliarden Dollar Bakschisch, knapp die Hälfte des gesamten Staatshaushaltes; seit Putins Amtsantritt hat die Korruption demzufolge leicht zugenommen.

Für Ausländer ist die Bekanntschaft mit der Korruption zuweilen besonders schmerzhaft. So wurden unter Putin 2001 die Devisenvorschriften verschärft: Ausländer durften Geld nur dann aus Russland ausführen, wenn sie dieses bei der Einreise deklariert hatten. Nach Beobachtung ausländischer Diplomaten machten die Beamten etwa in Sankt Petersburg regelmäßig ihre Geschäftchen mit der Vorschrift. Bei der Ankunft von Fliegern aus dem Westen ließen sie ihre Schalter unbesetzt; die Einreisenden bekamen deshalb keinen Stempel auf ihre Zollerklärung, und die Beamten konnten sie bei der Ausreise abkassieren. Die Praxis kam ans Tageslicht, als eine russisch-schweizerische Pianistin auf dem Petersburger Flughafen Pulkowo kurz vor Silvester 2002 im Streit mit den Zöllnern ihre Fingerkuppe verlor. Der Lebensgefährte der Frau, ein Deutscher, hatte sich geweigert, seine mitgebrachten 1700 Franken bei der Ausreise dem Zoll zurückzulassen. Stattdessen händigte er das Geld seiner Freundin aus: Die Pianistin besaß einen russischen Pass und durfte die Franken deshalb ganz legal ausführen. Auf diese Weise um den erhofften Neujahrsbraten gebracht, nahmen die wütenden Beamten der Frau ihren Pass ab und verschwanden in ihrer Amtsstube. Als die Musikerin die Tür öffnen wollte, verbarrikadierten sich die Zöllner; einer der kräftigen Beamten warf sich von innen mit seinem ganzen Körpergewicht gegen die Tür – und quetschte dabei die Fingerkuppe der Pianistin ab. Statt Hilfe zu leisten, verschwanden alle Augenzeugen, die Beamten inklusive, bis auf eine Mitarbeiterin der Fluglinie.

Die zuständige Staatsanwaltschaft sah später keinen Anlass, ein Ermittlungsverfahren einzuleiten – wegen Geringfügigkeit, da die Fingerkuppe ja wieder angenäht werden konnte. Dass die Pianistin seit dem Zwischenfall ihren Beruf nicht mehr richtig ausüben kann, spielte für die Strafverfolger offenbar keine Rolle; erst als das deutsche Generalkonsulat sich an den Kreml wandte, zeigten die Ankläger Verfolgungseifer. Im Frühjahr 2003 ändert die Duma auf Druck Putins die Devisen-Vorschriften: Ausländer dürfen nun bis zu 3000 Dollar ohne jede Bestätigung ausführen, bei Deklaration bis zu 10 000. Ob Putins Einsatz und die Gesetzesänderung langfristig zu den gewünschten Erleichterungen an der Grenze führen wird, bleibt aber abzuwarten. Alternative «Verdienstmöglichkeiten» gibt es für die Beamten zur Genüge. Eine kaum bekannte Zollvorschrift verlangt etwa das Deklarieren von Handys. Natürlich macht das niemand, und so haben die Zöllner auf Wunsch schnell einen Vorwand zur Hand, um abzukassieren. Wenn man erst einmal einen Menschen gefasst hat, findet sich auch ein Paragraph für ihn, wie ein russisches Sprichwort heißt.

Korruption ist weniger ein Vergehen als eine Lebensweise: der Zement, der das ganze System halbwegs zusammenhält. Von der Geburt – bei der Einweisung in ein Krankenhaus – über den Platz in der Schule und der Universität, den Job und den Arztbesuch bis hin zur Beerdigung – es gibt kaum einen Moment im Leben, in dem der gewöhnliche Russe nicht in die Tasche greifen und irgendjemanden bestechen müsste. Wurde die Korruption zu Sowjetzeiten zumindest offiziell noch als Übel gebrandmarkt und mussten bestechliche Beamte ihren Reichtum wenigstens verstecken und sich fürchten, so scheint es sich im modernen Russland umgekehrt zu verhalten: Wer trotz Amt nichts zum Protzen hat, kann auch kein fähiger Staatsdiener sein. Als der frühere Kreml-Verwaltungschef und Putins ehemaliger Chef Pawel Borodin im Januar 2001 wegen Korruptionsvorwürfen in den USA festgenommen und in die Schweiz überstellt wird, regt sich in Moskau eine Welle des Protestes – gegen die Festnahme. Zahlreiche Prominente fordern in den Medien die Freilassung des mutmaßlichen Korruptionärs; aus der Staatskasse werden fünf Millionen Schweizer Franken Kaution bezahlt, damit Borodin wieder auf freien Fuß kommt.

Die Gehirnwäsche aus Funk und Fernsehen haben Bakschisch in Russland beinahe zum Naturgesetz verklärt: Beteuerungen von Ausländern, dass es im Westen zumindest nicht ganz so korrupt zugeht, halten viele Russen für Propaganda – oder finden keinen Gefallen an der Unbestechlichkeit, wie ein junger Moskauer Unternehmer erklärt: «Was ist das für eine Demokratie bei euch in Deutschland, wenn man für das Überfahren einer roten Ampel den Führerschein verliert und sich nicht freikaufen kann? Ihr lebt in einem unfreien Land!»

Moskaus Bürgermeister Juri Luschkow etwa sagen seine Gegner einen enormen Hang zur persönlichen Bereicherung nach, und nicht zuletzt diese Vorwürfe, die nie bewiesen wurden, verhalfen ihm zu seiner enormen Beliebtheit: Er gilt als geschickt und ausgebufft. Dem stämmigen Mann mit dem bulligen Charme eines Kolchos-Vorstehers ist es gelungen, in der Hauptstadt Moskau ein kleines Wirtschaftswunder zu vollbringen – eine «soziale Marktwirtschaft innerhalb des Moskauer Autobahnringes», wie es ironisch heißt in Anspielung auf den alten Spruch aus Breschnews Zeiten, demzufolge die Sowjetunion zwar den Kommunismus verwirklicht habe, aber nur innerhalb der Hauptstadt, die schon damals traditionell weit besser versorgt war als der Rest des Landes.

Luschkows Kritiker behaupten denn auch, die wirtschaftlichen Erfolge in Moskau seien kein Kunststück, liefen doch alle russischen Finanzströme in der Hauptstadt zusammen, weshalb die Stadtväter gar nicht so viel stehlen könnten, dass nichts für die Stadt übrig bliebe. Der Moskauer Händler einer deutschen Automarke erzählt, er habe für die Baugenehmigung für ein neues Autohaus an der Stadtautobahn allein an «Kreise, die dem Bürgermeister nahe stehen», ein Bestechungsgeld von 600 000 Dollar bezahlen müssen. Bemerkenswert ist, dass der Autohändler trotz dieser Aussage – deren Wahrheitsgehalt natürlich nicht nachzuweisen ist – große Stücke auf den Bürgermeister hält und ihn lobt als «hervorragenden Stadt-Manager, der etwas auf die Beine stellt».

Es scheint kaum jemanden zu stören, dass Luschkows Frau, Jelena Baturina, deren Vermögen auf bis zu einer halben Milliarde Dollar geschätzt wird, eine Firma für Bodenbeläge und eine Bank kontrolliert, die ausgerechnet mit der Stadtverwaltung ihres Mannes beste Geschäfte unterhalten. In den Augen vieler Wähler ist Luschkow eine Art neurussischer Robin Hood, der «den Banditen Geld abnimmt und zumindest einen Teil davon den einfachen Menschen gibt», wie eine Moskauer Geschäftsfrau einmal fast bewundernd bemerkte. Tatsächlich kümmert sich der gute Zar in Moskauer Miniatur-Ausgabe um soziale Belange – zumindest stellte er das, im Gegensatz zu Jelzin, erfolgreich zur Schau. So eroberte er etwa die Herzen von Hunderttausenden Moskauer Müttern im Sturm, als er ihnen kostenlos Sonderrationen Babynahrung zuteilte. Immer wieder schmunzelten staunende ausländische Besucher der Hauptstadt, als Mütter voll kindlicher Begeisterung auf die kleinen Plastikpakete in ihrem Kühlschrank zeigten und, ohne sich der Doppeldeutigkeit ihrer Aussage bewusst zu sein, erklärten, «diese Milch gibt Luschkow, er gibt allen Moskauer Kindern Milch».

Wie in vielen Bereichen scheint auch hier die sowjetische Mentalität tiefe Spuren hinterlassen zu haben, wonach die Mächtigen wie einst die Lehnsherren nach Belieben mit dem anvertrauten Vermögen umgehen dürfen – und ihren Untertanen nach Belieben Almosen gewähren oder ausschlagen können. Bei Luschkow hätte man es nach dieser Logik eben mit einem guten «Barin» zu tun – einem guten Lehnsherren. Fast drängt sich die Frage auf, ob nicht auch der Jelzin-Clan mit etwas weniger Arroganz gegenüber den Menschen und etwas mehr Gespür für die Stimmung im Land seinen Absturz in der Beliebtheits-Skala zumindest hätte bremsen können: Statt zu einem der meistgehassten Russen zu werden, wäre Boris Beresowski vielleicht zum Liebling der Großmütter aufgestiegen, wenn er frei nach Luschkow etwa kostenlos Kukident verteilt hätte.

Seine Wurzeln hat der Bakschisch-Boom in den Reformjahren unter Jelzin: Wo staatliche Beamte mit Hungergehältern über Millionenvermögen entscheiden mussten, war selbst für Moralapostel die Versuchung oft übermächtig. Waren zur Sowjetzeit sogar bei der Verkehrspolizei gelegentlich noch ehrliche Beamte zu finden, so stehen sie heute als aussterbende Art auf der roten Liste: Einzig und allein weil er nie ein Bestechungsgeld annahm, wollten dankbare Bürger im Sommer 2003 im sibirischen Tomsk in einem symbolischen Akt ein Denkmal für einen Ordnungshüter aufstellen.

Gesetze gelten den Menschen nicht als ein allgemein verbindliches und notwendiges Regelwerk, sondern als eine Art Fangnetz, mit dem die Obrigkeit den Einzelnen einfängt und dann gegen entsprechendes Bestechungsgeld weiter schwimmen lässt: Selbst sinnvolle Regeln wie die Gurt-Pflicht werden missachtet, sobald keine Strafe in Form von Bestechungsgeld droht: Nur wenige wollen schon nach der Pfeife der Obrigkeit tanzen – auch wenn das ihr Leben retten könnte. Während Gesetze kaum gelten und etwa die Straßenverkehrsordnung de facto längst durch das Recht des Stärkeren ersetzt ist – ein Jeep hat immer Vorfahrt, Fußgänger müssen selbst an Zebrastreifen warten, und Radfahrer trauen sich erst gar nicht auf die Straße –, ist die allgemeine Bestechlichkeit zum einzig verlässlichen Mechanismus in der russischen Gesellschaft geworden, wie der Soziologe Juri Lewada glaubt. Er sieht den Diebstahl gar als die russische Form des Protestes und des zivilen Ungehorsams: «Im Westen geht man auf die Straße und demonstriert, dagegen wehren sich die Russen gegen die Gängelung durch den Staat, indem sie stehlen.»

Die meisten Bestechungsgelder werden im Gesundheitswesen

bezahlt, wie die Russland-Kennerin Kerstin Holm in ihrem Buch «Das korrupte Imperium» schreibt. Ohne einen Geldschein im Pass wird hier oft nicht einmal Blut abgenommen. Auf Platz zwei der Bestechungs-Hitliste liegt das Bildungswesen – also Zahlungen für gute Noten, Studienplätze und Titel. Ganz nach den Gesetzen der Marktwirtschaft sind die Preise hier gestiegen, weil Hochschulplätze vom Militärdienst befreien und viele Eltern ihre Kinder um jeden Preis vor einer Einberufung nach Tschetschenien bewahren wollen. Platz drei belegt die Verkehrspolizei. Auf Platz vier kommt das Gerichtswesen; in den überfüllten russischen Gefängnissen sitzen heute vor allem mittellose Gelegenheitskriminelle ein, während professionelle «Schwergewichte» in der Regel Schutz von oben haben und freikommen, so Holm.

Seit Peter dem Großen zu Beginn des 18. Jahrhunderts gab es kaum einen russischen Herrscher, der den «Wsjatkas», so das russische Wort für Bakschisch, nicht den Kampf angesagt hätte. Nikolai I. gründete ein «Inspektoren-Department», Katharina II. ließ ein Manifest verabschieden, das «Willkür und Bestechung» eingrenzen sollte: «Viele unserer Untertanen, vor allem fernab der Residenz, bekommen keine schnellen und gerechten Entscheidungen nach dem Gesetz, sondern Gewalt und Willkür; sie werden durch diese Räuberei in Armut versetzt», schimpfte die Zarin 1763 über die Richter im Land. 100 Jahre später war unter Alexander I. alles beim Alten. Während Gegenreformer Alexander III. erst gar nicht ernsthaft versuchte, den «Budget-Dieben» das Handwerk zu legen, läutete Breschnew gegen Ende seiner Amtszeit zumindest die Kampfglocken – ohne freilich etwas zu unternehmen. Boris Jelzin unterschrieb einen Erlass über den «Kampf gegen die Korruption» – und ließ sie in der eigenen Familie ungeahnte Blüten treiben. Rechnungshofchef Stepaschin klagt heute, dass viele dunkle Vorgänge, die sein Amt aufdeckt, in den Aktenschränken der Staatsanwaltschaft verstauben und für immer untergehen.

Als Leiter der Kontrollabteilung im Kreml musste Wladimir Putin Ende der neunziger Jahre selbst niederschmetternde Erfahrungen im Kampf gegen die Korruption machen: Als er Bestechungsfälle bei Geschäften des staatlichen russischen Waffenexporteurs «Roswooruschenije» mit Armenien aufdeckte, landeten die Unterlagen nicht etwa bei den Strafverfolgern – sondern per Indiskretion als Waffe in einer politischen Schlammschlacht in der Duma. Nach Putins Ernennung zum Chef des KGB-Nachfolgers FSB soll der Petersburger dafür gesorgt haben, dass die eifrigsten Korruptions-Ermittler gegen den Jelzin-Clan die Geheimdienst-Zentrale am Moskauer Lubjanka-Platz verlassen mussten. Fast fünf Jahre nachdem Putin im Kreml von der Kontrollabteilung auf den Chefsessel umgezogen war, scheint die Korruption weiter ein Mittel im politischen Kampf: Viele Russen rieben sich verwundert die Augen, als der farblose Innenminister Boris Gryslow im Sommer 2003 plötzlich dauernd in den Fernsehnachrichten zu sehen war – pünktlich zum Auftakt des Duma-Wahlkampfs, in dem der föhnfrisierte Schnauzbartträger mit dem Charme eines Wattebausches die Kreml-Partei «Einiges Russland» führt. Der ehemalige Gewerkschafts-Funktionär war nach mehr als zwei ruhigen Jahren im Amt dunklen Machenschaften seiner Polizisten auf die Spur gekommen – angesichts der sprichwörtlichen Bestechlichkeit der russischen Ordnungshüter und ihrer notorischen Kontakte zum organisierten Verbrechen für die wenigen politisch interessierten Russen eher eine Lachnummer. Um Korruption in den eigenen Reihen zu entdecken, hätte der Minister zwei Jahre lang nur die Villen und Pracht-Datschen seiner Generäle und Offiziere abfahren müssen. Gryslows Ermittler kamen einer Bande von «Werwölfen in Uniform» auf die Spur: kriminellen Kriminalpolizisten, die Unschuldigen Waffen und Drogen unterschoben; wer sich nicht mit Bestechungsgeld freikaufte, kam hinter Gitter. Ähnliche Praktiken sind leider keine Ausnahme; neu ist, dass die Miliz zumindest gegen einige der Übeltäter vorgeht, und dass Gryslow vor den

Festnahmen Fernsehteams einbestellte – die prompt die Papiere mit den Namen der Festzunehmenden filmen durfte. Als die Beamten dann ausrückten, hatten zwei Verdächtige schon im Fernsehen von der geplanten Festnahme erfahren – und sich mit ihrem Geld aus dem Staub gemacht. Dennoch fanden die Ermittler noch fünf Millionen Dollar in bar. Offensichtlich handelt es sich um eine Wahlkampf-Aktion für Innenminister Gryslow: Weil dessen Kreml-Partei «Einiges Russland» bei den Meinungsumfragen absackte, musste der spröde Parteichef den Kämpfer gegen das Verbrechen spielen.

Rasch machte ein Witz die Runde: «Werwölfe stehen in Russland unter staatlichem Schutz – und die Jagd ist nur alle vier Jahre erlaubt – im Wahlkampf.» Die TV-Chefredakteure bekommen direkt aus dem Kreml Anweisungen, wie viele Minuten «Einiges Russland» in den Nachrichten zu zeigen ist. Wahlkampf hin oder her: Die Aktion hat den angenehmen Nebeneffekt, dass viele Staatsdiener zumindest für kurze Zeit wieder etwas ängstlicher sind beim Abkassieren – oder auch nur teurer, wie der Soziologe Leonid Sedow am eigenen Leib erfahren musste: «Zum ersten Mal wollte uns der Wärter beim Friedhofsbesuch das Tor nicht öffnen, damit wir Verwandte näher ans Grab fahren können, obwohl wir ihm dafür wie immer 50 Rubel (knapp 2 Euro) Bakschisch angeboten haben. Er sagte, nein, er könne ja als Werwolf hinter Gitter kommen. Dann nahm er 100 Rubel statt wie bisher 50 und sperrte auf.»

Aus Angst vor der Korruption ist in Russland eine seltsam anmutende Furcht vor einem Regierungswechsel weit verbreitet: Neue Herrscher müssten wieder neu anfangen beim Stehlen, während die alten ihren größten Appetit schon gestillt hätten, lautet eine Meinung, die für westliche Beobachter abstrus klingt, aber weit verbreitet und leider auch nicht völlig abwegig ist. Gab es selbst zu Sowjetzeiten noch Idealisten, die an die Staatsidee glaubten, so ist es heute schwierig, Russen zu finden, die überzeugt sind, ihre Politiker meinten es gut mit ihnen und dächten nicht nur an den eigenen Geldbeutel. Eine Auffassung, die nachvollziehbar ist, wenn man etwa bedenkt, dass der ehemalige Regierungschef und Gas-Manager Viktor Tschernomyrdin nach Ansicht amerikanischer Wirtschaftsmagazine sein Familienvermögen von mehr oder weniger null auf mehr als zwei Milliarden Dollar steigerte; Tschernomyrdin wurde für viele Russen zum Inbegriff des «Apparatschiks», der die Taschen nie voll genug bekommt. Durften die Sowjetfunktionäre in der UdSSR in «Sonder-Geschäften» Mangelware zu Spottpreisen kaufen, während es dem Volk am Nötigsten fehlte, so betrachteten Jelzin und seine Vertrauten ganz Russland als ein Sondergeschäft, mit Rohstoffen und Staatsbetrieben als Ware.

Von seinem gewaltigen Vermögen musste Tschernomyrdin inzwischen einen großen Teil abgeben, wie aus seiner Umgebung zu hören ist. Vom Kreml vor die Wahl gestellt, entweder seine Beute zurückzugeben oder selbst zur Beute des Staates zu werden als Häftling, habe der bullige Ex-Regierungschef zähneknirschend gezahlt, gemeinsam mit seinem alten Freund Rem Wjachirew, dem früheren Gasprom-Chef. Der Kreml hat den beiden die Wahl erleichtert, indem er ihnen jeweils einen dreistelligen Dollar-Millionenbetrag übrig ließ. Ein solcher Deal war für alle Seiten der beste Ausweg, weil es sehr schwer gewesen wäre, die Gas-Magnaten juristisch dingfest zu machen. Dabei neigen russische Ermittler zuweilen eher zur Strafvereitelung, wie unlängst die Kriminalpolizei einer deutschen Großstadt feststellen musste, als sie Ermittlungsergebnisse über einen Gas-Manager nach Moskau übersandte. Tschernomyrdin hat heute wieder ein ehrenvolles staatliches Amt in seinen bewährten Händen – er ist Botschafter Russlands in der Ukraine.

Seine Karriere steht beispielhaft für Putins Umgang mit den dunklen Machenschaften seiner Vorgänger: Soweit wie möglich geht er gegen sie vor – und scheut sich doch davor, jeglichen Bruch mit den zweifelhaften Traditionen zu signalisieren. Ein solcher Schritt würde enorme Risiken in sich bergen – die gesamte Machtelite könnte ihr Vertrauen in den Präsidenten verlieren. «Heute Tschernomyrdin, morgen ich», würden sich viele hochgestellte Beamte sagen, und wer könnte unter solchen Umständen garantieren, dass nicht morgen irgendetwas mit dem Präsidentenflugzeug passiert? Dieses Beispiel zeigt, wie eingeschränkt die Bewegungsfreiheit Putins ist – und dass man ihm unrecht täte, würde man ihn persönlich für all die Versäumnisse seiner ersten Amtszeit verantwortlich machen. Wie sein Vorgänger Jelzin ist Putin allmächtig und ohnmächtig gleichzeitig: Konnte «Zar Boris» sein Amt am Ende wegen seines Gesundheitszustandes nicht ausfüllen, so sind «Zar Wladimir» in vielem die Hände gebunden wegen der besonderen Umstände, unter denen er in den Kreml einzog.

Doch auch wenn niemand Wunder im Kampf gegen das Jahrhundertproblem Korruption erwartete, so hofften viele nach Putins forschen Ankündigungen zumindest auf ein paar kleine Schritte in die richtige Richtung: etwa schlagzeilenkräftige Ermittlungsverfahren, die signalisieren, dass wenigstens die Zeit der absoluten Straflosigkeit zu Ende geht und Korruptionäre wieder ein halbwegs schlechtes Gewissen haben müssen. Doch statt ernsten Absichten lässt der Kreml nur erkennen, dass er den Kampf gegen Korruption weiter als Mittel im Machtkampf betrachtet – mit Doppelwirkung: Als Werbeaktion vor den Dumawahlen und als Faustpfand gegen Abtrünnige. «Das ganze System ist auf Bestechlichkeit aufgebaut», glaubt einer, der es wissen muss – der frühere Generalstaatsanwalt Skuratow: «Wer keinen Dreck am Stecken hat, ist eine Gefahr, weil er nicht zu erpressen und damit nicht kontrollierbar ist. Aus der Staatsanwaltschaft etwa wurden systematisch alle anständigen Ankläger abgeschoben.»

Mafia Zumindest auf den ersten Blick ist alles gar nicht so schlimm, wie viele annehmen: Entgegen der ewigen Furcht der Moskau-Besucher ist die russische Hauptstadt auch nach Einbruch der Dunkelheit sicherer als viele amerikanische Metropolen; Gefahr für Leib und Leben droht meist eher von meterlangen Eiszapfen, die bei Tauwetter von ungesicherten Dächern auf die Gehsteige fallen, als von Gewaltverbrechern; Straßenräuber stehen zwar noch an jeder Ecke, wie Spötter behaupten – doch sie tragen Uniform, sind offiziell Ordnungshüter und haben es lediglich darauf abgesehen, durch die Kontrolle aller möglichen Dokumente ihr karges Gehalt ein wenig aufzubessern. Obwohl auch die Straßenkriminalität nach dem deutlichen Rückgang in früheren Jahren wieder geringfügig wächst, scheinen eher die dunklen Geschäfte in den höheren Etagen zu florieren: «Die organisierte Kriminalität erwürgt das Land», mahnt Innenminister Gryslow.

Als Michail Gorbatschow Mitte der achtziger Jahre die sowjetischen Daumenschrauben lockerte, hatte der Sicherheitsapparat um Miliz und Geheimdienst dem organisierten Verbrechen immer weniger entgegenzusetzen. Unter Boris Jelzin drängten zwielichtige Gestalten in die Parlamente und die Vorzimmer der Macht. Selbst hochrangigen Politikern wurden enge Verbindungen zu Unterwelt-Größen nachgesagt, erstmals tauchte der Begriff der russischen Mafia auf. Entgegen der weit verbreiteten Vorstellungen vor allem im Westen handelt es sich dabei nicht allein um ein paar Unterwelt-Clans mit Verbindungen zur Politik, sondern um ein eng verzahntes, undurchsichtiges und weit verzweigtes Verbindungsgeflecht von Kriminellen, Beamten, Gerichten und Polizei.

Wie das kriminelle Netzwerk funktionieren könnte, zeigt etwa ein Tonbandmitschnitt eines Gespräches von Irina Jakowlewa, der Frau des Petersburger Gouverneurs Wladimir Jakowlew, mit dem zwischenzeitlich erschossenen Paten «Mogila», zu Deutsch «Grab». In dem Gespräch erteilt der Unterweltkönig klare Anweisungen, was das Stadtoberhaupt zu tun und zu lassen habe. Auch wenn die Echtheit des Bandes nie nachgewiesen wurde, ist es doch bezeichnend, dass die Jakowlews nie juristische Schritte gegen die Veröffentlichung unternommen haben.

Immer stärker drängten Verbrechergruppen aus Russland und den anderen GUS-Staaten auch ins Ausland; Deutschland war und ist eines der bevorzugten Ziele der Banden – hatten sie doch noch über die dort stationierten russischen Truppen beste Kontakte in die Bundesrepublik knüpfen können. Um die Besonderheit der russischen Bandenkriminalität zu verstehen, ist ein Blick in die Geschichte notwendig.

Moskau, Sankt Petersburg und andere russische Großstädte hatten nach der Revolution 1917 immer mehr an städtischer Kultur verloren. Lenins Putsch, der Bürgerkrieg, der Stalin'sche Terror und der Kampf gegen die Deutschen kosteten einem großen Teil der alten Städter das Leben – sie kämpften an vorderster Front im Bürgerkrieg, waren später als «Intelligenzia» den Schergen Stalins besonders verdächtig. Immer mehr ungeschliffene Landbewohner aus den hoffnungslos rückständigen russischen Dörfern nahmen die Plätze kultivierter Städter ein. Die meisten Moskauer und Petersburger haben heute Eltern oder zumindest Großeltern, die direkt vom Land stammen. «Verlust an Zivilisation» nennen manche russischen Forscher dieses Phänomen. Zu spüren sind die möglichen Auswirkungen bis heute: vom weit verbreiteten Aberglauben, der etwa jedes Händeschütteln über eine Türschwelle hinweg verbietet, über Altklugheit, die für alle Probleme der Welt kurze, bündige Erklärungen liefert, bis hin zu eher einfachen Manieren, die sich in Trainingsanzügen auf dem Roten Platz ebenso widerspiegeln können wie im Hang, Streitigkeiten mit der Faust auszutragen. Die Geschichtsbücher erzählen von den geistigen Führern der Revolution und der Diktatur des Proletariats; in Wahrheit war die Vorhut des Proletariats oft ein eher wilder Haufen – und es herrschte in vielem eine Diktatur der Rohheit.

Die neue Sowjetmacht trat schnell in Verbindung zur Unterwelt; man kann fast von einem Bündnis oder einer Arbeitsteilung sprechen. Unter Stalin kamen Millionen unschuldiger Menschen als politische Häftlinge in Gefängnisse und Lager. Sie gerieten damit nicht nur in engen Kontakt mit Kriminellen – wovon etwa die vielen Wörter aus der Verbrechersprache im modernen russischen Wortschatz zeugen. Aus Angst vor Aufständen und zur Gängelung der «Politischen» arbeiteten die Lagerverwaltungen auch immer enger mit den Verbrechern unter den Häftlingen zusammen; kriminelle «Autoritäten» wurden zu Aufsehern und bekamen Privilegien. Dank ihrer engen Kontakte zur Staatsgewalt entwickelten sie sich zu «Dieben im Gesetz» – dem Verbindungsglied zwischen Staatsmacht und kriminellem Milieu. Noch unter Stalin entwickelte sich in der Unterwelt ein auf strikte Hierarchie und auf Strafen aufgebautes, ungeschriebenes «Gesetz der Diebe», das die strenge Hackordnung und die Verhaltensregeln der kriminellen Welt festlegte – und heute, 70 Jahre später und Tausende Kilometer entfernt, zahlreichen deutschen Gefängnisdirektoren das Leben schwer macht: Mit ihrem «Gesetz der Diebe» bilden russischstämmige Häftlinge in vielen bundesdeutschen Haftanstalten ebenso gewalttätige wie abgeschottete Gruppen, die ihre Mithäftlinge terrorisieren.

Alle späteren Versuche Stalins, die Geister, die sein System selbst gerufen hatte, wieder zu bändigen, brachten nicht den erwünschten Erfolg. Die «Diebe im Gesetz» behielten ihre besondere Stellung; sie mischten sich aber nicht in die Politik ein. In den achtziger Jahren verloren die alten Autoritäten, die sich streng an ihre «Verbrecherehre» hielten und niemals eine arme Babuschka erschlagen hätten, zunehmend Einfluss an jüngere, brutalere, skrupellosere Konkurrenten – die ganz offen versuchten, sich in die Politik einzumischen. Stellenabbau bei den Sicherheitsorganen, Armut und der Wegfall des alten Wertesystems bildeten den idealen Nährboden für Verbrechen.

Die Privatisierung wurde für die Unterwelt zum Geschäft des Jahrhunderts. «Wenn wir die Voucher-Anteilsscheine am gewaltigen Staatsvermögen den Menschen einfach unvorbereitet in die Hand drücken, werden sie massenweise Gaunern auf den Leim gehen und um ihren Anteil am Volksvermögen betrogen», hielt ein Vorzeige-Demokrat Anfang der neunziger Jahre nach eigener Erinnerung in einer Besprechung dem Privatisierungschef Tschubais vor. Der lächelte nur kalt: «Na und? Das Volk ist bei uns immer betrogen worden!» In der Tat waren die Privatisierungsgutscheine für die Kriminellen die Lizenz zum Gelddrucken; mit Gutscheinen, die sie oft für ein paar Flaschen Wodka gekauft hatten, konnten sie ganze Konzerne übernehmen – und bekamen so nicht nur ein Vermögen, sondern vor allem einen Fuß in die legale Wirtschaft. Gemeinsam mit den späteren, fingierten Versteigerungen von Staatsbetrieben bekam die Unterwelt nach einer Schätzung des Analytischen Zentrums der Moskauer Akademie der Wissenschaften die Hälfte des russischen Staatsvermögens in ihre Hände.

Anders als etwa in Westeuropa konnten Kriminelle in der Sowjetunion zunächst durchaus auf Sympathien in der Bevölkerung zählen: Unter der sowjetischen Zwangsherrschaft waren die Grenzen zwischen ehrenhaften Regimegegnern, raffgierigen Geschäftemachern und gewöhnlichen Kriminellen teilweise verwischt; Vertreter aller drei Gruppen trafen sich regelmäßig hinter Gittern und kamen sich dort notgedrungen näher; alle einte der Kampf gegen die kommunistische Obrigkeit. Weil fast jede Art des privaten Unternehmertums verboten war, gerieten tatendurstige und besonders aktive Leute in den Dunstkreis des Verbotenen und damit des Verbrechens; umgekehrt konnten sich Verbrecher darauf hinausreden, in Wirklichkeit nur Unternehmer oder Regimegegner zu sein.

Unter Boris Jelzin entwickelte sich Russland immer mehr zu einem halbkriminellen Staat. In Zentralasien stationierte Militärs übernehmen den Drogentransport nach Moskau, Geheimdienstleute und Miliz machen als alternative «Beschützer» den kriminellen Schutzgelderpressern Konkurrenz, Informationen aus dem Polizeicomputer gehen direkt an die Banden weiter – künftig auch aus Deutschland, will doch Innenminister Schily den russischen Fahndern Zugriff auf die deutschen Polizeicomputer erlauben – eine Vorstellung, die Moskauer Mafia-Experten in Angst und Schrecken versetzt. «Es ist traurig und komisch zugleich, wie deutsche Behörden Bitten um Amtshilfe ahnungslos an die russischen Strafverfolgungsbehörden schicken – nicht nur, dass die nicht helfen und die Informationen oft an die Beschuldigten weitergeben – oft betreiben sie ungeniert Strafvereitelung im Amt», klagte etwa der Duma-Abgeordnete Juri Schtschekotschichin.

Nach Erkenntnissen des bayerischen Landesamts für Verfassungsschutz operierte etwa in Nordbayern eine Gruppe russischstämmiger Krimineller, die über enge Kontakte zu hochrangigen Vertretern aus Politik und Wirtschaft in Russland verfügte, aber auch zu Persönlichkeiten der deutschen Wirtschaft. Die kriminellen Gruppen kaufen demzufolge nicht nur Immobilien, Hotels und Restaurants, sondern versuchen auch, zahlungsunfähige Unternehmen in Deutschland zu übernehmen, wie die Münchner Verfassungsschützer in ihrem Jahresbericht 2002 schreiben. Nach deutschen Geheimdiensterkenntnissen arbeiten russische Nachrichtendienste in der Bundesrepublik teilweise eng mit kriminellen Banden zusammen. Personen, die zur Jelzin-Familie gerechnet werden, kaufen demzufolge vor allem in Süddeutschland in großem Umfang Immobilien auf.

Die amerikanische Bundespolizei FBI geht davon aus, dass es allein unter Boris Jelzin mehr als 300 Treffen zwischen Männern aus dem Dunstkreis der russischen Mafia und Entscheidungsträgern aus dem Umkreis des Präsidenten gab. In den vier Jahren unter Wladimir Putin sank die Zahl solcher Treffen auf knapp 70.

Nach Erkenntnissen der europäischen Polizeibehörde Europol ist Russland fest im Griff krimineller Banden; 20 Prozent der Duma-Abgeordneten, 40 Prozent der privaten Wirtschaft, die Hälfte der Banken und 60 Prozent der Staatsbetriebe werden dem kriminellen Milieu zugerechnet. Die Eigentumsverhältnisse zeigen Wirkung: Auftragsmorde werden zum gängigen Mittel im Konkurrenzkampf. «Es ist einfacher, einen Opponenten umzubringen, als Geld für einen Rechtsstreit oder Wahlkampf auszugeben», klagt der liberale Abgeordnete Wladimir Ryschkow. Die Mode macht auch vor der Politik nicht Halt: Zehn Parlamentarier wurden im neuen Russland Opfer von Auftragskillern.

So groß scheint der Einfluss des «Kriminals», wie die Banden auf Russisch genannt werden, dass im Fernsehen Verbrecher-Sagas von den Bildschirmen nicht mehr wegzudenken sind, in denen selbst übelste Typen als Sympathieträger auftreten. Jeder gesellschaftliche Umbruch ist zweifellos ein guter Nährboden für kriminelle Machenschaften wie Korruption, wie ja auch die «Wende» in Deutschland zeigt. Wenn aber der Triumph des Verbrechens im neuen Russland in den Augen der meisten Menschen als «normale Erscheinung» gilt, die auch der Westen einst in gleicher Form durchmachte, und kaum jemand glaubt, dass es in der Wirtschaft auch weniger kriminell zugehen kann, scheint dies klar die Folge eingefärbter Informations-Berieselung zu sein – die alle moralischen Grundpfeiler der russischen Gesellschaft schwer erschütterte. So wurden unter Boris Jelzin Schutzgelderpresser und Hure zu überaus prestigeträchtigen Berufen. Viele Russen verurteilen die neureichen Privatisierungsgewinnler nicht etwa wegen der zweifelhaften Methoden, mit denen sie an ihr Vermögen kamen, sondern bewundern sie eher und ärgern sich schlicht darüber, dass sie selbst keine Möglichkeit gehabt haben, sich am Staatseigentum zu bereichern. Durchaus ehrenwerte Angestellte berichten zuweilen mit Glanz in den Augen von den kriminellen Machenschaften ihrer Chefs – sie begeistern sich, dass diese so clever sind, im Monat Hunderttausende Dollar Profit zu machen – und regen sich nicht darüber auf, dass sie ihre Mitarbeiter mit ein paar Hundert Dollar abspeisen.

Die Verbrecher begannen, sich als Herren im Lande zu fühlen, was die Menschen auch im Alltag zu spüren bekamen: An Tankstellen fuhren kurz geschorene junge Männer mit Gefängnis-Tätowierungen in ihren teuren West-Jeeps an jeder Warteschlange vorbei direkt an die Zapfsäule; wer ein Geschäft oder eine Firma eröffnete, konnte sicher sein, bald von kräftigen Männern aufgesucht zu werden, die gegen entsprechendes Entgelt ihren «Schutz» anboten – nicht ohne diskret zu drohen, dass andernfalls mit Schwierigkeiten zu rechnen sei. Wer trotz der Schutzgelderpressung die Gewinnschwelle erreichte, musste damit rechnen, dass ihn die Unterwelt einfach aus dem eigenen Unternehmen hinauswarf – was noch nicht einmal die schlimmste Variante war: Auftragsmorde entwickelten sich immer mehr zu einem gebräuchlichen Mittel im wirtschaftlichen Konkurrenzkampf. Nicht zuletzt weil das organisierte Verbrechen überall kräftig mitverdiente, stiegen die Preise, allen voran in Moskau, in gewaltige Höhen – aber natürlich auch deshalb, weil korrupte Beamte kräftig zulangten, etwa für Genehmigungen, Sicherheitsauflagen, Steuererklärungen und für den Verzicht auf Kontrollen.

Auch ausländische Besucher werden bei Restaurantbesuchen regelmäßig weiß im Gesicht, wenn sie in der Speisekarte die Preise erspähen; importierte Lebensmittel in den Geschäften sind oft extrem überteuert. Mit kriminellen Methoden hält etwa die Fleisch-Mafia in Moskau billige Konkurrenten von den Märkten fern, und Saft guter Qualität aus russischer Produktion gibt es kaum billiger als für einen Euro. Für die Russen schlagen die hohen Preise umso mehr zu Buche, als die Durchschnittseinkommen immer noch um ein Vielfaches geringer sind als im Westen.

Wie fließend der Übergang zwischen Staat und Halbwelt auch heute ist, zeigt der Skandal um das Moskauer Möbelhaus «Tri

Kita», auf Deutsch «Drei Wale». Das riesige Einkaufszentrum vor den Toren Moskaus stand nach Ansicht des verstorbenen Mafia-Jägers Juri Schtschekotschichin nicht nur unter dem Schutz örtlicher tschetschenischer Banden, sondern auch einflussreicher Beamter in Generalstaatsanwaltschaft und Geheimdienst. Mit Hilfe gefälschter Warenbriefe für Import-Möbel und fingierter Bauaufträge wurden demzufolge Millionen an Mafia-Geldern gewaschen. Streitigkeiten unter den «Beschützern» bei Generalstaatsanwaltschaft und Geheimdienst brachten Innenministerium und Zoll auf den Plan, die sich um ihren Anteil betrogen fühlten. Die Miliz setzte einen jungen, ahnungslosen Ermittler aus der Provinz auf den Fall an – der zum Erschrecken aller Beteiligten ernsthaft ermittelte. Wenig später wurde ihm der Fall entzogen – und er kam selbst wegen «Amtsmissbrauchs» vor Gericht. Kollegen und Verwandte des Vize-FSB-Chefs Saostrowzew, des Ex-Innenministers und Mitarbeiters des staatlichen Waffenexporteurs «Rosoboronexport», fingieren den Angaben zufolge die Ermittlungsunterlagen. Die Spuren der Geldwäsche führen zu Firmen in Italien und Deutschland. Von dort aus gibt es nach Erkenntnissen der deutschen Ermittlungsbehörden wiederum Querverbindungen zur Bank of New York – über die 1999 die mysteriösen Milliardenbeträge transferiert wurden, die in Verbindung mit dem Jelzin-Clan stehen sollen. Mehrere Zeugen kamen ums Leben. Einer der Hauptverdächtigen kandidierte im Dezember 2003 für die Duma.

Trotz Anfragen westlicher Strafverfolger scheint der Ermittlungseifer der Moskauer Staatsanwaltschaft sehr gering; der neue Chef-Ermittler wurde extra aus Petersburg nach Moskau abkommandiert – ein ehemaliger Studienkollege und Freund von Präsident Wladimir Putin. «Weil es ans Eingemachte geht und sich so einflussreiche Organisationen wie Geheimdienst, Miliz und Zoll ineinander verbissen haben und über eine Verbindung zum Jelzin-Clan spekuliert wird, wollte der Präsident die Sache offenbar selbst unter Kontrolle nehmen», argwöhnte Schtschekotschichin im Sommer 2003: «FSB, Zoll und Innenministerium sind kriminelle Organisationen.» Nachdem der bekannte Publizist und Politiker wenige Wochen später im Alter von 53 Jahren einer rätselhaften Allergie erlag, vermuteten Besucher seiner Beerdigung im Moskauer Schriftsteller-Vorort Peredelkino einen Zusammenhang zwischen seinem Tod und seiner Aufklärungsarbeit: «Er lag aufgebahrt da wie ein Monster; die Hände schwarz, das Gesicht aufgeblasen und die Haut im Gesicht abgelöst, wie altes Leder; der Anblick war so schrecklich, dass ich mich des Eindrucks nicht erwehren konnte, das war eine Warnung an alle – seht her, wie ihr endet, wenn ihr eure Nase in Dinge steckt, die euch nichts angehen», berichtet eine russische Prominente von der Trauerfeier. Ihr Argwohn mag unbegründet sein – erschreckend ist allein die Tatsache, dass solche Ängste herrschen.

Wladimir Putin hat die Kriminalität in Russland nicht in den Griff bekommen, und bei realistischer Betrachtung muss man eingestehen, dass alles andere auch ein Wunder gewesen wäre. Doch selbst auf ein Ende der schlimmsten Auswüchse des Verbrechens hofften die Russen bislang vergeblich – das wurde den Menschen schmerzhaft ins Bewusstsein gerufen, als im Frühjahr 2003 wieder ein bekannter Politiker, der Duma-Abgeordnete Sergej Juschenkow, auf offener Straße erschossen wurde.

Bis zum Jahr 2000 stieg wenigstens die Aufklärungsrate leicht an; seit drei Jahren jedoch sinkt sie wieder; allein im Jahr 2002 blieben 7158 Morde ungeklärt. Wurden 1990 in Russland rund 16000 Menschen gewaltsam getötet, waren es im Jahr 2001 schon 33000 – fast 13-mal mehr als in Deutschland. Laut Innenministerium gibt es in ganz Russland nur noch 300 erfahrene Ermittler – ein letztes Aufgebot, das für einen Hungerlohn arbeitet und im krassen Gegensatz steht zu dem gewaltigen Personal des Ministeriums insgesamt, das etwa mit der Bewachung privater Casinos oder Restaurants beschäftigt ist. 500000 bis 700000 Mann hält der Innenminister Gryslow unter Waffen, davon allein

3000 in verschiedenen Spezialeinheiten. Die waren für Boris Jelzin eine Stütze im Machtkampf, die er verhätschelte. Viele hohe Beamte gründeten ihre eigenen Sondereinheiten. Die Interessen von Polizisten, Staatsanwälten und hohen Beamten seien oft so eng verbunden mit den Interessen von einflussreichen Politikern und Geschäftsleuten, dass viele Ermittlungen ein tot geborenes Kind seien, klagt ein frustrierter Milizionär sein Leid.

Zahlreiche Kriminalitäts-Experten haben die Seiten gewechselt. Allein im Jahr 2000 wurden eine Million Ermittlungsverfahren eingestellt – 90 Prozent davon, weil man keinen Schuldigen fand. Damit die Statistik nicht noch schlechter ausfällt, weigern sich Milizionäre regelmäßig, Anzeigen anzunehmen. Abertausende Verbrecher kommen nie vor Gericht. Allein in Moskau wuchs die Zahl der Straftaten 2002 um ein Drittel – nach Angaben der Behörden, weil die Statistik ehrlicher geführt wird. «Die Analyse der Situation im vergangenen Jahr gibt keinen Anlass für optimistische Schlussfolgerungen», gestand Putin im März 2003 bei einem Koordinierungstreffen der Rechtsschutz-Behörden ein.

Hartnäckig halten sich Gerüchte, dass auch Wladimir Putin in seiner Zeit als Vize-Bürgermeister von Petersburg Kontakte zum organisierten Verbrechen unterhielt. Während in der Presse selten und im Fernsehen überhaupt nicht von Verdachtsmomenten gegen Putin die Rede ist, sind vor allem im Internet seit seinem Amtsantritt die wildesten Gerüchte zu lesen – die aber wohl eher der Phantasie der Putin-Gegner entspringen. Wie absurd die Anschuldigungen zum Teil sind, zeigt etwa der Vorwurf, Putin habe in Petersburg mit Kindern gehandelt. Bei genauerem Nachforschen stellt sich heraus, dass hier auf Adoptionen von russischen Kindern durch Ausländer angespielt wird, die seinerzeit nur nach Zustimmung vom Bürgermeister oder einem der Stellvertreter – eben Putin – zulässig waren. Dass bei Adoptionen russischer Kinder an Ausländer schon mal Bestechungsgelder den Eifer der Behörden beflügelten, gilt als erwiesen. Presseberichten zufolge blühte dieses Geschäft auch im Petersburg der neunziger Jahre. Tatsächlich sollen einige der Freigaben zur Adoption die Unterschrift Putins tragen, wie ein Ermittler bestätigt. Daraus zu schließen, der zweite Mann in der Stadt, der täglich ganze Stapel von Papieren zu unterzeichnen hatte, habe sich an einzelnen Adoptionsfällen bereichert, ist bösartig und wenig glaubhaft.

Problematischer hingegen ist, dass der endgültige Unschuldsnachweis selten erbracht werden kann: Unterlagen seien heute kaum noch zu finden, berichtet ein ranghoher Ermittler. Nach Putins Amtsantritt im Kreml sollen regelrechte Rollkommandos aus dem Geheimdienst in allen Behörden alle Unterlagen, die auch nur im Entferntesten einen Verdacht auf den Präsidenten werfen könnten, vernichtet haben.

Dabei gäbe es einiges zu klären. Als im Winter 1991 in Petersburg eine Lebensmittelkrise drohte, entschloss sich die Stadtregierung, Export-Lizenzen für Rohstoffe Firmen zu erteilen, die im Gegenzug Essbares nach Petersburg bringen sollten. Die Papiere waren so viel wert wie Bargeld. Putin erteilte solche Genehmigungen im Wert von 124 Millionen Dollar ohne Ausschreibung, zum Teil an merkwürdige Firmen, die erst Wochen zuvor gegründet worden waren und seltsame Verbindungen zu Funktionären aufwiesen. Für ihre «Vermittlungsdienste» kassierten die Unternehmen bis zu 50 Prozent. Putin erklärte, er sei schlecht beraten und von den Firmen hintergangen worden. Das Stadtparlament stellte später «gravierende Mängel» bei der Aktion fest. Marina Salje, die damals eine Untersuchungskommission leitete, gab zahlreiche Dokumente, die Putins Unterschrift trugen, an die Staatsanwaltschaft weiter. Sie werde nicht weiterkommen mit ihren Ermittlungen, entgegnete Putin der Abgeordneten, die heute zurückgezogen zwischen Moskau und Petersburg auf einem Dorf lebt und sich nicht zu der Geschichte äußern will.

Viele Rätsel ranken sich auch um die Baufirma «20. Trest», zu der Putin enge Verbindungen nachgesagt werden. Eine Prüfung durch das Finanzministerium ergab, dass das Unternehmen großzügige Kredite zu günstigen Bedingungen erhielt – die dann vor allem für Reklame für ein rätselhaftes Projekt wie die Renovierung eines israelischen Frauenklosters und für den Kauf eines Hotels in Spanien ausgegeben wurden. In der Presse erhielt Putin den Spitznamen «Mister Teflon» und «Mister Clean», weil trotz zahlreicher Vorwürfe und Gerüchte nie etwas an ihm hängen blieb.

Ausgerechnet im fernen Deutschland bahnten sich im Frühling 2003 neue Schlagzeilen über Putin an: Am 13. Mai 2003 untersuchten zwei Hundertschaften deutscher Beamter 27 Unternehmen und Wohnungen, darunter den Firmensitz der «St. Petersburg Immobilien und Beteiligungs AG» (SPAG) im hessischen Mörfelden. Der Verdacht: Geldwäsche. Die SPAG, so der Vorwurf der deutschen Ermittler, soll mehrere Millionen Euro von Mitgliedern einer russischen Mafia-Bande als Immobilien-Investitionen getarnt nach Russland transferiert haben. Als Drahtzieher vermuten die Beamten die «Tambowskaja», eine der einflussreichsten Mafia-Gruppen Russlands mit Sitz in Sankt Petersburg, spezialisiert auf Autodiebstahl, Alkoholschmuggel, Betrug, Schutzgelderpressungen und Menschenhandel. Die politische Brisanz des Falles: Im Beirat des verdächtigten Unternehmens saß kein Geringerer als Wladimir Putin – und das bis ins Jahr 2000, also noch als amtierender Präsident. Deutschen Presseberichten zufolge ließ sich Putin-Freund Gerhard Schröder sofort über die Ermittlungen informieren – was sein Sprecher aber dementierte.

Der Mafia-Experte Jürgen Roth beschreibt in seinem Buch «Gangster aus dem Osten» detailliert angebliche Verbindungen von Putin zu Personen aus dem Mafia-Milieu. Der Präsident galt demzufolge als Weggefährte von Wladimir Smirnow, einem Petersburger Geschäftsmann und Mitgründer der verdächtigten SPAG. Smirnow wiederum pflegte nach den Recherchen des Mafia-Experten enge Verbindungen zu Wladimir Barsukow alias Kumarin, laut Roth Chef der Mafia-Organisation «Tambowskaja», die in Petersburg fast wie eine Schattenregierung agierte. 1994 soll Putin als Vizebürgermeister der Petersburger Ölgesellschaft (PTK) das teure Recht erteilt haben, die Stadt mit Treibstoff zu versorgen; einer der Hauptaktionäre des Unternehmens, das die Lokalpresse zur «Tambowskaja»-Gruppierung zählt, war angeblich Putins Bekannter Smirnow. Im Petersburger Öl-Geschäft folgte eine bewaffnete Auseinandersetzung mit mehreren Morden, die die «Moscow Times» mit einem Bandenkrieg nach dem Vorbild Chicagos in den dreißiger Jahren verglich. 1998 übernahm Smirnow demzufolge die Leitung der PTK und machte den mutmaßlichen «Tambowskaja»-Paten Barsukow alias Kumarin zu seinem Vize. Putin holte den skandalumwitterten Smirnow später in den Kreml, wo er Leiter der Immobilien-Abteilung wurde. Anschließend übernahm Smirnow die Leitung einer Exportfirma des Atomministeriums.

Roth beruft sich bei seinen Vorwürfen auch auf die heimlichen Tonbandmitschnitte von Gesprächen des ukrainischen Präsidenten Leonid Kutschma. Internationale Experten bestätigten die Echtheit der Bänder, und die US-Regierung nahm sie zum Anlass, Kiew Waffen-Geschäfte mit dem Irak vorzuwerfen; Kutschma selbst indes bezeichnet die Aufnahmen als Fälschung. Auf den angeblichen Mitschnitten spricht der ukrainische Präsident mit seinem Geheimdienstchef über belastendes Material in der SPAG-Affäre gegen Putin: Demzufolge sei es den ukrainischen Agenten gelungen, die letzte noch existierende Kopie der Unterlagen zu bekommen – während der russische Geheimdienst FSB bereits alle anderen aufgekauft habe. Den Mitschnitten zufolge schlägt Kutschma vor, die belastenden Unterlagen im Rahmen eines Tauschhandels an die Russen auszuhändigen.

Schon im Sommer 2001 sei in einer Lagebesprechung im Kanzleramt berichtet worden, dass es Hinweise auf Beziehungen zwischen kriminellen Gruppen und dem Kreml gebe, schreibt Roth. «Die Bekämpfung der Organisierten Kriminalität wird auch in Deutschland noch zu stark von außenpolitischen Interessen beeinflusst», kommentierte der langjährige Vorsitzende der Gewerkschaft der Polizei und heutige Präsident der Internationalen Union der Polizeigewerkschaften, Hermann Lutz, den Fall in der «Welt»: «Das gilt besonders für solche Verfahren, in die ausländische Politiker verwickelt sind. Was bleibt Kanzler Schröder anderes übrig, wenn er nach Russland reist: die Umarmung mit Freund Putin – auch wenn er die Dossiers des deutschen Geheimdienstes BND über Putin kennt.»

Der Kreml wies die Vorwürfe Roths als «verleumderische Lüge» zurück. Juristische Schritte gegen das Buch unternahm Moskau nicht – was aber keine Rückschlüsse zulässt, da sich das russische Präsidialamt prinzipiell mit Klagen gegen Veröffentlichungen zurückhält, selbst wenn deren verleumderischer Charakter offensichtlich ist. Putin habe nie für die verdächtigte SPAG gearbeitet, betonte der Kreml; als Vize-Bürgermeister habe er viele ehrenamtliche Aufgaben übernommen, darunter auch den Sitz im Beirat des Unternehmens. Für die Argumentation des Kreml spricht ein gewichtiges Argument: Hätte Putin von Verdächtigungen gegen die SPAG gewusst oder selbst damit zu tun gehabt, hätte er als Vize-Bürgermeister um jeden Preis verhindern müssen, offiziell als Beirat in Erscheinung zu treten.

Der Wahrheitsgehalt der Anschuldigungen wird wohl nie zu ergründen sein – vor allem, weil von russischer Seite keine Kooperationsbereitschaft bei den Ermittlungen zu erwarten ist. Was auf den ersten Blick wie ein ungeheurer Vorwurf wirkt, ist bei genauerer Betrachtung aber weder abwegig noch sonderlich empörend: Angesichts der engen Bande, die Russlands Unterwelt zu den Politikern pflegt – oft auch gegen deren Willen –, wäre auf dem Posten des zweitmächtigsten Mannes der zweitgrößten Stadt im Lande, die den Beinamen «kriminelle Hauptstadt» trägt, wohl auch ein Heiliger nicht darum herumgekommen, dass sich seine Wege gelegentlich mit der Mafia kreuzen.

Die Macht der Kader Der Krieg zwischen den beiden Erzfeinden erreichte immer bizarrere Formen. Fast monatlich nahm Moskau die alte Hauptstadt Petersburg unter Feuer. Mal überwies das Finanzministerium in der Hauptstadt monatelang keine Budgetzahlungen in die Metropole am finnischen Meerbusen, sodass Lehrer, Ärzte und andere Beamte dort keine Gehälter mehr erhielten; dann tadelte der Rechnungshof den Petersburger Stadtvater regelmäßig auf das schärfste und klagte, dass Millionen verschwinden. Dabei hat die Feindschaft zwischen Präsident Putin und Petersburgs Gouverneur Wladimir Jakowlew tiefe persönliche Wurzeln. Beide spielten einst Seite an Seite in einer Mannschaft und waren gemeinsam Stellvertreter von Bürgermeister Sobtschak. Während Putin seinem Förderer stets treu zur Seite stand, wechselte Jakowlew 1996 die Fronten, trat gegen den eigenen Chef an und besiegte ihn prompt – worauf ihn Putin zum Paria erklärte. Nach Sobtschaks plötzlichem Tod Anfang 2000 deutete der Präsident kurz nach seinem Amtsantritt im Kreml an, dass er Jakowlew moralisch für mitverantwortlich am Ende seines Förderers hält. Weil er bei den Wahlen nicht zu besiegen war, setzte der Kreml alle Hebel in Bewegung, um Jakowlew vom Chefsessel in Putins Heimatstadt zu vertreiben.

Doch trotz all der Vorwürfe musste der Gouverneur nicht etwa seine Unschuld vor Gericht beweisen, er musste auch nicht zurücktreten und auf einen nachrangigen Posten weichen. Im Juni 2003 beförderte Putin seinen Intimfeind zum Vize-Regierungschef nach Moskau, zuständig für die Kommunalwirtschaft – genau den Bereich, in dem ihm in Petersburg die schlimmste Misswirtschaft nachgesagt wurde. Die Personalentscheidung löste im ganzen Land Kopfschütteln aus. Vor allem stieß auf Unverständnis, dass Putin seinen Gegenspieler jahrelang zum Abschuss durch Behörden und Medien freigegeben hatte – um ihn dann zu befördern, statt zu bestrafen. Die Scheu des Präsidenten vor Konflikten war offenbar stärker als seine Abneigung gegen Jakowlew und ließ ihn vor einer Entscheidungsschlacht zurückschrecken.

Putin meidet das Risiko: Vorsicht scheint unter den Eigenschaften des früheren KGB-Agenten hervorstechend zu sein – wohl nicht zu Unrecht, wenn man sein Umfeld betrachtet. Allein Putins Personalpolitik ist aufschlussreich. «Er brachte es schon in Petersburg nicht über das Herz, jemanden zu sagen, dass er entlassen ist; er tat alles, um das zu vermeiden; wenn jemand gar nicht mehr zu halten war, ließ er andere die Entlassung vornehmen und versuchte, selbst dem Betroffenen irgendwie zu helfen», erinnert sich ein damaliger Bekannter an Putins Zeit im Petersburger Rathaus, der einstigen Mädchenschule «Smolny».

Milde zeigt sich Putin auch mit jenen Politikerkollegen, mit denen er nie in einem Boot saß: Der frühere Gouverneur von Wladiwostok, einer der umstrittensten Provinzfürsten und von Kritikern schlicht «der Pate des Fernen Ostens» genannt, musste zwar auf den Gouverneursposten verzichten, wurde aber sofort Chef der einflussreichen Fischereibehörde im Range eines Ministers. Als der Ex-Gouverneur auch auf dem neuen Posten wieder in den Verdacht der Bestechlichkeit geriet und von Ministerpräsident Kassjanow entlassen wurde, kam er nicht etwa vor Gericht, sondern als Vize-Chef in den Sicherheitsrat im Kreml. Den leitet ein anderer einschlägig bekannter Politiker: der Beresowski-Vertraute Wladimir Ruschailo, der sich zuvor als Miliz-General und dann als Innenminister nicht nur um die Bekämpfung des Verbrechens verdient gemacht haben soll, wie Miliz-Kollegen behaupten. Ruschailo war zuvor Leiter der Sondereinheit für die Bekämpfung des Organisierten Verbrechens RUOP – diese Trupps hatten sich nach den Worten des früheren Innenminister Kulikow landesweit oft in kriminelle Vereinigungen verwandelt und bildeten einen «Schutzschild» für verschiedene Verbrechergruppen. Das Moskauer RUOP soll demzufolge sogar mit Waffen gehandelt haben. Ehemalige Kollegen berichten, Ruschailos Leute hätten widerrechtlich Unschuldige festgenommen und zu Aussagen gezwungen; zudem hätten die Ordnungshüter Geschäftsleute nachdrücklich aufgefordert, für eine Wohltätigkeitsstiftung der Miliz zu spenden, die wiederum Ruschailo selbst nahe stand. Den Informationen zufolge erwogen seine Miliz-Kollegen Ende der neunziger Jahre bereits eine Festnahme Ruschailos; doch Oligarch Beresowski legte im Kreml ein gutes Wort ein und rettete seinen Freund; statt ins Gefängnis kam er als Vize und dann später als Amtschef ins Innenministerium. Innerhalb kürzester Zeit brachte er dort nach Ansicht seiner Kritiker seine eigenen Leute in Schlüsselpositionen und entließ dafür gestandene Profis; das Ministerium arbeitete demzufolge Beresowski zu. Ruschailos rechte Hand von damals ist heute zur Fahndung ausgeschrieben. Der Innenminister galt bei seinen Gegnern als skrupellos und erpressbar; er war eine der Stützen des Jelzin-Clans und im «engeren Zirkel» um Jelzin-Tochter Tatjana sogar als Nachfolger für «Zar Boris» im Gespräch – musste dann aber seinem Konkurrenten Wladimir Putin den Vortritt lassen.

Der Sicherheitsrat verlor nach Ruschailos Amtsantritt stark an Bedeutung. Der Posten verschafft ihm jedoch Zugang zu vertraulichen Unterlagen und Untersuchungsergebnissen. Vor allem aber garantiert er alle die Privilegien, die das Leben selbst rangniedrigerer Kreml-Beamter so kolossal von dem gewöhnlicher Sterblicher unterscheiden: der Dienstwagen mit Blaulicht, die VIP-Abfertigung am Flughafen, die Dienstwohnung, die staatliche Datscha für das Wochenende im Grünen, und eine in Abhängigkeit vom Rang wachsende Narrenfreiheit von hinderlichen Vorschriften, vom Gesetz bis zur Straßenverkehrsordnung. Während in Schweden selbst der König bei einer Geschwindigkeits-Überschreitung Strafe zahlen muss, ist es in Russland für viele «Apparatschiks» in halbwegs ehrenhafter Position außerhalb ihrer Vorstellungskraft, dass sie etwa ein Verkehrspolizist zur Rechenschaft zieht.

Damit auch General Gennadi Troschew, der nicht nur als Krieger, sondern auch als grammatikschwacher Redner von Freund wie Feind gefürchtete frühere Tschetschenien-Oberbefehlshaber, nicht auf solche Annehmlichkeiten verzichten muss, schuf Putin extra für ihn den Posten eines «Beraters des Präsidenten für Kasaken-Fragen». Sein Dienstzimmer im Kreml ist nicht weit entfernt von dem seines ehemaligen Chefs: Verteidigungsminister Sergejew, der bei der «Kursk»-Tragödie eine so unglückliche Figur machte, dient Putin mittlerweile ebenfalls als Berater – ein Titel, der in Russland kaum weniger prestigeträchtig ist als ein Ministersessel. Dabei wäre es naiv, anzunehmen, das Postenkarussell resultiere nur aus der Harmoniesucht des Präsidenten: Zum einen will sich Putin keine Feinde machen; zum anderen ist die Personalpolitik mit dem Samthandschuh ein Signal an alle, dass sie der Kreml nicht fallen lässt – solange sie brav auf seiner Linie liegen. Ein ganz wesentlicher Unterschied zur Jelzin-Zeit, als sich niemand sicher sein konnte, ob er nicht am nächsten Tag bei «Zar Boris» in Ungnade fällt und entlassen wird. Die Würdenträger drehten sich deshalb sicherheitshalber immer nach allen Seiten um und hielten schon mal abseits des Kreml nach dem Ausschau, was die Russen als «Ersatz-Flughafen» bezeichnen – lauschige Plätzchen für die Notlandung, und sei es bei Jelzins Konkurrenten.

Putins Vorsicht wird verständlich, wenn man bedenkt, wie nahe Allmacht und Ohnmacht in Russland beieinander liegen. Auf der einen Seite hat der Präsident Vollmachten, die westeuropäische Staatschefs vor Neid – oder Schreck – erblassen lassen, darf sich per Ukas in nahezu alles einmischen und, zumindest inoffiziell, fast jeden Befehl geben. Anders als seine westlichen Kollegen kann sich Wladimir Putin aber auch nie sicher sein, dass seine Einmischung zum erwünschten Erfolg führt und seine Befehle ausgeführt werden. Sicher hat er die Macht, Angelegenheiten, die ihm besonders am Herz liegen, in seinem Sinn zu lösen – wie etwa die Gleichschaltung der kritischen Fernsehsender. Aber der Herrscher in einem Riesenreich, das knapp 50-mal so groß ist wie Deutschland, verfügt nicht über die Mittel, um alles zu kontrollieren. Das war nicht einmal Stalin gelungen.

Putin steht vor einem Dilemma: Getreu dem Lenin'schen Prinzip, wonach Vertrauen gut, Kontrolle aber besser sei, fürchtet er sich, seinen Beamten mehr Eigenständigkeit und Eigenverantwortung zu geben – durchaus zu Recht, wie die Erfahrung zeigt. Andererseits ist der Präsident aber auch zu einer umfassenden Kontrolle nicht in der Lage. Und er sucht einen landestypischen Ausweg: Er setzt Bekannte und Vertraute auf Schlüsselpositionen. Den Geheimdienst leitet sein alter Freund Patruschew, das Verteidigungsministerium sein KGB-Weggefährte Iwanow, und im Innenministerium sitzt sein Vertrauter Gryslow als Statthalter. Die Liegenschaftsverwaltung im Kreml dirigiert Putin-Freund Wladimir Koschin, und mit Dmitri Medwedew übernahm im Oktober 2003 ein Putin-Vertrauter auch die Leitung des Präsidialamts. Selbst bei einflussreichen Konzernen wie Gasprom postierte Putin alte Weggefährten an die Spitze.

Schon Leonid Breschnew hatte einst zahlreiche Landsleute aus dem ukrainischen Dnjepropetrowsk mit in den Kreml gebracht; Gorbatschow setzte auf Vertraute aus dem heimischen Stawropol, und Jelzin holte zahlreiche «Kader» aus Swerdlowsk nach Moskau; nie hat der Anteil von Landsleuten eines Staats- bzw. Parteichefs aber solche Ausmaße erreicht wie unter Putin, wie die Soziologin Kryschtanowskaja in ihrer Studie ausführt. Dabei spiele weniger der gemeinsame Geburtsort Petersburg eine Rolle als die gemeinsame Zugehörigkeit zu einer Gruppe – den Geheimdiensten.

Das entscheidende Kriterium für die Besetzung wichtiger Ämter ist damit nicht Qualifikation, sondern Treue. Ein Prinzip, das sich nicht nur auf den Kreml beschränkt: Genauso wie der Staatschef sich seine Mitarbeiter ganz offen nach dem Prinzip des «Vitamin B» auswählt, werden in Amtsstuben, Konzernen und Firmen im ganzen Land Posten, Stellen und Jobs in erster Linie über Beziehungen vergeben. Allein der Gedanke, sich ohne Protektion um eine Stelle zu bewerben, ist für viele Russen vor allem der älteren Generation unvorstellbar und absurd. Die Diktatur des «Blat», wie Beziehungen auf Russisch heißen, bremst jeden Fortschritt. Von Studienplätzen über Ärztestellen in Krankenhäusern bis hin zu Ministersesseln sind Beziehungen und Bestechungsgelder entscheidender als Talent und Befähigung – im Gegenteil, Letztere sind oft hinderlich. Die Motivation sinkt: Es erscheint sinnvoller, mit den richtigen Leuten Mittag essen zu gehen, als gute Leistungen zu zeigen.

Dass die russische Gesellschaft keine Leistungsgesellschaft ist, mag zunächst nicht als Makel erscheinen; es wäre hochnäsig, Russland vorzuhalten, dass es sich nicht am Westen orientiert. Im Gegenteil – die geringere Leistungsorientierung hat enorme Vorzüge und gehört zu den Eigenarten, die Russland so liebenswert machen: Persönliche Bindungen spielen eine sehr große Rolle und sind oft wichtiger als geschäftliche Kalkulationen und Erfolge. Wenn sich Russland aber einerseits am Westen orientiert und sich die Menschen einen ähnlich hohen Lebensstandard wünschen, andererseits jedoch in ihren traditionellen Denkmustern verharren, sind Enttäuschungen vorprogrammiert: Allzu leicht sieht man nur die Früchte des westlichen Wohlstands und nicht den Preis, der dafür bezahlt wird.

Ausländische Investoren werden reihenweise zum Opfer der Mentalitätsunterschiede: Russen, die einen der begehrten Arbeitsplätze bei einer lukrativen westlichen Firma gefunden haben, setzen oft alles daran, Verwandten und Bekannten ebenfalls einen der begehrten Arbeitsplätze zu sichern – alles andere gälte als unanständig und unsolidarisch. So machen sich viele westliche Manager in Moskau gar keine Vorstellung davon, welche verwandtschaftlichen und freundschaftlichen Bande innerhalb ihrer Belegschaft herrschen – da leiten Feuerwehrleute Computerabteilungen, Lehrerinnen kontrollieren Versicherungsmathematik, und Karatekämpfer stehen technischen Abteilungen vor. Wer Bewerber ohne Beziehungen anstellen will, scheitert oft an den Einwänden der Personalabteilung – wie kann man jemanden in die Firma nehmen, den keiner persönlich kennt? So glaubte eine deutsche Führungskraft ihren Ohren nicht, als die russischen Kollegen gegen eine geplante Neueinstellung protestierten – weil der Kandidat Jude war: «Wir hatten noch nie Juden hier in unserer Firma, und wir wollen auch keine haben!»

Investitionen werden oft als Futtertrog betrachtet – wie im Falle eines großen ausländischen Verlages, der in Moskau ein Tochterunternehmen eröffnen möchte und damit einen russischen Partner beauftragte. Auf die Frage, woher er 100 gute Journalisten nehmen wolle, antwortete der im Kollegenkreis prompt, er habe genügend Freunde und Verwandte; schreiben könne schließlich jeder. Hartnäckig weigern sich viele westliche Geschäftsleute, Unterschiede zwischen Deutschland oder Osteuropa auf der einen und Russland auf der anderen Seite zu sehen – und führen ihre Unternehmen mit westlichen Rezepten in den sicheren Ruin. Oft werden ausländische Führungskräfte in Russland von ihren Untergebenen hofiert wie allmächtige Lehnsherren – und beginnen mit der Zeit, sich entsprechend zu verhalten und den Bezug zur Realität zu verlieren.

Die Missverständnisse beginnen schon beim Umgang mit der Steuerbehörde – angesehene westliche Beratungsfirmen raten hier selbst bei kleinen Meinungsverschiedenheiten statt zu einem Blumenstrauß zum Klagen gegen die einflussreichen Finanzbeamtinnen – für russische Verhältnisse eine absolute Todsünde und beinahe die Garantie für großen Ärger mit den Behörden. Auch der

Verzicht auf den nötigen «Rückhalt» von amtlicher Seite kann Ausländer teuer zu stehen kommen: Wer Ärger vermeiden will, muss teure Verträge mit Sicherheitsfirmen abschließen, die wiederum gute Kontakte zu Geheimdienst oder Miliz haben. Solche Verbindungen sorgen auch für den notwendigen Informationsfluss und bewahren vor bösen Überraschungen – wie sie etwa ein deutscher Großkonzern erlebte, der blauäugig in ein nicht ganz astrein beleumundetes russisches Unternehmen investierte – und sich dann wunderte, wie ein Mitarbeiter aus Deutschland nach kritischen Nachfragen und Überprüfungen plötzlich halb tot geschlagen in seinem Hausaufgang gefunden wurde. «Viele zahlen enormes Lehrgeld für ihre Naivität und Inkompetenz», urteilt der Generaldirektor eines der größten deutschen Unternehmen in Moskau: «Man kann in Russland wunderbar Geschäfte und Gewinne machen und auch viel Freude daran haben – aber nur, wenn man die Psychologie und die völlige Andersartigkeit dieses Marktes berücksichtigt. Gott sei Dank haben das inzwischen viele begriffen.»

Der Drahtseil-Akt Die feierliche Amtseinführung im Kreml, die mit ihrem Pomp mehr an eine Zarenkrönung als an einen Wechsel im Präsidentenamt erinnerte, war kaum zu Ende, da wurde im Frühling 2000 deutlich, dass die Machtübergabe vom «Jelzin-Clan» an Wladimir Putin nur eine bedingte war: Der frisch gekrönte Präsident wollte einen Petersburger Vertrauten auf das freie Amt des Generalstaatsanwaltes hieven – einen der wichtigsten Posten im Land, das Schwert des Kreml, das auf jeden herniederfahren kann, der sich widerspenstig zeigt. Nach langem Kampf hinter den Kulissen schaffte es Putin nicht, seinen Mann durchzusetzen: Er zog die Kandidatur seines Vertrauten zurück. Chefankläger wurde stattdessen Wladimir Ustinow, ein Mann mit der Statur eines Bären und den Augen eines Fuchses – und ein Freund der «Familie». Mitten in der Nacht habe Jelzin höchstpersönlich bei Putin angerufen und ihn derart bearbeitet, dass er seinen Ernennungsbrief an den Föderationsrat noch einmal umschreiben ließ, berichtete die «Obschtschaja gaseta». Die «Familie» bestand auf einer Person ihres Vertrauens auf dem Sessel des obersten Strafverfolgers – und dass sie sich durchsetzte, machte deutlich, wer den Ton angab.

Nach seinem Amtsantritt im Kreml beließ Wladimir Putin alle wichtigen Vertreter der «Jelzin-Familie» im Amt. Da der Petersburger nur als amtierender Präsident im Kreml fungierte, glaubten viele, er werde mit der alten Mannschaft nach seiner Wahl aufräumen. Doch die Wende blieb zunächst aus: Putin sendete unterschiedliche Signale – mal ehrte er seinen Vorgänger Jelzin und berichtete, dass er sich regelmäßig mit ihm treffe; dann wieder nannte er die Jahre unter seinem Vorgänger eine Periode des Halb-

Chaos. Putin ließ den amtierenden Ministerpräsidenten Kassjanow, einen treuen Gefolgsmann der «Familie», auf dem Chefsessel im Weißen Haus an der Moskwa; mit ihm blieb fast die gesamte Regierung im Amt, einschließlich umstrittener Persönlichkeiten wie Eisenbahnminister Nikolaj Aksjonenko und Atomminister Jewgeni Adamow, denen nachgesagt wird, dass sie ihre Ministerien regelrecht privatisiert haben. Putins Vertrauter German Gref, ein jungenhafter Liberaler deutscher Abstammung aus Petersburg, erhielt nicht den erhofften Posten als Vize-Premier, sondern wurde mit dem um einige Kompetenzen erweiterten Wirtschaftsministerium abgespeist. Die Regierung wirkte eher wie ein mühsam nach Proporz zusammengefügter Klumpen aus Alteisen denn als zugkräftige Lokomotive für Veränderungen.

Eine der Bedingungen für die Machtübergabe sei gewesen, dass Putin für ein Jahr die alten Jelzin-Leute nicht habe antasten dürfen, hieß es auf den Fluren der Moskauer Duma; in der Tat wechselte der Präsident fast genau ein Jahr nach seinem Amtsantritt den Verteidigungs- und den Innenminister sowie den Atom- und Eisenbahnminister aus; auf den meisten anderen Posten aber gab es bis Oktober 2003 keine Veränderungen. Jelzins Tochter Tatjana Djatschenko entließ Putin zwar offiziell von ihrem Posten als Beraterin, genauso wie ihr Mann Valentin Jumaschew hat sie aber immer noch ein Dienstzimmer im Kreml – obwohl die beiden längst in England leben. Jumaschew-Schützling Alexander Woloschin leitete bis Oktober 2003 das Präsidialamt und war damit fast die gesamte erste Amtsperiode Putins der zweitmächtigste Mann im Staat – noch vor Ministerpräsident Michail Kassjanow. Der Regierungschef aus dem Jelzin-Lager wiederum wagt für russische Verhältnisse Erstaunliches: Er äußert öffentlich Kritik am Präsidenten, etwa als er dessen Wachstumsziele für Russland im Winter 2003 als unrealistisch bezeichnete. In Ungnade fiel lediglich Boris Beresowski, weil sein Machtwille überhand nahm. Die «Familie» sagte sich deshalb von ihm los und gab ihn «zum Abschuss frei», wie ein Vertrauter berichtet: «Die hatten die Nase voll.» Damit traf Beresowski ausgerechnet der Bannstrahl jenes Mannes, von dem er einst sagte, das russische Großkapital habe ihn als seinen neuen Generaldirektor eingesetzt. Aus dem Umfeld der Oligarchen ist zu hören, der Präsident sei bei den Treffen mit den Finanzmagnaten tatsächlich oft ungehalten: Sie, die Reichen, machten sich ein schönes Leben und segelten mit jungen Frauen auf Luxusjachten über das Mittelmeer, während er, Putin, in Moskau die Stellung halten und ihren Job machen müsse. Was wie feine Ironie klingt, kann auch einen Funken Wahrheit enthalten.

Kaum in sein neues Amt gewählt, schloss Putin einen «Friedenspakt» mit den Oligarchen: Die Superreichen sollen sich künftig nicht mehr in vorderster Front in die Politik einmischen – oder das zumindest nicht öffentlich tun. Im Gegenzug bedient der Kreml ihre Interessen und fragt nicht nach den Quellen ihres Reichtums während der Raub-Privatisierung. Viele Beobachter sahen darin ein Zeichen für eine Zähmung der Oligarchen. In Wirklichkeit war es wohl eher eine neue Rollenverteilung, denn an den entscheidenden Hebeln der Macht saßen immer noch die Wirtschafts-Bosse – sie hatten nur kein Interesse mehr daran, dass dies wie unter Jelzin allzu sichtbar wurde und so den Zorn der Menschen erregte. In wichtigen Fragen setzten sich die Konzernlenker weiter durch – etwa bei der Erhöhung der Import-Steuern für Gebrauchtautos 2002: Millionen Russen müssen mehr für ihre Wagen bezahlen, während die Wirtschafts-Bosse nicht gezwungen wurden, ihre Autoschmieden endlich konkurrenzfähig zu machen.

In Anspielung auf den Generalsekretär der Stagnation, unter dem die Sowjetunion zwar stabiler war als jemals zuvor, aber sich auch nicht vom Fleck bewegte, nannten Kritiker Wladimir Putin schon «Breschnew Nummer zwei»: nicht nur wegen seines Zauderns im Kampf gegen Kriminelle und Korruptionäre und weil die wirtschaftliche Stabilität damals wie heute in erster Linie hohen Ölpreisen zu verdanken war, sondern auch, weil er in wichtigen

Fragen wie etwa im Streit zwischen den Vertretern der alten Jelzin-Familie und der KGB-Achse im Kreml jahrelang keine klare Position bezog. «Ich habe um der Reformen willen meine Popularität geopfert. Putin ist dazu nicht bereit; aus Angst um seine Beliebtheit hat er den Reformprozess zum Stehen gebracht», beklagte sich ausgerechnet Boris Jelzin Anfang 2003 im kleinen Kreis seiner Vertrauten: «Deshalb haben wir diesen Stillstand im Land.»

Kritiker wie Sergej Mitrjochin, Duma-Abgeordneter der liberalen Jabloko-Partei, sehen in Putin in erster Linie einen Statthalter der Oligarchen und des Geheimdienstes im Kreml: «Die Wirtschafts-Clans hatten die wichtigsten Einflusszonen aufgeteilt und wollten ein Ende des Krieges, Stabilität. Putin war zunächst der Schauspieler, der das verkörperte, eine Puppe in den Händen von Männern im Untergrund.» Der Petersburger sei sein ganzes Leben lang immer nur der zweite Mann gewesen und habe immer den Willen seiner Vorgesetzten vollzogen, findet auch der Moskauer Politikwissenschaftler Andrej Piontkowski: «Seine Haltung entspricht bis heute der eines Stellvertreters. Dabei ist er jetzt ein wenig wie ein Agent, der im Feindesland die Verbindung zur Kommandozentrale verloren hat und sich krampfhaft nach einer neuen Befehlsstelle umsieht.»

Wenn man den Pathos und den Glanz seines Amtes außer Acht lässt, wirkt Putin eher wie ein biederer Hausverwalter denn als ein machtgewaltiger Hausherr im Kreml: Der Präsident verwaltet zwar fleißig und tüchtig die laufenden Geschäfte, setzt in einzelnen Fragen eisern seinen Willen durch, wagte aber zunächst abseits von der Außenpolitik, die in Moskau als eher zweitrangig gilt, kaum einschneidende und grundlegende Weichenstellungen gegen die Kräfte, die ihn zur Macht brachten und ihn umgeben. Anders als seine Vorgänger trat Wladimir Putin sein Amt ohne jede Hausmacht im Kreml an: Gorbatschow konnte sich, zumindest anfangs, auf die Partei stützen, Jelzin auf die Reformer. Einziger Rückhalt des Petersburger Ex-KGB-Offiziers war zunächst die

«Jelzin-Familie». Er verfügte weder über eigene Machthebel noch über eine Partei oder Geld und saß im Kreml eher wie ein «Prinzregent» denn als mächtiger Zar.

Doch der Platz auf dem Thron führt zu einer Eigendynamik. Leise und eher unauffällig machte sich Putin daran, seine eigene Herrschaftsbasis aufzubauen: Der KGB-Offizier, der in seiner Petersburger Zeit für den Macht-Theoretiker Machiavelli schwärmte, nach dessen Theorie der Zweck die Mittel heiligt, kam zunächst den Militärs in allen Punkten entgegen; er ließ die Armee in Tschetschenien nach Lust und Laune walten und gegen die «Dolchstoßlegende» kämpfen; er versprach den Uniformierten Balsam für die Seele und Bares für den Geldbeutel, und sicherte sich so ihren Rückhalt. Er brachte alte Vertraute aus Petersburg in Schlüsselpositionen – an die Spitze des Geheimdienstes, des Innen- und des Verteidigungsressorts. Er baute das Präsidialamt endgültig zu einem allmächtigen Apparat aus, der heute an das alte Zentralkomitee der KPdSU erinnert. Während sein Vorgänger Jelzin das Parlament mit Panzern niederschießen ließ, erstickte es Putin mit seinen Umarmungen.

Bis heute besitzt Putin jedoch kein verlässliches Fundament für seine Macht. Nach wie vor ist er zwar bei den Wählern überaus beliebt. Doch diese Popularität wäre nur dann wirklicher Machtfaktor, wenn die Politik in Russland nach demokratischen Regeln funktionieren würde; dies ist umso weniger der Fall, als Putin selbst die ohnehin spärlichen Ansätze demokratischer Institutionen aus der Jelzin-Zeit wie den föderalen Staatsaufbau und ein eigenständiges Parlament weitgehend beseitigte. Weil seine eigene politische Hausmacht noch nicht stark genug war, balancierte Putin notgedrungen wie ein Drahtseil-Künstler zwischen den unterschiedlichen Säulen, die seine Macht stützen. Um nicht zu fallen, tänzelte der Präsident nur auf der Stelle. Fast fühlte man sich an den doppelköpfigen russischen Adler erinnert, dessen Häupter nach links und rechts blicken, aber keiner nach vorne.

Die wichtigste Säule, die Putin im Kreml trug, war zumindest in den ersten Jahren der «Jelzin-Clan», hinter dem die alten Oligarchen standen. Persönlich ist ihnen Putin abgeneigt; als Anhänger eines starken Staates kreidet er ihnen den Niedergang Russlands an; die Raub-Privatisierung ist ihm zuwider. Aber die «Familie» hat ihn an die Macht gebracht. Er sei unfähig zum Verrat, streuten seine Hofschreiber stets. Dass die Treue und Verbundenheit ihre Grenzen kennt, zeigt jedoch das Beispiel Beresowski: Als der noch im Kreml ein und aus ging, beschwor Putin die Freundschaft zu ihm; als Ministerpräsident Primakow 1998 gegen Beresowski Front machte, besuchte ihn Geheimdienst-Chef Putin demonstrativ zur Geburtstagsfeier seiner Frau. Als sich der Oligarch später von ihm abwandte und ihn öffentlich kritisierte, ließ Putin ihn fallen – und seine Staatsanwälte einen internationalen Haftbefehl ausstellen. Ein klarer Warnschuss auch für die «Jelzin-Familie»: Treue gilt nicht mehr, wenn einer die Regeln verletzt.

Neben der «Familie» mitsamt den alten Oligarchen versammelte Putin eine kleine Gruppe liberaler Reformer wie Wirtschaftsminister German Gref und Finanzminister Alexej Kudrin um sich – weniger eine Machtbasis als vielmehr ein Signal nach außen, gerade für den Westen. Zu Beginn von Putins Amtszeit konnten die Liberalen einige Reformen durchsetzen – allerdings solche, die entweder nur schleppend durchgesetzt wurden wie die Bodenreform oder auf wenig Widerstand stießen, wie der einheitliche Steuersatz von 13 Prozent. Der führte zu Mehreinnahmen in die Staatskasse, weil mehr Menschen ehrlich zahlten – war aber auch ein Geschenk an die Reichen, die sich schwerer taten, ihre gewaltigen Einnahmen vor dem Fiskus zu verstecken, als etwa Markthändler oder Kioskbesitzer. Putin mag aus seiner Petersburger Zeit als Reformer dieser Gruppe sowohl persönlich als auch in der Wirtschaftspolitik nahe stehen: Aber er versteht, dass die Liberalen allenfalls sein Image stärken.

Die dritte Machtsäule, die immer mehr an Bedeutung gewann,

hat sich der Präsident selbst aufgebaut: die mächtige und einflussreiche KGB-Achse, die «Silowiki», um seine Vertrauten wie Präsidialamts-Vizechef Viktor Iwanow, Verteidigungsminister Sergej Iwanow, Geheimdienst-Chef Patruschew und sein Kanzleichef Igor Setschin. Ex-Agenten allesamt, die in vielem noch in alten sowjetischen Denkstrukturen verhaftet sind, an die Großmachtrolle Russlands und die Allmacht des Staates glauben. «Sie stehen Gewehr bei Fuß, aber Putin gibt den Schussbefehl nicht, und sie fürchten, dass er ihn nie geben wird», berichtet ein Insider: Der Präsident sei zu westlich, zu liberal, zu weich, und heimlich murren sie, ihr Förderer sei vielleicht auch nicht skrupellos genug. Vor allem der fahle, aber ehrgeizige Verteidigungsminister Iwanow, im Bekanntenkreis wegen eines leichten Beinfehlers «Hinkefuß» genannt und in der alten KGB-Hierarchie über Putin, ist demzufolge über die «Unentschlossenheit» des Präsidenten verärgert und hält insgeheim sich selbst für den besseren Präsidenten – was er auch gerne beweisen würde. Iwanow und die anderen Freunde kamen nach Moskau in der Hoffnung, ihr Kollege Putin werde die in ihren Augen verheerenden Folgen der Jelzin-Regentschaft beseitigen, für Ordnung sorgen und, wie ihre Gegner zumindest behaupten, ihnen ein Stückchen vom Staatskuchen abschneiden. Nun bekleiden sie seit vier Jahren höchste Ämter und müssen feststellen, dass ihre Macht und die finanziellen Möglichkeiten begrenzt waren. Hinter den Kulissen machten sie energisch Druck, um Putin zu einer härteren politischen Linie zu drängen. Vieles spricht dafür, dass sie hinter den Kulissen versuchen, Putin zu einer noch härteren politischen Linie zu überreden. «Üben Sie Druck auf mich aus, soviel Sie nur können, denn Sie ahnen gar nicht, was für einen starken Druck die andere Seite auf mich macht», sagte Putin durchaus glaubwürdig bei einem Treffen mit der Menschenrechtskommission im Kreml, wie sich Glasnost-Schützer Simonow erinnert.

Natürlich sind die «Gruppen» um Putin bei genauerer Betrachtung weitaus weniger homogen als beschrieben: Es handelt sich keineswegs um straff organisierte «Seilschaften», eher um informelle Bündnisse von Leuten, die durch ähnliche Interessen und Überzeugungen zusammenfanden. Zur «KGB-Achse» werden Oligarchen des «neuen Typs» gerechnet wie der Putin-Freund und «orthodoxe Bankier» Pugatschjow oder die Führer staatlich kontrollierter Großkonzerne wie Rosneft und Gasprom; darüber hinaus zählen mehrere Gouverneure und Abgeordnete zu dieser Gruppe.

Unter Boris Jelzin lebten die jetzigen Rivalen – die Reichen und die «Apparatschiks» – in einer räuberischen Symbiose. Die Geld-Zaren brauchten die Beamten, um sich weiter vom Staat bedienen zu lassen – und die Staatsdiener waren auf die Oligarchen angewiesen, damit ihnen jemand zu ihren lächerlichen Staatsgehältern ein paar Nullen hinzufügte. Gemeinsam plünderten sie den Staat aus, am Ende führte der Raubzug zu Chaos. So drohten beide Seiten zu Verlierern zu werden. Der kleinste gemeinsame Nenner, auf den sie sich einigen konnten, war Putin. Mit seinem Einzug in den Kreml war der Kampf nicht entschieden, sondern unterbrochen. Doch der Burgfrieden hielt nicht lange.

Countdown im Zeitraffer Die Schlacht beginnt am 2. Juli 2003 mit einer ungewöhnlichen Visite. Als die Tür zum Krankenzimmer aufgeht, treten keine Schwestern herein, sondern schlecht rasierte Männer in Uniformen. Der Patient im Moskauer Wischnjewski-Spital kann sich kaum anziehen, da legen ihm die Männer Handschellen an, führen ihn über den Flur und drücken ihn in einen Miliz-Wagen. Der Patient, der sofort ins berüchtigte Moskauer Geheimdienst-Gefängnis Lefortowo eingeliefert wird, ist einer der reichsten Männer Russlands: Platon Lebedew, Dollar-Milliardär und einer der Großaktionäre von Jukos, Russlands größtem Konzern und Vorzeigeunternehmen, das nach einer geplanten Fusion fast jeden dritten Liter Öl im Lande fördern will.

Die Haftrichterin entscheidet, dass Lebedew statt im Krankenbett im Gefängnis bleiben muss. «Er ist in einem sehr schlechten Zustand, und vielleicht hat er gar nicht verstanden, was man ihm vorwarf», klagt sein Rechtsbeistand. Fünf Tage lang lassen die Wärter die Anwälte nicht zu Lebedew vor, unter anderem, weil angeblich alle Besprechungszimmer im Lefortowo-Gefängnis belegt sind. Für Vernehmungen Lebedews findet sich dagegen Platz. Die Staatsanwaltschaft weist alle Vorwürfe zurück: Lebedew sei nicht krank gewesen, sondern habe simuliert, und die Anwälte hätten offenbar gar nicht mit ihm sprechen wollen.

Lebedews Arrest wird zunächst wegen Fluchtgefahr verlängert, eine weitere Verlängerung erfolgt mit dem Hinweis, eine Freilassung könne möglicherweise die Ermittlungen gefährden. Als diese beim nächsten Haftprüfungstermin bereits abgeschlossen sind, begründet die Juristin eine nochmalige Verlängerung plötzlich mit besonderer Fürsorge, wie die Zeitung «Kommersant» berichtet:

Es liege schließlich im eigenen Interesse Lebedews, dass er in den nächsten Monaten möglichst rasch und ungestört die 146-bändige Anklageschrift studieren könne.

Unweigerlich kommen einem Putins Worte von der «Diktatur des Gesetzes» in den Sinn – nur die Betonung verrutscht etwas. Im Fernsehen erwähnen die Nachrichtensprecher die Klagen des inhaftierten Jukos-Managers allenfalls am Rande. Mehr als ein Jahr vor Lebedews Festnahme hatte die Duma eine neue Prozessordnung in Kraft gesetzt, die gerade im Westen als großer Fortschritt gelobt wurde. Der Fall des Jukos-Großaktionärs bestätigt jedoch, was Rechtsanwälte seit langem beklagen: Dass zwar ein neues Gesetz existiert, aber Richter und Staatsanwälte sich nicht darum kümmern.

Die plötzliche Eile der Strafverfolger wirkt verwunderlich, denn die Vorwürfe gegen den grau melierten Milliardär liegen fast neun Jahre zurück und sind mit einem Vergleich beigelegt. Als Bevollmächtigter der Menatep-Bank soll Lebedew 1994 bei der Privatisierung für 225 000 Dollar Aktien des Düngemittelkonzerns «Apatit» im Wert von rund 280 Millionen Dollar vom Staat gekauft haben – wofür er zusagen musste, seinerseits Geld in den Betrieb zu investieren. Diese Zusage habe Menatep nie eingehalten, glauben die Staatsanwälte. Ein Vorwurf, der trotz der hohen Summe unter Moskaus Neureichen nur mildes Lächeln hervorruft. Es gibt kaum Privatisierungen, bei denen der Staat nicht betrogen wurde.

Parallel zu Lebedew startet die Staatsanwaltschaft Ermittlungen gegen weitere Mitarbeiter von Jukos. Dem Jukos-Sicherheitschef werfen die Ankläger Mord vor. Über Monate hinweg werden die Archivräume der Konzern-Zentrale in Moskau immer wieder durchsucht, Mitarbeiter müssen sich wie Schwerkriminelle auf den Boden legen, mit dem Gesicht nach unten. Auch Konzern-Chef Michail Chodorkowski, den reichsten Mann Russlands, bestellen die Staatsanwälte zum Verhör ein.

So viel plötzlicher Ermittlungseifer gegen eine einzige Firma beweise, dass da «Callgirls in der Staatsanwalts-Uniform am Werk sind», erregt sich Wladimir Lukin, Vize-Präsident des Parlaments und Ex-Botschafter in Washington. Selbst Ministerpräsident Michail Kassjanow findet deutliche Worte – höchst ungewöhnlich bei einem laufenden Ermittlungsverfahren. Es mache keinen Sinn, beim Verdacht auf Wirtschaftsstraftaten die Verdächtigen vor einem Urteil wie gewöhnliche Kriminelle zu behandeln, mahnt der Premier. Allerdings vergeblich. Lebedew bleibt in Haft.

Mit der Aktion gegen den Ölkonzern Jukos endet im Frühsommer 2003 fünf Monate vor der Parlaments- und acht Monate vor der Präsidentschaftswahl endgültig der Burgfrieden im Kreml. Der Kampf um Putin ist offen ausgebrochen – und damit auch die Schlacht um seine Nachfolge. Das mühsam ausbalancierte Gleichgewicht zwischen den Oligarchen auf der einen und den «Bürokraten» und Geheimdienstlern auf der anderen Seite, den «Silowiki», droht zu kippen.

Erste Anzeichen für die Konfrontation waren schon im Februar 2003 sichtbar geworden, als Putin an einem runden Tisch im Kreml ein paar Dutzend Wirtschaftsbosse zu einem der obligatorischen Gipfeltreffen empfing. «Am wichtigsten bei solchen Treffen ist es, dem Präsidenten nichts ins Gesicht zu sagen, was ihm nicht behagt, denn sonst ist er schnell und oft grundlos beleidigt», berichtet der Vertraute eines Oligarchen über den Verhaltenskodex bei den Kreml-Konferenzen.

Doch einer der Superreichen hielt sich nicht an die Regeln. Vor laufender Kamera beklagte sich Jukos-Chef Michail Chodorkowski beim Präsidenten bitter über Korruption, Amtsmissbrauch und die unfairen Taktiken des staatlichen Ölkonzerns und Jukos-Konkurrenten Rosneft – dem wiederum enge Kontakte mit der KGB-Schiene im Kreml nachgesagt werden.

Chodorkowski verkörpert den Wandel vom Raub-Kapitalismus zum modernen Unternehmertum wie kein zweiter Oligarch. Auf alten Fotos ist ein linkischer Mann zu sehen mit etwas trübem Blick durch eine getönte Hornbrille Marke Jaruzelski unter einer Frisur wie einer Pelzmütze – ganz die Inkarnation des alten, sowjetischen Russlands, etwas steif und undurchsichtig zugleich.

Ohne Bart, mit Designer-Brille, grau melierter, windschnittiger Mode-Frisur und salopp offen stehendem Kragen tritt Chodorkowski heute vor die Kamera. Als einziges Kind einer Arbeiterfamilie durfte der Milliardär einst trotz bester Noten nicht den Wunschjob in einer Waffenfabrik antreten, weil in seinem Pass als Nationalität «Jude» stand und er den Sicherheitsbehörden damit grundsätzlich als verdächtig galt. Er schloss sich dem kommunistischen Jugendverband Komsomol an. Die Jungkommunisten beschäftigten sich in diesen Jahren mit allem außer Ideologie – Chodorkowski betrieb Medienberichten zufolge ein Café, ließ Jeans schneidern und Babuschka-Puppen mit Politiker-Porträts bemalen. In einem Kellerraum gründete er später die Menatep-Bank. Kritiker behaupten, sie habe mit Tschernobyl-Hilfsgeldern spekuliert. Später durfte seine Bank unter anderem die Milliarden-Konten des Finanzministeriums und des Moskauer Rathauses verwalten – ein lukratives Geschäft.

Der große Coup gelang Chodorkowski, als seine Bank 1995 mit der Versteigerung des zweitgrößten russischen Ölunternehmens Jukos beauftragt wurde. Für 350 Millionen Dollar kaufte eine Firma mit dem Namen Laguna drei Viertel des Ölkonzerns. Alle Konkurrenten, die mehr geboten hatten, wurden von der Aktion ausgeschlossen – unter skandalösen Umständen, wie das österreichische Magazin «Profil» schrieb. Später stellte sich heraus, dass hinter dem Aktionsgewinner Laguna Chodorkowski stand. Als die Jukos-Aktien zwei Jahre später an die Börse kamen, war das Unternehmen neun Milliarden Dollar wert.

Ein Jahr nach dem Geldsegen zahlte Chodorkowski dem Kreml seine Schuld zurück – im Wahlkampf 1996 unterstützte er Boris Jelzin. Kritiker sagen Jukos wie den meisten russischen Konzernen ruppige Methoden nach. Viele Kleinanleger sollen die Mehrheitseigner mit Hütchenspieler-Tricks um ihr Vermögen gebracht haben. Mehrere Gegner des Ölgiganten kamen demzufolge ums Leben, wie etwa der Bürgermeister der Ölstadt Neftejugansk sowie der Geschäftsführer eines Bauunternehmens und einer Ölfirma. Die Staatsanwaltschaft nahm in diesen Fällen Ermittlungen auf; Jukos wies die Vorwürfe zurück und sprach von Propaganda.

Aber wirkliche Übeltaten und Verbrechen haben sich im heutigen Russland mit Gerüchten und Verleumdungen bis zur Unkenntlichkeit vermischt. Einerseits verlaufen die Grenzen zwischen Macht und dunklen Machenschaften, zwischen Mafia und Wirtschaft oft fließend; auf der anderen Seite sind über jeden halbwegs bekannten Politiker oder Geschäftsmann ehrenrührige Gerüchte im Umlauf, die zumindest zum Teil von den jeweiligen Konkurrenten stammen – und von deren Spezialisten für «schwarze PR», die neurussische Variante des Rufmords. Chodorkowski selbst räumt ein, dass zumindest am Anfang seiner Karriere nicht alles mit rechten Dingen zuging.

Chodorkowski hat als einer der ersten Oligarchen erkannt, dass im immer stärker globalisierten Geschäft nur Offenheit und Modernität Erfolg und den Zufluss von neuem Kapital sichern. Binnen weniger Jahre stülpte er dem früher sowjetisch geprägten Unternehmen eine westliche Firmenkultur über. Der Konzern gibt große Summen für gemeinnützige und soziale Zwecke aus, bemüht sich um Offenheit und Gesetzestreue, auch wenn Kritiker behaupten, es handle sich nach dem Vorbild des Kreml in vielem auch um Fassadenkosmetik für westliche Geschäftspartner und Investoren.

Auch außerhalb der Konzernzentrale orientierte sich der Amerika-Fan Chodorkowski am Westen. Während Oligarchen-Kollegen wie Wladimir Potanin kräftig für die Putin-Partei «Einiges Russland» spendeten und keine Gelegenheit ausließen, dem Kreml zu Diensten zu sein, zeigte Chodorkowski Eigenständigkeit und griff der klammen Opposition unter die Arme. Überweisungen erhielten die liberale Jabloko-Partei ebenso wie die «Union Rechter Kräfte» und angeblich sogar die Kommunisten, was der Unternehmer selbst aber bestreitet.

Chodorkowskis Ziel war es, bei den Parlamentswahlen im Dezember 2003 knapp ein Drittel der Mandate mit Leuten zu besetzen, die ihm verbunden waren – um damit ein Gegengewicht gegen die Kreml-Parteien zu schaffen. Dort wollte er vor allem eine Zwei-Drittel-Mehrheit für das Putin-Lager im Parlament verhindern, die der Präsident und seine Getreuen für Verfassungsänderungen benötigen würden, etwa für eine Verlängerung seiner Amtszeit oder die Aufhebung der Beschränkung auf maximal zwei Amtsperioden. Mit seinem Kampf um die Herrschaft in der Duma forderte Chodorkowski vor allem die «KGB-Achse» um Putin heraus.

Wie schon 1996 unter Boris Jelzin standen sich im Jahr 2003 im Kreml vor der Wahl wieder Wirtschaftsbosse und Uniformierte gegenüber; beide Seiten buhlten darum, dem Präsidenten zu einer Mehrheit in der Duma und zur Wiederwahl zu verhelfen – in der Hoffnung auf Gegenleistungen.

Präsidialamtschef Woloschin, der alte Jelzin-Mann, setzte alle Hebel in Bewegung, um Putin zu überzeugen, dass der Kreml im Wahlkampf auf das Geld der Oligarchen angewiesen sei – und nur mit deren Hilfe bei der Duma- und der Präsidentschaftswahl wieder auf eine bequeme Mehrheit zählen könne. 1996 musste Jelzin für die entsprechende Hilfe der Geldzaren noch enorme Gegenleistungen aus der Staatskasse gewähren. Dank der neuen Stärke des Staates konnte der Kreml die Geldzaren im Jahr 2003 mit passenden Druckmitteln, wie etwa der Staatsanwaltschaft, auch für geringeren Dankeszoll zur Spendierfreude bewegen.

Die «KGB-Achse» konnte ihrem Hauptkonkurrenten Woloschin die Rolle des Königsmachers im Wahlkampf nicht einfach überlassen; sie musste etwas anderes unternehmen, um gegenüber den Oligarchen zu punkten, dem Präsidenten ihre Nützlichkeit zu beweisen und sich seine Dankbarkeit zu sichern.

Als Zielscheibe bot sich Chodorkowski fast von alleine an. In Moskau wurde spekuliert, der Multi-Milliardär liebäugle mit einer Kandidatur für das Präsidentenamt; entsprechende Gerüchte könnten zwar durchaus eine Desinformations-Kampagne nach altem KGB-Muster sein. Tatsächlich aber hatte der Oligarch mit seiner Unterstützung für die Kreml-Gegner dem Präsidenten den Kampf angesagt – und die alte Vereinbarung aufgekündigt, wonach sich die Oligarchen zumindest nach außen aus der Politik heraushalten sollten und dafür im russischen Staats-Monopolismus weiter vorrangig behandelt würden.

Chodorkowski steht, was Anspruch und Zielsetzung betrifft, nicht weit von Putin entfernt, wie der Russland-Kenner Peter Schulze in einem Essay zur Jukos-Affäre schreibt: Beide wünschen sich eine wirtschaftlich starke, politisch stabile und sozial ausgeglichene Gesellschaft und wollen das Land wieder zu einer geachteten, mit dem Westen befreundeten Großmacht machen. Für beide sind diese Ziele wichtiger als demokratische Grundprinzipien. Doch während sich Putin den Staat als bestimmende Kraft wünscht, setzt Chodorkowski auf die Wirtschaft. Der Präsident und seine KGB-Kollegen sehen die Behörden als zentralen Motor; vom Kreml aus möchten sie mit Hilfe von Ukassen und Bürokraten die Voraussetzung für Fortschritt und Erneuerung in dem riesigen Land schaffen. Chodorkowski dagegen fordert, die Wirtschaft von den bürokratischen Fesseln und gesellschaftlichen Bürden zu befreien, damit sie sich frei entwickeln und das Land vorwärts bringen kann.

Der Konflikt der Neo-Bürokraten mit den Neo-Liberalen hatte sich lange angebahnt. Die Interessen der russischen Wirtschaftsführer entfernten sich seit einigen Jahren immer weiter von denen des Apparates: Brauchten die Neureichen früher die Staatsdiener, damit sie ihnen gegen diskrete Zahlungen Staatseigentum zuschanzten, so war die Beute nun verteilt. Aus den Raub-Kapitalisten wurden Konzernlenker, die ihren Reichtum nicht mehr einfach durch den Erwerb von Staatsbetrieben mehren konnten und sich deshalb auch im Ausland nach neuen Geldquellen umsehen mussten.

Die jungen «Business-Meni» wollen westliches Kapital nach Russland holen und investieren immer öfter auch im Westen, wie etwa der Moskauer Lukoil-Konzern, der die US-Tankstellenkette Getty mit 1263 Tankstellen und 6000 Mitarbeitern an der amerikanischen Ostküste übernahm – mitsamt Zapfsäule in Manhatten.

Doch die Behörden bremsen den West-Drang – denn wo das Geld ins Ausland fließt, ist es ihrer Kontrolle entzogen: Legale Investitionen jenseits der Grenze sind für viele Firmen deshalb mit erheblichen Schwierigkeiten verbunden. Selbst die Manager des Giganten Gasprom mussten mit vielen guten Worten und wohl auch Taten aktiv werden, bevor sie für den Ausbau ihres europäischen Vertriebsnetzes ausländische Firmen kaufen und Technik exportieren durften. Als der Ölkonzern TNK mit British Petroleum für mehrere Milliarden Dollar einen westlichen Partner ins Haus holte, war dies auch ein Alarmsignal für den Kreml: Wo westliche Manager die Konzernzentralen beherrschen, nimmt der Einfluss der Beamten ab. Für heftigen Argwohn sorgte auch die geplante Fusion zwischen Chodorkowskis Jukos und Sibneft, dem Konzern des Jelzin-Intimus Roman Abramowitsch, mit der der weltweit viertgrößte Ölkonzern entstehen sollte. Der Öl-Baron wollte zudem einen US-Partner ins Unternehmen holen und machte mit eigenen Plänen für eine China-Pipeline den Geo-Strategen im Kreml Konkurrenz, die nicht zuletzt mit Hilfe der russischen Rohstoffe Putins Traum von neuen Großmacht-Ehren verwirklichen wollen.

Schon Anfang Juni 2003 stand Jukos zunehmend unter Druck. Im Internet erschien ein Aufsatz eines gewissen «Rates für nationale Strategien», der vor einem «Putsch der Oligarchen» in Moskau warnte: Die Super-Reichen monopolisieren demzufolge die Reichtümer Russlands. Unter Putin habe die Konzentration des

Kapitals ihren Höhepunkt erreicht, und Ministerpräsident Kassjanow und Präsidialamtschef Woloschin stünden in den Diensten der Konzern-Lenker, heißt es – durchaus zutreffend – in dem Bericht, der im ganzen Land für großes Aufsehen sorgte.

Anfang 2003 seien die Oligarchen zu dem Schluss gelangt, der Präsident sei weniger ein Garant ihrer Interessen als vielmehr eine Gefahr. Deshalb wollten sie das Machtzentrum aus dem Kreml ins Parlament verlagern, da die Abgeordneten vor und nach der Wahl leichter zu manipulieren seien. Behauptungen, die nicht völlig abwegig sind – aber auch kein Grund, von einem Putsch zu sprechen. Schließlich war es Monate zuvor Putin selbst, der in seiner Rede an die Nationalversammlung mit dem Gedanken spielte, wie etwa in Deutschland die Regierung von der Parlaments-Mehrheit wählen zu lassen, statt sie selbst zu ernennen.

Der Bericht über den «Putsch der Oligarchen» mit seiner treffenden Analyse und der merkwürdigen Schlussfolgerung, dass ein Putsch drohe, gilt in Moskau als Auftragsarbeit der «KGB-Achse» im Kreml – die damit den Präsidenten und die öffentliche Stimmung für eine Attacke gegen die Konzerne vorbereiten wollte. Wurden bei den Wahlen 1996 die Kommunisten zu Schreckgespenstern gemacht und 1999/2000 die Tschetschenen zu Volksfeinden, so sollten diesmal offenbar die Geldzaren – und neben ihnen die Korruptionäre – als Feindbild im Wahlkampf herhalten. Während die Oligarchen in den Anhängern eines starken Staats im Kreml vor allem eine Wachstumsbremse sehen, halten die Apparatschiks den Superreichen vor, das Land auszuplündern und nur an den eigenen Geldbeutel zu denken.

Tatsächlich werden 70 Prozent des russischen Bruttosozialprodukts von 20 bis 30 Business-Clans kontrolliert. Nur zwölf Prozent des russischen Bruttosozialproduktes werden laut Handelskammer von Betrieben mittlerer Größe erwirtschaftet – wünschenswert wären nach Ansicht von Fachleuten rund 50 Prozent. Zum einen erdrücken die Konzerne jede Konkurrenz, zum anderen fehlen nach 70 Jahren Kommunismus die Wurzeln für selbstbewusstes Unternehmertum. So sind etwa selbst die unzähligen Restaurants in Moskau überwiegend in der Hand von großen Konzernen, Verwandten von städtischen Beamten oder der Mafia.

In vielen Bereichen existiert noch immer kein echter Wettbewerb – im Gas- oder im Bankensektor etwa wehren sich die einheimischen Marktführer energisch gegen Konkurrenz.

Nach wie vor ist die russische Wirtschaft abhängig vom Rohstoff-Export wie ein Drogenabhängiger von der Nadel. Der deutliche wirtschaftliche Aufschwung ist nicht zuletzt auf die hohen staatlichen Einnahmen dank des hohen Ölpreises zurückzuführen. Dabei kann die russische Gas- und Ölindustrie selbst bei hohen Rohstoffpreisen und florierendem Geschäft nach Ansicht von Experten allenfalls 40 bis 50 Millionen Russen ernähren, Familienmitglieder der Arbeiter und Angestellten mitgerechnet.

17 Dollar-Milliardäre stehen 40 Millionen Menschen gegenüber, die an der Armutsgrenze leben. Drei von vier Russen schätzen die Rolle der Oligarchen als schädlich ein, 77 Prozent sind der Meinung, die Ergebnisse der Privatisierung müssten ganz oder teilweise revidiert werden, wie im Herbst 2003 eine im Auftrag der Wirtschaftszeitung «Wedomosti» erstellte Umfrage ergab. Zum großen Teil schöpften die Geldzaren einfach ihre Gewinne in Russland ab und transferierten sie in den Westen, statt sie zu Hause wieder zu investieren, klagt Ex-Ministerpräsident Jewgeni Primakow, der heute die Industrie- und Handelskammer Russlands leitet: «Unsere Ölbarone denken nicht an morgen, sie investieren nicht einmal genug in die Erforschung neuer Lagerstätten.» Rechnungshofchef Stepaschin attackiert den «Banker der Jelzin-Familie» Abramowitsch, weil der rund 215 Millionen Euro für den Kauf des britischen Fußballclubs FC Chelsea ausgab – Geld, das in die russische Wirtschaft gehöre.

Ein Freund der Jelzin-«Familie» wiegelt ab: «Das ist alles eine

Schlacht um Einfluss hinter den Kulissen, Säbelrasseln fürs Volk vor den Wahlen.» Doch die Anzeichen für ein böses Ende verdichten sich. Als am 3. Oktober 2003 die «Financial Times» meldet, der amerikanische Öl-Multi Exxon Mobil wolle bei Jukos einsteigen, stürmen Männer mit Kalaschnikows die Häuser von Chodorkowski und Vertrauten. Geheimpolizisten sprechen in der Schule der zwölfjährigen Tochter des Konzern-Chefs vor; sie befragen Lehrer nach dem Kind und lassen sich ein Dossier zusammenstellen. Selbst in den Mafia-Kriegen der neunziger Jahre hätten die Verbrecher die Kinder nicht angetastet, kommentiert die «Nowaja gaseta» die Geheimdienst-Aktion spitz. Die Staatsanwaltschaft lässt ein Waisenheim durchsuchen, das von Jukos finanziert wird, lädt einen Anwalt der inhaftierten Jukos-Leute zum Verhör vor und durchsucht seine Kanzlei – ein dreister Angriff auf das Anwaltsgeheimnis. Die «Schocktherapie» trägt die Handschrift des KGB. Sie soll den vom Saulus zum Paulus gewandelten Vorzeigeunternehmer offenbar zum Aufgeben und zur Flucht ins Ausland bewegen. «Wehret den Anfängen» sagten sich die «Apparatschiks» angesichts von Chodorkowskis Kampf für eine offenere Gesellschaft, glaubt der Duma-Abgeordnete Mitrochin: «Wer halbwegs ehrlich Steuern zahlt, ist nicht so erpressbar und hat weniger Grund, Beamten Bakschisch zu bezahlen. Und das Beispiel könnte Schule machen.»

Doch der Milliardär zeigt sich stur: Er gehe lieber ins Gefängnis, als zu emigrieren.

In den frühen Morgenstunden des 25. Oktober 2003, einem Samstag, eskaliert die Situation. Chodorkowski macht auf einer Reise durch die Regionen einen Zwischenstopp in Nowosibirsk. Uniformierte Geheimdienstler mit Masken und Sturmgewehren stürmen die Gangway hoch und treten die Tür zum Salon ein – als ginge es um einen gemeingefährlichen Terroristen. Einen Haftbefehl haben die FSB-Leute nicht, nur einen «Vorführungsbeschluss». Die offizielle Begründung für die grobe Aktion ist absurd:

Der Milliardär sei zu einer Befragung nicht erschienen – dabei war Chodorkowski nicht als Beschuldigter, sondern als Zeuge geladen und hatte zudem um eine Terminverlegung gebeten. Wegen mutmaßlicher Wirtschaftsverbrechen erlässt ein Moskauer Gericht später Haftbefehl; der Milliardär kommt in eine Vier-Mann-Zelle ins berüchtigte Moskauer Gefängnis «Matrosenruhe».

Russlands Reformer stehen unter Schock: Das Wort vom KGB-Putsch im Kreml macht die Runde. An Moskaus Börsen brechen die Aktienkurse ein. «Wir leben ab jetzt in einem anderen Land», warnt die Politologin Lilija Schewzowa: «Putin mag das selbst noch nicht verstehen, aber er hat sich jetzt endgültig in die Fesseln der KGB-Leute begeben.» Tatsächlich reicht Präsidialamtschef Woloschin, als ausgebuffter Machtstratege die Stütze des Systems und als alter Jelzin-Mann auf der Seite von Jukos, verbittert seinen Rücktritt ein. Vergeblich versucht Putin, ihn zum Bleiben zu bewegen – ein Anzeichen dafür, dass dem Präsidenten selbst nicht sonderlich wohl ist in seiner Haut. Wie so oft hüllt er sich in Schweigen. Erst zwei Tage nach der Festnahme findet er in der Öffentlichkeit Worte – am Kabinettstisch. Den Ministern kaum in die Augen blickend, mit den Händen seinen Notizblock umklammernd, liest er mit starrer Miene und bellender Stimme einen Text ab – ganz gegen seine Gewohnheit. Kritik an der Justiz verbittet sich der Präsident; sie sei auf Demokratie und Recht geeicht, es handle sich um eine unabhängige Gerichtsentscheidung – dabei hat kaum jemand Zweifel, dass der Befehl zum Zugriff von ganz oben kam. Alle seien gleich vor dem Gesetz, egal ob einfacher Bürger oder Wirtschaftsboss, beteuert Putin. Offenbar aber nicht ganz gleich – denn insgesamt werde die Privatisierung nicht neu aufgerollt, verspricht der Präsident ein paar Sekunden später. Dem Kabinett verbietet er jeden Kommentar. Die Kamera hält strikt auf Putin, zeigt nicht die Reaktion der Minister. Als wären auch die Börsen vom Kreml aus zu steuern, befiehlt der Staatschef, die «Hysterie zu beenden». Fragen lässt er nicht zu – mehr als eine Woche lang darf niemand nachhaken: Politik unter Ausschluss der Öffentlichkeit, wie zu sowjetischen Zeiten. Wenig später lobt Putin bei einem Treffen mit ausländischen Geschäftsleuten das Investitionsklima in Russland.

So tief sitzt der Schrecken bei den Reichen und Mächtigen in Moskau, dass sich die meisten Konzernlenker und sogar viele Politiker vor Äußerungen zur Jukos-Affäre drücken und regelrecht vor Journalisten weglaufen – der Präsident eingeschlossen. «Die Angst geht um», titelt die Zeitung «Kommersant». Die Experten sehen schon eine neue Kapitalflucht aus Russland. Während der Verband der deutschen Wirtschaft in Moskau der Festnahme Positives abgewinnt und erklärt, es seien eben die Rechtsstandards erhöht worden, herrscht unter deutschen Geschäftsleuten Unbehagen. Als die Staatsanwaltschaft kurz darauf auch noch ein 44-prozentiges Jukos-Aktienpaket von Chodorkowski und seinen Vertrauten beschlagnahmen lässt, geht im Westen die Angst vor einer neuen Verstaatlichung in Russland um.

Das gleichgeschaltete Fernsehen kocht die Jukos-Affäre auf Sparflamme. Die Berichte sind oft haarsträubend einseitig; selbst der Aktien-Crash wird bei der Nachrichtenagentur Ria-Nowosti noch als gute Nachricht verkauft, weil man jetzt doch billig einsteigen könne. Der Arrest des Milliardärs pünktlich vor der Wahl werde bei den Russen gut ankommen, weil die Oligarchen verhasst sind, glaubt der Meinungsforscher Leonid Sedow. Tatsächlich zweifelt kaum jemand daran, dass die Vorwürfe gegen Chodorkowski berechtigt sind: Die Frage ist nur, warum die Staatsanwaltschaft, zumindest bislang, bei den anderen Superreichen beide Augen zudrückt und Rechtspflege nach Belieben betreibt – was nichts anderes ist als Willkür.

Das Fundament für Russlands neue Wirtschaft ist in der Tat auf gewaltiges Unrecht aufgebaut. Aber wenn es ins Schwanken gerät, könnte sich das Land erneut jahrelang nicht erholen. Ein Ausweg wäre ein Sozialpakt nach dem Motto «Amnestie gegen Investitionen und soziale Abgaben» – aber nicht Aktionen mit der Kalaschnikow im Anschlag. Die möglichen Folgen zeigte schon Anfang Oktober 2003 die Zentralbank auf: Aus Angst vor einer neuen Umverteilung bringen Russen ihr Geld ins Ausland – allein in den ersten drei Monaten nach Beginn der Jukos-Affäre 7,7 Milliarden Dollar, fast so viel wie im gesamten Vorjahr. Dies ist ein gefährliches Signal. Vieles spricht aber dafür, dass es dem Kreml weniger um eine Neuverteilung geht als darum, sich die strategisch wichtigen Ölreserven zu sichern – und die Oligarchen einzuschüchtern.

Mit der Jukos-Krise im Oktober 2003 hat Wladimir Putin seinen Drahtseilakt im Kreml beendet und einen Schlussstrich unter seine erste Amtszeit gezogen. Einiges spricht dafür, dass er dabei weniger treibende Kraft als vielmehr ein Getriebener war. Die KGB-Schiene war jedenfalls nicht mehr bereit zu warten. Das Machtgefüge im Kreml geriet völlig aus dem Gleichgewicht. Solange sich Putin auf mehrere Gruppierungen stützte, konnte er diese nach dem Motto «Teile und herrsche» gegeneinander ausspielen – und wurde als «oberster Schiedsrichter» gebraucht. Er musste wissen: Sobald er einer Gruppe zum endgültigen Sieg verhilft, wäre er für sie auf Dauer nicht mehr unentbehrlich – er müsste sie entweder eisern im Griff haben oder fürchten, dass sie ihn fallen lässt. Offenbar in Kenntnis dieser Gefahr setzte Putin als Nachfolger von Woloschin keinen seiner KGB-Männer, sondern seinen Petersburger Vertrauten Dmitri Medwedjew, einen pausbäckigen Liberalen mit dem Charme eines Vorstandsreferenten, als Präsidialamtschef ein und stellte ihm einen liberalen Vize zur Seite. Ob das reicht, um wieder ein Gleichgewicht der Kräfte herzustellen, ist fraglich: Im Vergleich mit dem altgedienten «Kreml-Machiavelli» Woloschin ist Medwedew ein politisches Leichtgewicht. Wenn der Jelzin-Clan tatsächlich seine Positionen an den Hebeln der Macht räumen muss, ist zu befürchten, dass Medwedew weniger zu einem Gegengewicht zur KGB-Schiene wird als zum liberalen Feigenblatt.

Ausblick

Jeder kann im Russland unter Wladimir Putin das Land finden, das er sucht. Das Russland im Aufbruch, in dem nach Jahren des Chaos politische Stabilität herrscht, in dem wichtige liberale Reformen erfolgten, die Wirtschaft bis zu sieben Prozent pro Jahr wächst und sich der Rubel zum ersten Mal nach Jahren wieder stabilisiert hat. Ein Russland, das seinen Beamten und Rentnern wieder regelmäßig Geld zahlt und immer mehr ausländische Investoren anlockt.

Das autoritäre Russland, in dem Demokratie nur gespielt wird, wo Willkür herrscht, jeder Verkehrspolizist sich als kleiner Tyrann aufführt, die Behörden die Menschen gängeln, ausländische Investoren mit Bestechlichkeit der Behörden zu kämpfen haben, in dem das Fernsehen wie zu Sowjetzeiten die Mächtigen lobpreist und ein Stadtspaziergang für Menschen mit dunkler Hautfarbe zum Spießrutenlauf werden kann.

Das kriminelle Russland, in dem die Mafia nach der Macht strebt, Milizionäre einerseits Unschuldigen Drogen und Waffen unterschieben und sich andererseits weigern, bei Diebstählen und Betrug auch nur eine Strafanzeige aufzunehmen.

Das westliche Russland, allen voran die Boomstadt Moskau, die sich von der ewig-tristen Sowjet-Metropole in eine aufregende, herausgeputzte Weltstadt gewandelt hat, mit einer neuen, westlich orientierten Mittelschicht, einem Nachtleben, das in Europa keinen Vergleich scheuen muss, und mit der weltweit höchsten Dichte an Luxusautos.

Das rückständige Russland, vor allem in der Provinz, wo sich seit der Sowjetzeit oft kaum etwas geändert hat, Millionen Menschen am Rande der Armut leben und oft nur dank der Selbstversorgung dem Hunger entkommen, wo Tausende im Winter ohne Heizung in den eigenen Wohnungen frieren.

Und das unwiderstehliche Russland – mit der Gastfreundschaft, der Offenheit und dem Humor der Menschen, die hier leben.

So widersprüchlich alle diese verschiedenen Bilder von Russland sind – sie sind sämtlich ein Teil der Wirklichkeit.

Auch in Wladimir Putin kann jeder den Präsidenten finden, den er sucht. Den modernen Reformer, der Russland Richtung Westen führen will. Den Liberalen, der mit einer modernen Wirtschaftspolitik ausländische Investoren ins Land locken möchte. Den Großrussen, der versucht, dem riesigen Land wieder militärische Stärke und Weltgeltung zu verschaffen. Den Zaren, der Russlands politische Bühne beherrscht und keine Konkurrenz duldet. Oder den Zauderer, der stets gründlich abwägt, aber sich ebenso schwer tut, wenn nötig schnelle Entscheidungen zu treffen.

So unterschiedlich alle die Gesichter Wladimir Putins erscheinen – auch sie sind jeweils ein Teil der Wirklichkeit. Doch bleibt das Bild, das in Russland verbreitet wird, auffällig einseitig. Die meisten russischen Medien stellen Putin als Hoffnungsträger und Glücksfall für Russland dar, als den Supermann im Kreml. Die zahlreichen russischen Bücher über den Präsidenten lesen sich oftmals wie Heiligenfibeln oder erinnern an Partei-Lyrik sowjetischer Prägung; selbst den dunklen Momenten in Putins Herrschaft wie dem Untergang der «Kursk» oder dem Geiseldrama im «Nord-Ost»-Musical gewinnen sie noch viel Positives ab.

In der westlichen Berichterstattung über Russland wiederum verdichteten sich in den vergangenen Monaten die kritischen Tendenzen. Herrschte nach Putins Machtantritt das Bild vom Geheimdienstler vor, der mit eiserner Hand regiert und die Menschenrechte ignoriert, so wich diese Einschätzung nach dem 11. September 2001 größerer Zuversicht. Russland unter Putin schien auf dem Weg Richtung Westen zu sein. Allein das gewaltsame Ende des Geiseldramas im Moskauer «Nord-Ost»-Musical im Oktober 2002 verstärkte wieder die Kritik an Putins Tschetschenienpolitik und seiner autoritären Staatsführung; nach der Festnahme von Jukos-Chef Chodorkowski im Oktober 2003 schlug die Stimmung endgültig um. In der westlichen Presse nahmen die Warnungen vor einer Machtübernahme der Geheimdienstler und einer Rückkehr zu sowjetischen Methoden zu.

Zu seinem Amtsantritt beschwor Wladimir Putin eine Mischung aus alten russischen Ideen wie Patriotismus, Großmachtanspruch, starkem Staat und sozialer Solidarität mit für Russland neuen Vorstellungen wie Demokratie und Menschenrechten. In der Tat: Um das gewaltige Land wieder halbwegs regierbar und berechenbar zu machen, musste der neue Präsident die Zentralmacht stärken und die schlimmsten Fehlentwicklungen der Jelzin-Zeit korrigieren. Es ist ein kaum zu unterschätzender Verdienst, dass Putin Russland wieder Stabilität verlieh. Aber ebenso gravierend ist die Gefahr, dass diese Stabilität auf Bewegungslosigkeit und Starre gründet – entstand sie doch in erster Linie durch Verzicht auf Meinungsstreit, politische Pluralität und demokratische Prinzipien.

Die Diskrepanz zwischen Anspruch und Wirklichkeit hat in Putins Amtszeit in vielen Bereichen fast Ausmaße wie zu Sowjetzeiten erreicht: Da ist ständig von einer politischen Lösung in Tschetschenien die Rede, doch tatsächlich erweisen sich die dortigen Wahlen als Farce; da wird der Kampf gegen Bürokratie und Korruption beschworen, aber in Wahrheit wird ihnen neuer Nahrboden bereitet. Wie die KPdSU einst die Sowjetunion zum Paradies der Werktätigen erklärte, tun die neuen Mächtigen heute so, als sei Russland ein demokratischer Staat. Nur ist die Inszenierung heute geschickter und verwendet repressive Elemente nur in Einzelfällen, wie etwa in der Jukos-Affäre.

Wenn Putin sich als Demokrat bezeichnet, meint er das wohl

ehrlich und wirkt deswegen auf seine Gesprächspartner so überzeugend – nur hat er ein anderes Bild von der Demokratie als seine westlichen Partner, wie etwa die Gouverneurswahlen in Petersburg und die Urnengänge in Tschetschenien 2003 zeigen. Genauso wie der Großteil der Sowjet-Nomenklatur früher die kommunistische Ideologie zu einer zynischen Rechtfertigung für den Machterhalt genutzt hatte, ist eine Mehrheit der Russen heute in ihrem Innersten überzeugt, die Demokratie sei ebenfalls nur ein Spiel, ein neuer ideologischer Deckmantel für die alten politischen Geschäfte. Der Bruch mit der kommunistischen Vergangenheit und ihren Methoden ist in weiten Teilen der Elite – und auch der Bevölkerung – ein oberflächlicher, äußerlicher geblieben. Die russische Elite gehe mit dem eigenen Volk so rücksichtslos um und lebe auf seine Kosten, wie es normalerweise nur Besatzer mit eroberten Ländern und Völkern tun, glaubt der Moskauer Soziologe Leonid Sedow.

Wenn der Westen auf die Schein-Demokratie mit Lob statt Kritik reagiert und nur die ohne Zweifel vorhandenen positiven Aspekte betont, erweist er Putin und Russland einen schlechten Dienst. «Unser Problem ist, dass unsere Politiker glauben, dass im Westen alles genauso verlogen, finster und schmutzig läuft, dass es nicht anders geht», mahnt der Reformer Jawlinski im Vier-Augen-Gespräch geradezu flehentlich. «Die westlichen Politiker kommen nach Russland, klopfen unseren auf die Schulter und sagen, oh, wie schön, wie viel ihr schon erreicht habt. Weiter so! Unsere Politiker leben in der Lüge, haben die Mentalität von pubertierenden Jungen – sie überschätzen sich, sind bei Kritik sofort beleidigt, lassen sich nichts beibringen –, aber fordern ständig Taschengeld. Uns geht es wie den Zwergtannen in der Tundra. Warum bleiben die immer so klein und unterentwickelt? Weil sie nicht genügend Sonnenlicht bekommen. Gebt uns mehr Sonne, statt uns zu sagen, dass wir ausgewachsene Tannen sind!» Offenbar wolle der Westen aber kein demokratisches Russland, klagt Jawlinski: «Die westlichen Politiker halten uns Russen für unfähig zur Demokratie, fürchten und misstrauen uns. Sie haben lieber einen starken Mann im Kreml, der die Menschen streng an der Leine hält.»

Wenn etwa Bundeskanzler Schröder im Herbst 2001 eine «differenziertere Beurteilung» des Tschetschenien-Konfliktes anmahnte und damit mehr Verständnis für Russlands Kriegsführung meinte oder einer seiner Berater im Hintergrundgespräch guten Glaubens die peinliche Inszenierung einer Präsidentschaftswahl in der Kaukasus-Republik im Oktober 2003 trotz aller Vorbehalte als Schritt in Richtung politischer Lösung bezeichnete, dann ist dies ein fatales Signal.

«Lautsprecherpolitik bringt nichts», heißt es dazu aus dem Kanzleramt. Die Bundesregierung kritisiere Putin hinter verschlossenen Türen. Selbst wenn dies geschieht, so wird diskrete Kritik ihre Wirkung einbüßen, wenn man dem Präsidenten gleichzeitig vor laufender Kamera auf die Schultern klopft. Wie der Westen 1993 mit der bedingungslosen Unterstützung von Boris Jelzins Staatsstreich das Ende der Gewaltenteilung in Russland absegnete, so gibt er heute mit seinem Verzicht auf deutliche Worte seine stillschweigende Zustimmung zum Ende des demokratischen Experiments in Russland. Wie der Westen in China Menschenrechtsverletzungen in der Hoffnung auf gute Geschäfte mit Schweigen übergeht, so ist ihm auch in Russland der gewaltige Rohstoffreichtum des Landes und seine strategische Rolle als Bindeglied zwischen Asien und Europa, Islam und Christentum wichtiger als seine demokratische Entwicklung.

Teile der russischen Elite schwärmen vom chinesischen und chilenischen Modell – einer Mischung aus liberaler Wirtschaft und autoritärer Herrschaft. Alles sprach Ende 2003 dafür, dass auch Wladimir Putin diese Richtung gewählt hat – allerdings mit etwas eleganterer Gangart. Politisch setzt er nach den bisherigen Erfahrungen mehr auf Manipulation als auf Repression, versteckt die autoritären Grundpfeiler unter demokratischem Lack. Er will keine Rückkehr zur Planwirtschaft. Aber ebenso wie er seine «Demokratie» nicht dem freien Willen der Wähler überlassen möchte, wünscht er sich offenbar aber auch eine «gelenkte» Marktwirtschaft: Konkurrenz und Privatwirtschaft in einigen Bereichen, aber strikte staatliche Kontrolle von Schlüsselbereichen, vor allem Gas und Öl, Russlands Faustpfand im Kampf um internationale Bedeutung. Doch solange ein echter Wettbewerb in der Politik ebenso fehlt wie in weiten Teilen der Wirtschaft, wird Russland wie einst zu Zeiten des Kommunismus in seiner Entwicklung stehen bleiben.

Wo sich die Regierenden keiner freien und fairen Wahl stellen müssen, fehlt ihnen der Leistungsdruck. Wo bestechliche Beamte keine Strafe erwartet, fehlt ihnen jeder Anreiz, auf Bestechungsgelder zu verzichten. Wo Bestechung und Kontakte zur Politik über den wirtschaftlichen Erfolg von Unternehmen entscheiden, müssen diese sich nicht mit ihren Produkten profilieren. Wo die Menschen spüren, dass ihre Meinung nicht zählt, verlieren sie das Interesse an der Gesellschaft und an der Politik – wie die Gouverneurswahl in Petersburg im Oktober 2003 mit ihrem Minusrekord einer Wahlbeteiligung von 27 Prozent zeigte.

Die Befürchtungen vor einer Rückkehr zum autoritären Staat unter Putin haben sich weitgehend bestätigt. Die Entwicklung ist beunruhigend: Die Macht des Kreml wird weder durch ein unabhängiges Parlament noch durch Gerichte begrenzt, die wichtigen Medien sind gleichgeschaltet und die Geheimdienste keiner Kontrolle unterworfen. Es ist gut möglich, dass Putin für eine Übergangsperiode keine Alternative hatte. Doch nachdem die Anhänger einer «harten Hand» aus Geheimdienst und Militär immer einflussreichere Posten besetzten und immer mehr Machtinstrumente in die Hand bekamen, sind sie immer schwieriger zu bremsen und immer dreister in der Wahl ihrer Mittel – wie die Affäre um Jukos zeigt.

Dabei bestand bislang noch gar kein Anlass zu stärkerer Repression – vor allem, weil Wladimir Putin eine schwere Wirtschaftskrise erspart blieb. Dank günstiger Ölpreise und Reformschritten konnte er ein wirtschaftliches Wachstum verbuchen, das allerdings bereits unter seinem Vorgänger begonnen hatte und bislang bis auf einige Ausnahmen nur zaghaft zu strukturellen Reformen genutzt wurde. Die russische Wirtschaft ist weiter in der Hand der wenigen großen Konzerne und stark abhängig vom Rohstoff-Export.

Wie grundlegend Putins wirtschaftliche Erfolge sind, ist noch schwer abzusehen: Bislang blieb der russischen Wirtschaft unter dem neuen Präsident ihr Lackmus-Test erspart – ein starkes Absinken des Ölpreises. Auch wenn Moskau den Rubel trotz deutlicher Inflation teilweise künstlich stärkt und Preise und Löhne in einigen Bereichen wieder das überhöhte Niveau aus der Zeit vor der Krise 1998 erreichten, geben die Stabilisierung der öffentlichen Haushalte, die angelegten Reserven und ein langsamer Mentalitätswandel ebenso Anlass zu einem vorsichtigen wirtschaftlichen Optimismus wie die Ölpreis-Prognosen.

Zudem wäre selbst bei einer Krise kaum mit größeren Unruhen zu rechnen: Wie der Finanzkrach von 1998 zeigte, sind die Russen heute anders als etwa die Argentinier kaum geneigt, auf die Straßen zu gehen oder bankrotte Banken zu stürmen – eher suchen sie nach Verwandten oder Bekannten in den Finanzhäusern, um doch noch an einen Teil ihres Geldes zu kommen.

So wahrscheinlich es ist, dass Putin im Jahre 2008 irgendeinen Ehrenposten bezieht, sich damit freiwillig von der Macht verabschiedet, wie es die Verfassung vorschreibt, und so ein wichtiges Signal setzt, so unwahrscheinlich ist es, dass tatsächlich die Wähler entscheiden, wer sein Nachfolger wird – alles spricht dafür, dass sie erneut einen Kronprinzen oder den Sieger eines Kreml-Machtkampfes zum Abnicken vorgesetzt bekommen. Wie schon 1999 der «Jelzin-Clan» mit Putins Inthronisierung den sich abzeichnenden ersten demokratischen Machtwechsel in der russischen Geschichte verhinderte, so steht das Volk schon bei der Präsidentschaftswahl 2004 nicht vor einer wirklichen Alternative: Es gibt keinen echten politischen Wettbewerb mit einer halbwegs funktionierenden Opposition und keine freie Berichterstattung.

Selbst Kommunistenchef Gennadi Sjuganow, der ewige Zweite, ist im Fernsehen kaum präsent – allenfalls zeigt man ihn als zwielichtige Figur. Wladimir Putins Wiederwahl im März 2004 galt nicht deshalb schon vorab als sicher, weil die Menschen so zufrieden sind mit ihrem Präsidenten. Nach einer WZIOM-Umfrage glaubten im Sommer 2003 gerade einmal 20 Prozent der Russen, dass Putin die Probleme des Landes erfolgreich löse – ein Widerspruch zur verbreiteten Ansicht, die Menschen in Russland seien nach wie vor begeistert von ihrem Präsidenten. Immerhin 40 Prozent waren laut besagter Umfrage der Ansicht, Putin habe die Probleme des Landes zwar noch nicht gelöst, aber das könne ja noch passieren.

Wie dargelegt, ist Putins Handlungsfreiheit in vielem eingeschränkt – doch da er zum Alleindarsteller auf der politischen Bühne wurde, bleibt er auch der Einzige, der das System gegen die Interessen der vorherrschenden Clans und Dienste aufbrechen und von innen heraus reformieren könnte, zumindest in kleinen Schritten. Wladimir Putin muss sich entscheiden: Entweder er schlägt den eingeschlagenen Kurs fort, lässt weiter Demokratie inszenieren, stellt den Großmacht-Anspruch über das Schicksal der einzelnen Menschen und führt Russland Richtung Vergangenheit – oder er versucht doch noch, als Modernisierer in die russische Geschichte einzugehen. Nach der Jukos-Affäre spricht sehr wenig dafür, dass der Präsident eine solche radikale Wende vollziehen wird. Selbst wenn er es wollte – die Machtverhältnisse im Kreml stehen dagegen, und er müsste enorme Risiken auf sich nehmen.

So unverständlich und aussichtslos aus westlicher Sicht der

ewige Glaube der Russen an den guten Zaren sein mag – mangels Demokratie gibt es im Russland des Wladimir Putin wieder einmal keine Alternative dazu. Wie zu den Zeiten von Monarchie und Kommunismus zeigen der Staat und seine Beamten ihr hässliches Äußeres, sodass Millionen Russen, resigniert vom ständigen Ringen um das tägliche Brot, nur noch in einem einzigen Gedanken Trost finden – in der Hoffnung, dass sich hinter dem harten Gesicht doch ein guter, ein Segen bringender Kern verbirgt. Und bekanntlich stirbt die Hoffnung zuletzt.

Danksagung

Mein besonderer Dank gilt meiner Kollegin Irina Charitonowa, deren unermüdliche Hilfe und Recherche dieses Buch auf den richtigen Weg brachte, und meinem Lektor Jens Dehning, der ihm mit seinem enormen Einsatz die entscheidenden Striche verlieh.

Ich danke Wladimir Ryschkow, Leonid Sedow, Lilija Schewzowa, Andrej Rjabow, Roman Schlejnow, Sergej Mitrochin, Juri Skuratow, Alexej Wenediktow, Alexej Simonow, Sergej Grigorjanz, Valentin Gefter, Natalja Pasternak, Sergej Kowaljow, Georgi Satarow, Juri Lewada, Grigori Jawlinski, Jewgeni Primakow und Boris Nemzow stellvertretend für alle Gesprächspartner für den regen Austausch von Meinungen, Ideen und Informationen; besonders hervorheben möchte ich den zwischenzeitlich unter mysteriösen Umständen verstorbenen Juri Schtschekotschichin.

Meine Verbundenheit gilt dem Historiker Eberhard Riegele und den Russland-Experten Jens Hartmann, Peter Schulze und Dietmar Neutatz für ihre kompetenten Anregungen, meinen «Focus»-Kollegen Gudrun Dometeit für ihren stets fachkundigen Rat und Wolfgang Donauer für seine Hilfe beim Materialsammeln.

Entscheidenden Anteil am Entstehen dieses Buches haben Helmut Markwort, Ulrich Schmidla und Hanspeter Oschwald – mit ihrem Vertrauen haben sie mir nicht nur die Möglichkeit gegeben, für den «Focus» in Moskau zu arbeiten sowie Land und Leute immer besser kennen zu lernen – sie haben mir auch stets den Rücken gestärkt.

Danken möchte ich meiner Familie und meinen Freunden für Rat, Tat und jenen Beistand, der in Russland «moralische Unterstützung» genannt wird.

Weiterführende Literatur

Lilia Shevtsova: «Putin's Russia», Washington 2003.

Margareta Mommsen: «Wer herrscht in Russland. Der Kreml und die Schatten der Macht», München 2002.

Michael Thumann: «Das Lied von der russischen Erde. Moskaus Ringen um Einheit und Größe», Stuttgart 2002.

Jürgen Roth: «Die Gangster aus dem Osten. Neue Wege der Kriminalität», München 2003.

Florian Hassel (Hrsg.): «Der Krieg im Schatten. Russland und Tschetschenien», Frankfurt 2003.

Alexander Rahr: «Wladimir Putin. Der Deutsche im Kreml», München 2000.

Kerstin Holm: «Das korrupte Imperium. Ein russisches Panorama», München 2003.

Anna Politkowskaja: «Tschetschenien – die Wahrheit über den Krieg», Köln 2003.

Karl Grobe-Hagel: «Tschetschenien – Russlands langer Weg», Köln 2001.

Bettina Sengling, Johannes Voswinkel: «Die Kursk. Tauchfahrt in den Tod», Stuttgart 2001.

Hans-Georg Wehling (Hrsg.): «Russland unter Putin», Leverkusen 2003.

Dirk Sager: «Betrogenes Russland. Jelzins gescheiterte Demokratie», München 1998.

Paul Klebnikow: «Der Pate des Kreml. Boris Beresowski und die Macht der Oligarchen», München 2001.

Lothar Rühl: «Aufstieg und Niedergang des Russischen Reiches», Stuttgart 1992.

Wolfgang Büscher: «Berlin–Moskau. Eine Reise zu Fuß», Reinbek 2003.

Boris Reitschuster: «Briefe aus einem untergehenden Imperium», Berlin 1994.

Zeittafel Wladimir Putin

1952	Geburt in Leningrad (heute Sankt Petersburg)
1975	Abschluss des Jura-Studiums in Leningrad
1975–84	KGB-Offizier in Leningrad
1984–85	Besuch der KGB-Hochschule Nr. 1 in Moskau
1985–90	Auslandseinsatz für den KGB in Dresden. Als «politischer Agent» wirbt der Hauptmann und spätere Major Informanten an.
1990	Assistent des Rektors für Auslandsfragen, Universität Leningrad
	Berater des Vorsitzenden des Stadtparlaments, Anatoli Sobtschak
1991	Putin wird Mitglied der Petersburger Stadtregierung und Leiter des Komitees für Außenbeziehungen.
1992	Putin scheidet wenige Monate nach dem gescheiterten August-Putsch von Alt-Kommunisten gegen Gorbatschow 1991 als Oberstleutnant der Reserve aus dem aktiven KGB-Dienst aus.
	Vize-Bürgermeister von Petersburg, zuständig für Beziehungen zum Ausland und ausländischen Investoren
	Das Stadtparlament untersucht angebliche Unregelmäßigkeiten bei der Vergabe von Export-Lizenzen durch Putin.
1994	Erster Vize-Bürgermeister von Petersburg, zuständig für Auslandsbeziehungen, Zusammenarbeit mit der Miliz und dem Parlament, Leiter der «Kommission für operative Fragen»
1995	Leiter der Petersburger Abteilung der Kreml-Partei «Unser Haus Russland»

Februar 1996	Auf dem Weltwirtschaftsforum in Davos vereinbaren russische Konzernchefs, Boris Jelzins Wiederwahl zu finanzieren.
Juni 1996	Nach der Wahlniederlage von Bürgermeister Sobtschak tritt Putin als Erster Vize-Bürgermeister zurück.
	Mitarbeit im lokalen Wahlkampfstab von Boris Jelzin in Petersburg bei den Präsidentschaftswahlen
Juli 1996	Boris Jelzin wird im zweiten Wahlgang als Präsident wiedergewählt.
August 1996	Stellvertretender Leiter der Kreml-Liegenschaftsverwaltung
März 1997	Stellvertretender Präsidialamtschef und Leiter der Kontrollabteilung
Juni 1997	Jelzin ernennt seine Tochter Tatjana Djatschenko zu seiner Imageberaterin.
Mai 1998	Wladimir Putin wird Erster Stellvertretender Präsidialamtschef.
Juli 1998	Ernennung zum Direktor des Geheimdienstes FSB
17. August 1998	Zahlungsunfähigkeit des russischen Staates führt zum Absturz des Rubels und zahlreichen Bankenpleiten.
11. September 1998	Jewgeni Primakow löst Sergej Kirienko als Ministerpräsident ab.
1. Februar 1999	Generalstaatsanwalt Skuratow erklärt «aus gesundheitlichen Gründen» seinen Rücktritt.
17. März 1999	Der Föderationsrat lehnt die Entlassung des Generalstaatsanwaltes ab; der Sender RTR zeigt ein angebliches Sex-Video mit dem Chefankläger.

19. März 1999	Boris Jelzin ersetzt Präsidialamtschef Bordjuscha durch Alexander Woloschin.
23. März 1999	Der Generalstaatsanwalt lässt die Büros von Pawel Borodin, Chef des Kreml-Liegenschaftsamtes, durchsuchen.
29. März 1999	Putin wird Sekretär des Sicherheitsrates und bleibt gleichzeitig Geheimdienstchef.
2. April 1999	Jelzin suspendiert Skuratow vom Dienst.
15. Mai 1999	Die Duma stimmt gegen ein Amtsenthebungsverfahren gegen Jelzin.
19. Mai 1999	Die Duma bestätigt Sergej Stepaschin als neuen Ministerpräsidenten.
5. August 1999	Tschetschenische Freischärler dringen in die Nachbarrepublik Dagestan ein.
9. August 1999	Jelzin ernennt Wladimir Putin zum Ministerpräsidenten.
18. August 1999	Zeitungsberichte, wonach höchste Kreml-Kreise und Familienmitglieder Jelzins Milliarden gestohlen und über die Bank of New York gewaschen haben
25. August 1999	Zeitungsberichte über angebliche Schmiergeldzahlungen der Firma «Mabetex» an die Jelzin-Familie
31. August 1999	Bomben Explosion im Einkaufszentrum Manege am Kreml, 41 Verletzte
4. September 1999	Beginn einer Serie von Bombenanschlägen auf russische Wohnhäuser, die rund 300 Menschenleben kosten
16. September 1999	Erste russische Luftangriffe auf Tschetschenien

23. September 1999	«Attentats-Übung» des Geheimdienstes in der Stadt Rjasan
1. Oktober 1999	Russische Streitkräfte überschreiten tschetschenische Grenze.
19. Dezember 1999	Duma-Wahl
31. Dezember 1999	Boris Jelzin tritt zurück; nach der Verfassung wird der Ministerpräsident, Wladimir Putin, zum geschäftsführenden Präsidenten.
	Wladimir Putin gewährt Jelzin per Ukas Straffreiheit.
26. März 2000	Wahl zum Präsidenten Russlands
Mai 2000	Einführung von sieben Großregionen mit «Präsidenten-Bevollmächtigten»
Juni 2000	Sicherheitsrat beschließt Doktrin zur «Informations-Sicherheit».
Juli 2000	Staatsbesuche in China und Nordkorea, die im Westen als Hinwendung Russlands nach Osten bzw. zu alten kommunistischen Partnern gewertet werden
12. August 2000	Untergang des Atom-U-Bootes «Kursk» in der Barentssee
Dezember 2000	Ankündigung der Wiedereinführung der Sowjet-Staatshymne, mit neuem Text
März 2001	Regierungsumbildung, Putin-Vertraute übernehmen Innen- und Verteidigungsministerium.
Juni 2001	Erstes Treffen mit US-Präsident Bush in Ljubljana
11. September 2001	Putin spricht US-Präsident Bush nach den Terroranschlägen als erster ausländischer Staatschef sein Mitgefühl aus.

25. September 2001	Putin hält in Berlin vor dem Bundestag eine Rede auf Deutsch.
Oktober 2001	Die frühere Sowjetrepublik Usbekistan erlaubt den USA die Eröffnung von Militärbasen auf ihrem Territorium.
Februar 2002	US-Militärberater treffen in der Kaukasus-Republik Georgien ein.
Mai 2002	Unterzeichnung eines Kooperationsabkommens zwischen Russland und der NATO in Rom
	EU-Troika räumt Russland den Status eines «Marktwirtschaftslandes» ein.
September 2002	Putin droht Russlands Nachbarn Georgien mit Luftschlägen, weil es angeblich tschetschenische Rebellen in Grenzregionen unterstützt.
Oktober 2002	Geiselnahme im Musical-Theater «Nord-Ost», Moskau
März 2003	95 Prozent der Wähler stimmen bei einem Referendum in Tschetschenien für eine neue Verfassung; die Wahlbeteiligung liegt bei 80 Prozent.
Juli 2003	Staatsanwaltschaft lässt Manager des Ölkonzerns Jukos festnehmen und den Firmensitz durchsuchen.
Oktober 2003	Präsidentschaftswahl in Tschetschenien, Kreml-Favorit Achmed Kadyrow erhält 81,1 Prozent bei einer Wahlbeteiligung von 86,6 Prozent.
	Verhaftung von Michail Chodorkowski, Chef des Ölkonzerns Jukos
Dezember 2003	Duma-Wahl
März 2004	Präsidentschaftswahl

Personenregister